国家社科基金
重大项目成果

对外汉语教学语法丛书

◎**总主编** 齐沪扬

结果补语

郭晓麟 ◎主编 ｜ 孟艳华 ◎著

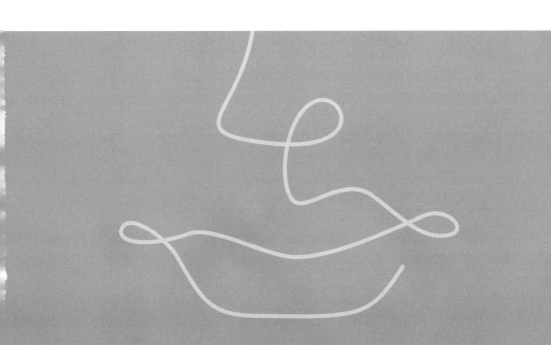

北京语言大学出版社
BEIJING LANGUAGE AND CULTURE
UNIVERSITY PRESS

© 2024 北京语言大学出版社，社图号 23278

图书在版编目（CIP）数据

结果补语 / 郭晓麟主编；孟艳华著.—— 北京 ：北京语言大学出版社， 2024.4
（对外汉语教学语法丛书 / 齐沪扬总主编）
ISBN 978-7-5619-6491-0

Ⅰ．①结… Ⅱ．①郭… ②孟… Ⅲ．①汉语－补语－对外汉语教学－教学研究 Ⅳ．①H195.3

中国国家版本馆 CIP 数据核字 (2024) 第 034430 号

结果补语
JIEGUO BUYU

排版制作：北京光大印艺文化发展有限公司
责任印制：周 燚

出版发行：北京语言大学出版社
社　　址：北京市海淀区学院路 15 号，100083
网　　址：www.blcup.com
电子信箱：service@blcup.com
电　　话：编 辑 部　8610-82303647/3592/3395
　　　　　国内发行　8610-82303650/3591/3648
　　　　　海外发行　8610-82303365/3080/3668
　　　　　北语书店　8610-82303653
　　　　　网购咨询　8610-82303908
印　　刷：北京联兴盛业印刷股份有限公司

版　　次：2024 年 4 月第 1 版　　印　　次：2024 年 4 月第 1 次印刷
开　　本：787 毫米 × 1092 毫米　1/16　印　　张：19
字　　数：310 千字
定　　价：95.00 元

PRINTED IN CHINA
凡有印装质量问题，本社负责调换。售后QQ号1367565611，电话010-82303590

总　序

摆在读者面前的，是国家社科基金重大项目"对外汉语教学语法大纲研制和教学参考语法书系（多卷本）"（17ZDA307）的所有成果。这些成果包括大纲系列4册、书系系列26册、综述系列8册，以及选取研究过程中发表的一部分优秀学术论文集辑而成的论文集1册，共计39本著作，约700万字。这个项目的研制，历时5年有余，参加的研究人员多达50余人，来自国内和海外近30所高校。

2017年11月，全国哲学社会科学工作办公室正式公布"2017年度国家社科基金重大项目立项名单"。2018年4月14日，国家社科基金重大项目"对外汉语教学语法大纲研制和教学参考语法书系（多卷本）"的开题报告会举行。2019年8月，2017年度国家社科基金重大项目中期检查评估报告提交，2023年1月召开课题结项鉴定会。

根据专家组意见，特别是专家组组长赵金铭教授两次谈话的意见，按照全国哲学社会科学工作办公室立项通知书上的要求，本项研究牢固树立问题意识、创新意识和精品意识，立足学术前沿，体现有限目标，突出研究重点，注重研究方法，符合学术规范。项目的执行情况、所解决的问题和最终成果如下：

大纲、书系和综述是主要的研究成果。三类不同的成果面对的读者是不一样的：大纲是给教师教学与科研使用的，同时也顾及学习汉语、研究汉语的一些国际学生；书系主要是给在一线教学的对外汉语教师看的，以解决这些教师在教学过程中的实际问题为目的;综述是对大纲和书系的补充，主要面向对外汉语教师、汉语国际教育专业研究生和本科生，以及需要进一步了解、研究相关领域的群体，为这些人继续研究相关问题提供材料和方法。三种不同的读者群体决定了三类成果的不同写法。

1. 大纲研制

大纲研制的最终成果是两套大纲：分级大纲（初级大纲和中级大纲）和分类大纲（书面语大纲和口语大纲），共4册。语法大纲不局限于语法知识本身，而是以学习者语言能力的培养为目标。凡是能促进学习者语言能力的语法项目都应析出为大纲的项目。语法项目的编排依据的是语法形式，使用条件式来描述细目的功能。使用条件式有利于促进语法知识转化为语言能力。

分级大纲中语法项目的等级不宜简单理解为语言本身的难度区分，更应理解为习得过程性的内在要求。以促进学习者生成语言能力为目标，支持学习者语言能力生成的语法项目都应列目，项目编排以语法结构为基础，细目的描写以促进语言能力生成为重。大纲体现习得的过程性，总体上为螺旋形呈现。

目前对外汉语教学和科研依据的都是通用语体的语法大纲，至今尚没有分语体的大纲问世，这种状况显然与发展迅速的第二语言教学事业不相适应。书面语语法大纲和口语语法大纲的研制，填补了大纲研究的空白，在今后的教学指导、教材编撰、汉语水平测试等方面，都能发挥很大的作用。

2. 书系研发

我们在全国范围内分三批次遴选和推荐了撰稿人，这些撰稿人都有长期从事对外汉语教学的经历，且都是语法专业背景出身。从目前情况看，学术界和教学界都需要这一类书，这套书也具有填补空白的作用。而且，这套书是开放性的，条件成熟了可以再继续做下去，达到30本到50本的规模，甚至再多一些都是可能的。

书系的研发应以"语法项目"作为书名，不求体系完整，成熟一本撰写一本；专业性不能太强，要考虑到书系的读者需求，他们阅读这本书是为了解决教学上的问题，除了必要的理论阐述和说明之外，要尽量早一点儿切入到教学中去；提出的问题要切合教学实际，60～80 个问题，其实就是这本书的目录，有人来查，很快就能对症下药，找到自己想要的东西；提的问题要有针对性，要有实用性，针对学生的水平等级，围绕这个语法项目，把教学上可能遇到的问题按等级排序。总之，这是一套深入浅出的普及性小册子，一定会受到广大对外汉语教师的欢迎。

3. 综述编著

按照标书要求，阶段性成果包括两套综述汇编。编著这两套综述汇编，首先是项目研制的需要，是和大纲研制、书系研发互相支撑、互相配合的；其次是近 20 年的综述汇编，学术界和出版界均尚无相关成果问世，很多研究者迫切需要这方面的资料；最后是这套综述汇编的写法与其他综述成果不同，两套综述不仅仅是"资料汇编"，里面更有很多作者的评议和引导，是"编著"类的"综述"，这类"综述"其实是不多的。这样的写法比目前在做的或者已经出版的"综述"要科学得多，实用得多。

综述分为两套：《近 20 年对外汉语语法教学研究》和《近 20 年汉语作为第二语言语法习得研究》。综述的主要读者应该是研究者，是关心该领域的研究者，作者收集的材料要尽可能齐全，作者所做的分析要有依据，作者做出的解释要能让研究者信服。两套综述都能做到对相关问题做出梳理，述评结合，突出评价的学术性、原创性和实用性，力图使读者对相关论题有一个全面的认识和深刻的思考，并为进一步的研究提供方向。

对上述这些成果的介绍只能点到为止，事实上，具体到每一本著述，都是有必要重点介绍的。好在每套书都另有主编，请读者自行阅读每套书的主编写的"序"吧。我这里还想向读者介绍的是这些著述的作者们，没有他们，这些成果难以问世。

本项课题涉及面广，研究人员多，在最初填写招标书时我们已经意识到了："本项研究工程浩大，……大纲和书系非一校之力可完成，将集中全国不同高校共同承担。"本课题前后参加研究的人员有 50 多人，分布在国内及海外近 30 所高校。如何将这些研究人员组织起来，集思广益，凝神聚力？课题组在"集全国高校之力"上，下了大力气。

　　原先设想由某个高校具体负责某块项目研究，但该想法在实际操作中遇到了问题。开题报告会后，课题组调整后的组织方式体现出优势来。四个研发小组的组长取代了原来子课题负责人的职位和功能，优势体现在：他们面对的是具体的项目，而不是具体的研究人员；他们针对项目选取研究人员，而不是为已有的研究人员配备研究内容；他们可以从全国高校选择自己相中的研究人员，而不需采取先满足校内再满足校外的程序和方式。人尽其才，物尽其用，效率提高，质量保证，自然是意料之中的结果。例如，书系组的 20 多位作者来自 15 所高校，综述组的作者来自 12 所高校。这是第一个方面。

　　第二个方面，就是充分利用会议的机会，将会议定位于有目标的会议、有任务的会议，让会议开出成效来。自课题立项之后，围绕着课题的研究进展，课题组已经开过多次会议。一是一年一度的"教学语法学术讨论会"，课题组所有人员都参加，至今已经开过多届：淮北（2017）、扬州（2018）、南宁（2019）、黄山（2020），等等。二是一年多次的课题专项讨论会，有需要就开。如在杭州，就分别开过综述组、数据平台组、书系组的专项讨论会；在南京、上海都开过大纲组的专项讨论会；2020 年 7 月，在腾讯会议上开过两次大纲组的专项讨论会；等等。这些会议目标明确，交流便捷，解决问题能力强，时间跨度短，是联络不同高校研究人员的好方式。

　　这套书的所有主编和作者都十分尽力。对外汉语教师的工作量很大，大多数人都有每周 10 节以上的课时量；况且，大多数人的手上还有自己的科研项目要做，还有自己指导的研究生的论文要看，还有各自的不同研究论文要写。种种忙碌和辛苦之中，要挤出这么多时间和精力，去从事另外一块研究任务，还是高标准、有要求、无报酬的研究任务，如果没有一种对对外汉语教师这个职业的由衷热爱，没有一种为对外汉语教学事业做点儿贡献的精神支撑，他们是断然不可能接受这样的研究任务的。更何况有些作者接受了两项不同的研究任务，研究强度和研究压力可想而知。因此可以这么说，这些成果渗透着作者们的辛劳，饱含着作者们的心血，每一本都是"呕心之作"，这样的赞誉是得当的。

北京语言大学出版社是这个项目的合作者和推动者。项目立项不久，出版社和课题组就有过接触。出版社前后两任社长和总编辑都向课题组表过态，希望这个课题的所有成果能在北京语言大学出版社出版，出版社愿意为课题的宣传、推广、出版尽责任，做贡献。2020 年 1 月，课题组和出版社有过进一步的密切联系，敲定了详细的合作计划。2022 年 3 月，出版社申报的"对外汉语教学语法丛书"成功入选 2022 年度国家出版基金资助项目。这些成果的出版，没有出版社的支持是做不到的。

再次感谢在漫长的研究过程中给予我们支持、帮助的所有老师和朋友。

对于这套教学参考语法书系，这里想重点介绍下这套书系的编撰特点和编撰原则。编撰特点可以归纳为以下四点："设计理念要接受多元的语言学理论指导""编撰方针是两种语法分析方法的结合""结构框架要考虑本体研究和教学研究的需要""问题设计要以'碎片化'语法为主"。关于这四点的具体阐述就不再展开了，事实上读者通过这四点已经可以大致了解这套书系的编撰理念了。入选的 26 本专著选取了不同的语法项目作为书名，面对不同的主题，每本书都会在不同层面、不同角度、不同对象上反映出这套书系的整体面貌和阐述形式，以及结构框架和问题设计，值得一读。

这套教学参考语法书系两个必须遵守的编撰原则是普及性和实践性。普及性原则体现在要做到对读者进行语法知识的普及。语法知识普及要考虑两个方面的问题：一是理论知识的普及，一是语法术语的普及。书系的编写还要遵守实践性的原则，这个原则体现在三个方面：一是面向教学实践，二是面向教师群体，三是面向教学语法。这套书系不以学术高度与理论深度为目标，而以是否能够解决实际问题为标准。出版这样的系列丛书尚属首次，相信普及性原则和实践性原则会使这套书系更接地气，更受欢迎。

教学参考语法书系研发是和汉语教学语法大纲研制平行的、互相支撑的一项研究，书系是以大纲为参照编写的，作为本体研究和教学研究的重要工具书，是对大纲的深化和阐述。书系书目的确定，编写方式的确定，以至于作者队伍的确定，都尽量做到和大纲的研制同质同步。当然，由于书系服务的目标人群和大纲不完全一样，作者会更多地关注语法教学的实效性，对具体问题的一些处理，可能会有与大纲不同的地方，这一点也是需要说明的。

　　谨以此作为总序。

齐沪扬

初稿于 2020 年 7 月

二稿于 2022 年 5 月

三稿于 2022 年 12 月

序

本专辑包括《宾语》《定语》《结果补语》和《趋向补语》四部著作，是齐沪扬教授主编的系列教学参考语法书系六大专辑之一。

在汉语作为第二语言的语法教学中，句法成分是一个重要的教学内容。同时，句法成分研究也是汉语语法研究界所关注的热点问题。有关句法成分的讨论和探索一直没有停止过，比如主宾语大讨论、主语和话题之辨、补语分类的讨论、名词短语中"的"的隐现规律的探讨、各类补语的历时与共时研究，等等。这些研究无疑为句法成分的教学提供了深厚的理论基础与教学参考。但同时，这些研究有的偏于宏观，有的偏于理论，所以教学中遇到的一些具体问题无法直接从中得到解答。比如我们可以说"吃食堂"，为什么不能说"吃餐厅"？可以说"我见过他一次"，为什么不能说"我见过中国人一次"？还有一些问题学界虽然讨论不少，但始终没有统一的解释，这无疑就会影响到这些语言点的教学，处所宾语与趋向补语位置关系就是一个典型的例子，虽然教师在课堂中一再强调，但学生仍然会出现大量偏误。另外，有些语言现象的描写多，针对汉语教学的解释少，也会直接影响学生对于这些语言点的理解，比如"的"的隐现问题，就需要思考如何结合认知分析让学生更容易地习得其中的规律。此外，更有一些教学中的问题是理论研究未涉及的，比如跟"进教室、走进教室"相比，"走进教室去"极其复杂，我们在表达中什么时候需要用这种复杂的结构？这些理论语法研究没有解决的问题,在教学语法研究界同样没有得到重视。杨德峰和范麾京(2016)[①]统计了三部影响力较大的汉语语法教材,在三本语法教材的三个语法体系中,作为语法项目共同出现的句法成分只有定语、状语和补语,其中有两本教材甚至没有出现主语、谓语和宾语。由此一斑可窥全豹,句法成分的教学问题甚至没有引起语法教学研究人士的充分关注。我们也在知网上以句法成分作为主题,不限定年度来检索教学研究的成果。截至2022年5月,有关主语、谓语、宾语、定语、状语、补语教学研究的文章数量分别为9、14、22、58、66、546。除了补语,其他句法成分的研究成果数量十分稀少。

句法成分专辑正是在这样的状况下应运而生。本专辑的作者敏锐地观察到了上述情况,尝试从一名汉语教师的角度对教学中遇到的以及可能会遇到的问题做出解答,为汉语教师的教和学习者的学提供帮助。本专辑四部著作具有以下共同特点:一是系统全面。全书以问题为纲,这些问题涵盖了理论篇、知识篇、习得篇、教学篇四方面的内容,包含了教学中可能涉及的所有领域。理论篇对四种句法成分的范围、定义、分类、意义进行了界定,对该成分在汉语中的独特性进行了说明,对该成分在其他语言中的表达形式进行了分析;知识篇是对教学可能涉及的具体知识点进行讲解;习得篇是就学生的常见偏误进行分析,探讨偏误原因,并就如何避免偏误提出建议;教学篇则对教学环节和教学方法等的具体操作进行介绍。在教学准备、课堂教学以及课后反思等各环节都可以为读者提供全面的参考。二是深入浅出。句法研究的相关成果有的理论性比较强,难于直接运用到教学中。考虑到海内外汉语教师队伍专业背景不一,作者对于一些已有的研究定论从教学的角度进行了转化,或者将自己对于一些问题的思考用浅显易懂的语言进行表达,使得不论何种专业背景的读者都能够有所收获,得到直接的参考。三是实用性强。每一本书提出的问题题目的设计都是从实际教学出发,例如习得篇中的偏误现象,都来源于作者多年教学中积累的问题。对于这些现象的分析,可以帮助读者解决遇到的同类偏误问题。教学篇则是针对教学的具体步骤、具体方法

---

① 杨德峰、范麾京(2016)对外汉语教学语法体系反思及构建原则刍议——从三本语法教材谈起,《国际汉语教学研究》第2期。

和基本环节进行设计，这样的内容能够直接帮助读者设计一堂语法教学课。更有慕课及翻转课堂的设计，可以为读者提供网络教学资源建设方面的帮助。

　　除了上述共同特点，本专辑的四本书也分别具有各自的特点，这与作者的学术背景有关，同时也与研究对象的特点有密切关系。《宾语》一书尤其注重对相关研究成果的继承和发展，特别在理论篇，将传统研究中的热点问题进行了梳理，并从教学语法的角度将这些成果进行了系统转化。《定语》一书则注重汉语言的类型特点，从世界语言语序类型学的角度关注汉语定语的特点，并从这一角度出发，系统集中地讨论定语教学中出现的偏误点，例如"的"的遗漏与误加、定语与中心语的错序、定语的误加与误用等问题。《结果补语》一书尤其关注相近动结式表义的异同，例如"写上"和"写下"，"用光、用尽"和"用完"等。相信很多读者在看到这样的问题时也会莞尔一笑，想到自己在课堂中被学生追问同类问题的情景。《趋向补语》一书则对于教学篇的内容更加重视，比如对于教学例句如何选择、教学活动和练习如何设计、如何运用任务型教学法展开教学都进行了细致的讨论。另外，对于教学环节的设计也提出了建议，比如如何导入、如何讲练，等等。相信这些内容对于读者的课堂教学能够提供一些思路和帮助。

郭晓麟

2022 年 5 月 13 日

目 录

第二部分　结构与语序　/　66

第三部分　语义与语义指向　/　115

引　言

一、为什么选择结果补语

结果补语结构，即 VR 结构（verb + resultative compliment），也称动结式。它结构简单，表达灵活，而所蕴含的语义关系又非常丰富，一直是语法学界十分关注的研究课题。

从跨语言视角看，汉语结果补语结构具有其特殊性。比如，从人类普遍认知看，"动词＋宾语＋结果"是语言自然度更高的语序。如例（1a）：先签名，然后名字存在，动作结束；先放书，然后书到桌子上。这样的语序，语言自然度更高。

（1）a. *签名好　　*放书到桌子上

　　　b. 签好名　　书放到桌子上

但汉语中的结果补语结构并非如此，相应的正确表达如例（1b）。特殊的结构形式与复杂的语义表达增加了汉语学习者的认知与习得难度。结果补语与时体成分、宾语、补语、否定成分等相关成分组合时的语序偏误及结果补语构成成分误用偏误常见于初级水平汉语学习者产出的语料；即便达到了中高级水平，学习者也常受困于是否需要使用结果补语、使用何种结果补语、结果补语与宾语共现时的语序如何等问题，如例（2）。（本书所用偏误例句除个别单独标明出处之外，均来自 HSK 动态作文语料库，下文不再一一标示。）

（2）a. *你看见清楚黑板上的那些汉字了吗？　　　（初级；李大忠，1996）

　　　b. *在韩国很多人学会钢琴，从小上私立学院。　　　（中级，韩国）

    c. *当时还是小孩子的我，每次<u>见</u>她收到家书时欢喜的情形，都觉得很难以理解。 （高级，葡萄牙）

    d. *有一天我朋友他在我房间<u>打</u>三只老鼠死了。

（高级，越南；肖奚强、颜明、乔俊等，2015）

例（2a）重复使用结果补语"见"和"清楚"，只需使用其中一个；例（2b）应该删除结果补语"会"；例（2c）应该在"见"后添加结果补语"到"；例（2d）为语序偏误，应改为"打死了三只老鼠"。造成这些结果补语习得偏误的根本原因在于，在汉语中高频使用的结果补语结构在形式上具有灵活性与规约性，在语义上具有复杂性，极具跨语言特色。

1.1 结构形式的灵活性、规约性与跨语言特殊性

现代汉语结果补语结构处于短语与词的中间地带，即所谓"短语词"。它具有短语的组合性，但组合的灵活性与规约性与短语不同，即整合程度不同，比较直观的表现是现代汉语中的动结式可分为三个层次：收入《现代汉语词典》作为词条的动结式，如"看见、碰见、破坏"等；未收入词典但属于规约化表达的动结式，如"关上、遇到、扔掉、偷走"等；属于典型短语组合的动结式，如"看清楚、洗干净、吃完"等。

上述第一、二类属于弱动结式，其中的动词为最终结果负责，动词对某种状态有一定的倾向性；第三类属于强动结式，最终结果不能从动词的语义中推测出来。（何美芳、鹿士义、张亚旭，2019）弱动结式中动词与补语搭配所表达的规约性意义容易造成习得过程中的搭配偏误。如：

（3）a. *我跟他<u>约完</u>了明天见面。（约好）

    b. *小偷儿把我的自行车<u>偷丢/偷掉</u>了。（偷走）

从句法表现看，动结式更像一个词，动词与补语之间结合紧密，形成一个组合体，中间不能插入宾语、时体成分等，与英语等多数语言的语序不同，具有跨语言特殊性。如：

（4）He <u>wiped</u> the table <u>clean</u>.（英语直译：他擦了桌子干净。）

    他<u>擦干净</u>了桌子。（汉语）

跨语言特殊性的另一个表现是汉语中需要使用动结式表达的语义，在某些语

言中仅一个动词就可涵盖。如：

（5）I finished the homework.（英语直译：我完了作业。）

　　　　我做完了作业。（汉语）

（6）I memorized all the new words.（英语直译：我记了全部生词。）

　　　　我记住了全部生词。（汉语）

例（5）、例（6）中英语动词"finish"和"memorize"在使用汉语进行表达时，前者由于仅表达了结果状态"完"，需要添加述语动词"做"，后者由于仅表达了动作"记"，需要添加结果补语"住"。这就造成了学习者学习结果补语时遗漏动词或者遗漏补语的偏误现象。随着汉语水平的提高，当学习者意识到动词与结果成分需要组合进行表达时，其又面临着选择哪个动词或补语与对应成分组合的问题，进而产生动词与补语搭配偏误。

在现有的教学大纲和汉语教材中，对结果补语的教学集中于初级阶段，注重对基本组合规则和形式规则的讲解，对大量存在的规约化表达讲解不足。例如在HSK动态作文语料库中，偏误率非常高的一类是感知、认知动词与"到"搭配时的遗漏与冗余偏误，分别如例（7）、例（8）：

（7）a.*我现在才体会了对人怀着偏见是很可怕的。（体会到）

　　　b.*那时候我很容易感觉我们家人的人情味。（感觉到）

（8）a.*我们应该早点儿明白到恋爱是什么，好、坏是什么。（明白）

　　　b.*吸烟的人们似乎了解吸烟对个人健康的危害，而且还了解到对公

　　　　众利益的不好影响。（了解）

例（7）、例（8）所示的搭配偏误十分常见，可现有教学大纲和汉语教材中基本上都未提及，更没有专门讲解。本书拟挖掘、梳理这些与结果补语相关的具体问题，以更好地满足教学需求。

1.2　语义复杂性与相关表达的多样性

动结式中动词与补语之间的语义关系、补语的语义指向都比较复杂，结果补语的语义又与"得"字补语、可能补语存在关联，与动结式相关的歧义结构、同义结构都较为常见，这些因素导致学习者在解读时容易产生困惑，并在实际语言运用中出现近义表达混淆、误用补语等偏误。

从补语的语义指向看，补语可以指向主语（一般为施事）、宾语（一般为受事）或动结式中的述语。如：

（9）a. 我学会很多中国武术。（补语指向主语）

　　 b. 今天我终于见到了王老师。（补语指向动结式中的述语）

　　 c. 终于喊开了门。（补语指向宾语）

补语指向由受事、工具、处所等成分充当的主语也是常见现象。如：

（10）a. 答案说错了。（补语指向受事主语）

　　　b. 这支笔用坏了。（补语指向工具主语）

　　　c. 书架塞满了。（补语指向处所主语）

当一个句子中补语的语义指向有多种理解时，会造成歧义结构；当形式不同的两个表达有相同的语义指向解读时，会造成同义结构。如"你想死我了"并非是"你想我了"，而是"我想你了"；再如"红队打赢了蓝队"和"红队打败了蓝队"，都是指"红队赢了"。这带来结果补语的解读困难。

结果补语中大量存在的虚化与多义现象也带来了很多同义结构，或者说易混淆结构。不同的补语可以换用，如"拿走"和"拿去"、"写上名字"和"写下名字"；同一个补语可以表达不同的结果义，如"考上大学""拉上窗帘"和"戴上眼镜"中的"上"。

此外，结果补语作为表达结果的一种方式，与可能补语、情态补语、程度补语，甚至状语都存在着语义关联，如"没吃饱"和"吃不饱"、"吃多了"和"多吃了"、"他跑得很累""他跑累了"和"他跑步跑得很累"，这些有转换关系的结构之间的区别也让学习者相当困惑。

上述语义复杂性与相关表达多样性的问题，是教材、习得和教学中的常见问题，也是每个汉语教师需要面对和回答的问题。

二、结果补语的研究现状

本部分拟从本体研究、习得研究、偏误研究与教学研究四个方面对结果补语的研究现状进行梳理，其中后三个方面共属于与本体研究相对的教学应用研究。

2.1 本体研究状况

结果补语的本体研究成果数量众多，历久弥新，研究高度不断攀升，深度不断拓展。

结果补语的前期研究基础扎实，集中在结果补语结构的语义、构成成分特点、带宾语功能、句式义等方面。（刘月华，1982；范晓，1985；陆俭明，1990；王红旗，1996；马真、陆俭明，1997a、1997b）21世纪以来，研究者们引入认知语言学理论、构式语法理论、生成语法理论等对结果补语的语义指向、结果补语结构的歧义结构和句式义，以及动词或形容词进入该结构的限制条件等继续进行深入研究（辛永芬，2003；沈家煊，2004；孟艳华，2012；马婷婷，2017a、2017b；严辰松，2019），同时也出现了全方位的专题研究，产生了一批有代表性的专著（宋文辉，2007；施春宏，2008、2018；熊仲儒，2014）。

当前，结果补语的语言类型学研究与语法化研究成为两大热点，成果非常丰富。前者指出某些汉语结果补语是内部情态体，属于完结范畴，从世界语言视角看，汉语结果补语兼有强式与弱式表达，语法形式固定，独具特色（玄玥，2017；何美芳、鹿士义、逯芝璇，2018）；后者从语言演变、语法化与虚化、词义分化与泛化等角度，结合历时与共时视角对汉语结果补语结构进行了语义与语义关系的梳理研究，涉及几乎所有常见虚化义结果补语及大量近义结果补语结构，包括但不限于"V成、V完、V到、V住、V破、V上、V掉、V透、V走、V去、V下"等。此外，动结式的词汇化发展受到关注，三音节词汇化趋势、动结式复合词等研究也有成果出现。（王辰玲，2017）

总之，从历时与共时、语言个性与语言共性相结合的视角对结果补语进行研究，使得学界对结果补语的认识不断提升：结果补语包含多种语义，结果补语结构包含多种构式义，结果补语及其结构是一个整合程度各异、层级丰富的体系。

结果补语的本体研究非常深入，但遗憾的是这些研究对教学的指导作用和参考作用还未全面发挥出来，原因之一在于本体研究与教学所关注的对象不统一。很多本体研究的对象并不适合教学，例如本体研究中非常关注的工具、处所等成分充当主语时的致使义结果补语句，即使在二语教学的高级阶段也不常见。还有一个原因是当前缺少对本体研究成果的梳理与教学处理。教学中关注的很多问题很难在本体研究成果中找到直接参考，比如"了解"和"了解到"的使用条件分别是什么。

2.2 习得研究状况

动结式习得研究取得了很大进展。研究者们从动结式的规约化程度、语义与形式透明度、补语的语义指向、主宾语的题元角色、事件加工方式、学习者的母语类型等各个角度对影响动结式习得的因素进行了实证或实验研究。具体研究结论有：

（1）从加工方式看，汉语母语者在加工动结式时倾向于即时的分析加工，而二语者倾向于延时的整合加工。对于汉语母语者来说，强动结式的加工难于弱动结式；但对于二语者来说，弱动结式的加工难于强动结式或与强动结式难度相当。（何美芳、鹿士义、张亚旭，2019）

（2）从补语语义指向看，在初级阶段，带宾语且补语语义指向宾语的句式最容易习得，如"喊开了门"；而到了中高级阶段，不带宾语且补语语义指向受事主语的句式变为最易习得的，如"答案说错了"。（萧素珍，2014）

（3）从学习者母语与汉语的语义透明度和形式透明度差异看，语义透明度和形式透明度越高的动结式越容易习得，形式透明度低的最难习得。（朱旻文，2017）

（4）从主宾语的语义角色看，题元关系[①]越典型，越容易习得，题元关系越不典型，比如工具、处所等成分充当主语，越难习得。（姜有顺，2020）

总之，汉语水平是制约动结式习得的一个重要因素，汉语学习者的动结式习得呈现阶段性特征，初级阶段是动结式习得的关键时期。此外，学习者母语中是否存在着对应的动结式类型会影响学习者对汉语动结式的加工，学习者对汉语动结式的加工具有显著的类型学效应。

---

① 动词与论元之间的语义关系，叫作题元关系。论元是指带有题元角色的体词性成分，而题元角色是由动词根据其与相关名词短语之间的语义关系而指派给这些名词短语的语义角色，即与动词连用的论元在由动词所表示的动作或状态里扮演的语义角色。例如，"我吃饭"中，论元"我""饭"的语义角色分别是施事和受事。典型的主语由施事充当，宾语由受事充当。

2.3 偏误研究状况

结果补语偏误分析历来是偏误研究著作中的重要内容（佟慧君，1986；李大忠，1996；周小兵、朱其智、邓小宁等，2007；杨德峰，2008；肖奚强，2009），虽然目前对偏误的分类大多仍沿用鲁健骥（1994）的四个类型——遗漏、误加、误代、错序，但研究者们注意到了结果补语的回避偏误及结果补语与其他补语的混用偏误，如例（11a）、例（11b）：

（11）a.*我听了那句汉语，没懂。（没听懂那句汉语）

　　　　b.*三个人同样三天挑一次水的话，喝水量也得分得清楚。（分清楚）

此外，母语背景会影响结果补语习得已形成普遍共识，对于偏误原因的分析深入到汉外对比与语言类型学考察，出现大量针对不同母语背景学习者的结果补语偏误分析，如韩语、泰语、越南语、日语、印度尼西亚语、西班牙语、阿拉伯语、英语、俄语、波兰语等不同语种中的结果补语与汉语结果补语对比分析基础上的偏误研究。

2.4 教学研究状况

结果补语的教学研究相对薄弱，集中于语言对比和经验总结，很少有教学实验研究，且研究主要集中在初级阶段，几乎不见针对中高级阶段的研究。从研究内容看，一是教材对比研究，如对教材中结果补语的教学内容、讲解方法、练习方式进行对比研究。二是教学法研究，研究者们提出一些具有普适性的教学方法，主要有：

（1）针对不同母语背景学习者习得过程中的偏误情况，研究者通过翔实的语言对比分析和语言类型学分析，提出了汉英对比教学法、汉外对比教学法（全裕慧，1999；郝琳，2019），以期解决结果补语习得中的动词或补语遗漏问题以及结果补语与宾语、时体成分的语序问题；

（2）关注结果补语的交际化教学法，并进行教学案例设计和课堂教学实验（刘平，2012）；

（3）生词处理法，为了解决动结式中动词与补语之间的规约化搭配问题，研究者提出把动结式二字词组列入生词表的处理方式（赵金铭，2016），虽尚未有教材采纳，但教材生词表中动结式词语的收词标准宽于《现代汉语词典》已成共识；

（4）针对不同母语背景的学习者，选择不同的结果补语或相关句式作为教学重点也基本达成共识（袁博平，2010）。

综上所述，当前学界对汉语结果补语的认识上升到了类型学、语法化等新高度。与之相应，习得方面的实验研究也获得了对结果补语习得规律与加工方式的深度理解。结果补语是一个复杂的层级系统，需要分层次、系统化地长期学习，而当前的教材和教学还不能满足习得需求。结果补语教学，尤其是基础阶段之后的教学，需要仔细梳理、合理吸收当前已有研究成果，更新教学理念，重新设计教学内容，采取合理的教学方法以实现更高效的习得。

三、编写原则和教学知识框架

基于结果补语作为教学对象的特殊性以及教学中实际存在的问题，我们确定了本书的编写原则及内容安排。

3.1 编写原则

（1）实用性。实用性原则体现在两方面。一方面，本书所选择的内容都是教学与习得中的常见问题；另一方面，本书对于问题的分析讨论以服务教学为宗旨，力求做到研究成果的教学转化。不以学术高度与理论深度为目标，以能够解决实际问题为分析标准，对于问题的讨论最终落实为具体的教学指导。

此外，本书追求以最简洁的表达总结每个结构形式的特点，以使研究结论能够直接应用于教学。例如关于"扔掉、走掉、关掉"中"掉"的语义，我们的结论为："扔掉"中的"掉"表达客体脱离义，"走掉"中的"掉"表达客体消失义，"关掉"中的"掉"表达事件完成的状态变化义。我们把"掉"的不同语义之间的区别和联系明确描述出来，可直接供教学参考。

（2）通俗性。当前从事国际中文教育的教师专业背景较为复杂，既有语言学或汉语国际教育专业的专业人士，也有学术背景各异而有志于从事汉语教学的人士。尤其在海外本土教师队伍中，后一类教师人群所占的比例不低。为照顾需求与背景各异的读者，我们特意选择了一些基础知识点，以使非专业出身的汉语教师能够获得对结果补语的全面认识。

本书也吸收了近年来语法研究中的一些理论与分析方法，如认知语言学、语言类型学、语义演变、语法化等理论，以及语义指向与歧义消解、语义角色等分析方法。但在对相关现象进行理论解释、语义辨别时尽可能少用专业术语，如若难以避免，也对其进行解释与说明。

此外，本书例句主要为BCC语料库现当代作家作品中的句子（正文中不再一一标明例句出处），偏误例句主要为HSK动态作文语料库中的语料以及教学中汉语学习者产出的真实语料，注重例句的真实性、完整性、典型性与通俗性。有时也对例句加以适当删减，以保证其可读性。

（3）系统性。这里所谓系统，指结果补语的教学系统。由于作为教学内容的结果补语的不同小类之间的层次性很强，所涉及的问题也分布在句法、语义、功能等不同层面，本书尽可能梳理出结果补语的教学系统，从不同层次和不同方面选择具有代表性的问题进行解答，问题以点状分布为主，同时内部以各种方式关联，共同构成结果补语教学的层级体系。

3.2 内容安排

本书内容共分为六个部分：基本概念、结构与语序、语义与语义指向、近义结构、多义结构和教学指导。

基本概念部分主要介绍结果补语的基本概念、基本结构类别、与其他补语的联系与区别、组合形式等基础知识，同时将结果补语置于语言类型学视角下进行考察，目的是加深读者对结果补语这一语法点的理解。此外，这一部分还宏观介绍了结果补语的习得顺序与常见偏误，帮助读者更好地了解和把握汉语学习者学习结果补语时的重点与难点所在。

结构与语序部分涉及结果补语结构与"了"、宾语、时量成分等成分共现时的语序问题，以及重叠、结构偏误等语言形式方面的内容。

语义与语义指向部分涉及结果补语的语法意义、语义指向、语义偏误等语义方面的内容。

近义结构和多义结构这两个部分对与动结式相关的潜在歧义结构进行分析，对与动结式形式及语义相近的结构进行辨析，对表达相同概念义的不同形式进行功能区分，对同一结果补语的不同语义进行探究。这两部分可以帮助读者更加细致地掌握动结式形式、语义、功能之间的对应关系，且有助于更好地解答师生在教学与学习过程中的疑问。

　　教学指导部分对于结果补语的课堂教学实践进行总结，包括结果补语的导入方法、讲解方法、练习设计、教学示例选取、课堂活动设计等等。同时，根据教学现状，对慕课教学、线上教学提出设计建议。这部分有助于读者了解结果补语教学理念及常见教学模式与教学方法，并以此为参考设计出自己的课堂教学方案。

　　以上各部分内容及其所占比例，见表 0-1。

表 0-1　《结果补语》内容安排

内容	问题的类别	问题举例
基本概念 （12 问）	界定	结果补语有哪些句法特点与常见形式？ 结果补语与可能补语有什么联系和区别？
	类型学视角	汉语结果补语所表达的语义在其他语言中是怎么实现的？
	习得规律	结果补语的常见习得偏误有哪些？ 关于结果补语的习得，有哪些研究成果？
结构与语序 （14 问）	结构方面	"想想明白""问问清楚"能说吗？ 为什么"吃了饭就去"要有"了"，而"吃好饭就去"不用？
	语序方面	"了"与结果补语的位置关系如何？ 结果补语句中，宾语的语法位置在哪儿？
语义与语义 指向 （9 问）	语义类别	结果补语的语义有哪几类？语义特征是什么？
	语义指向	结果补语的语义指向有哪些？
	语义表达	为什么不能说"赚多些钱"，而要说"多赚些钱"？
近义结构 （8 问）	一义多形	"放在桌子上"和"放到桌子上"一样吗？ "拿走"和"拿去"一样吗？
多义结构 （8 问）	一形多义	"张三追累了李四"是谁追累了谁？ "停住""粘住""抓住""迷住""禁不住"中的"住"是什么意思？
教学指导 （9 问）	教学理念	结果补语的教学目标与重难点有哪些？ 结果补语教学如何分层次进行？
	教学技巧	结果补语有哪些讲解方法？ 结果补语教学中常见的课堂活动有哪些？
	教学模式	如何设计结果补语的慕课教学？ 如何设计结果补语的线上直播课教学？

四、结语

由于形式独特、语义复杂、使用频率高、规约化表达多，动结式一直是汉语语法教学中的重点和难点，这也是我们决定编写《结果补语》这本教学参考语法书的主要原因。在结果补语的现有研究中，本体研究难以满足教学的需求，教学应用研究本身也较为薄弱，很多教学中需要解答的问题在现有研究成果中难以直接得到答案。根据这种需求，我们搭建了结果补语的知识框架，在理论、知识、习得以及教学实践四个方面进行了较为系统的梳理。同时，根据汉语二语语法教学的规律、结果补语的特点以及海内外汉语教师的需求，我们确定了《结果补语》一书的编写原则：实用性、通俗性和系统性，希望能够使读者获得对结果补语及其教学的感性认识。结果补语的教学问题绝不是一本书能够解决的，但我们希望《结果补语》一书能够给汉语教师提供一些切实的帮助。

第一部分 基本概念

1. 什么是补语和述补结构？补语有哪些基本类型？

补语是动词或者形容词后面的补充说明成分，常用来表示动作行为的结果、状态、趋向、数量、时间、处所、可能性或者说明性状的程度等。汉语中补语的形式和语法意义相当复杂，如何划分和表述，应该依不同的对象而做出不同的处理。（竟成，1993）常见的是根据语义分为以下几种类型：结果补语、情态补语、程度补语、可能补语、趋向补语、数量补语和时地补语。（黄伯荣、廖序东，2017）例如：

（1）a. 他做<u>完</u>了作业。（结果补语）

　　b. 我跑得<u>满头大汗</u>。（情态补语）

　　c. 这件衣服比那件漂亮<u>多了</u>。（程度补语）

　　d. 今天的作业太多了，一个小时做<u>不完</u>。（可能补语）

　　e. 我从书架上拿<u>下来</u>一本书。（趋向补语）

　　f. 他一上午跑了<u>三趟</u>图书馆。（数量补语）

　　g. 他出生<u>于北京</u>。（地点补语）

所谓"述补结构"，是指述语动词或形容词与其后补语的组合。如例（1）中的"做完""跑得满头大汗""漂亮多了""做不完""拿下来""跑（了）三趟"以及"生于北京"等。为了指称方便，有些语法著作中使用"补语"一词兼指述补结构和补语成分。

由于汉语补语系统比较复杂，又具有跨语言的特殊性，汉语学习者在学习的初级阶段，甚至中高级阶段，常常出现各种各样的补语偏误，比如应使用补语而未使用、补语使用错误、补语语序错误等。例如：

（2）a. *把代沟的问题<u>解决</u>，需要时间。（解决好）

　　b. *她的脸<u>羞</u>通红了。（羞得通红）

　　c. *我今天早上<u>吃不饱</u>，不到午饭时间就饿了。（没吃饱）

　　d. *我们<u>三天考试完了</u>，很多同学都出去旅行了。（考完试三天了）

例（2a）中动词"解决"后应该使用结果补语，例（2b）中结果补语与情态补语混淆，例（2c）中结果补语与可能补语混淆，例（2d）中结果补语与时量补语共现时语序有误。

下文将参考《汉语水平等级标准与语法等级大纲》，遵循从结构到意义的原则，对现代汉语中的补语进行概括归纳，说明一些常见的补语结构，宏观地梳理结果补语与其他补语，特别是与情态补语、程度补语、可能补语、趋向补语之间的联系与区别。

一、结果补语

结果补语是指直接用于动词或者形容词后面，表示动作行为的结果的补语。例如：

（3）a. 大卫没<u>找到</u>工作。

　　b. 我还没<u>做好</u>饭呢。

　　c. 窗帘我<u>拉上</u>了。

　　d. 老师让我们把这篇课文<u>改成</u>对话体。

　　e. 我们<u>学到</u>第二十九课了。

　　f. 请把地图<u>贴在</u>墙上。

结果补语在结构上最大的特点是述语和补语直接组合，中间没有结构助词"得"或否定成分"不"等，也不能插入宾语、时体成分等。如果动词后面既有补语也有宾语，补语需要放在宾语的前面，如例（3a）、例（3b）。助词"了"放在补语的后面，如例（3c）、例（3e）。结果补语的否定形式是在述语前加上否定副词"没"，并且去掉助词"了"，如例（3a）、例（3b）。

二、情态补语

情态补语也叫状态补语、"得"字补语，是在述语动词或形容词后以"得"字介引的补语，表示动作行为的状态或者结果。情态补语在结构上最大的特点是述语和补语基本上都由结构助词"得"连接。常见的情态补语结构有以下六种。

2.1 动词 + 得 + 形容词 / 形容词短语

这类结构常用来对动作行为加以描写、判断或者评价。在这类结构中，述语动词以单音节为主，少数为双音节，多表示具体的动作行为。例如：

（4）a. 对不起，我<u>来得晚</u>了。

　　　b. 小明踢球<u>踢得很好</u>。/ 小明球<u>踢得很好</u>。

　　　c. 我昨天<u>睡得不太早</u>。

　　　d. 他们<u>联系得很勤</u>。

在上述例句中，补语"晚""很好""不太早"和"很勤"分别是用来评价动词"来""踢""睡"和"联系"的。需要注意的是，例（4b）和例（4d）中的"很"并不表示程度，只是因为形容词不能单用，所以需要在形容词前面加上一个"很"来使句子完整。此外，动词后面如果有宾语，如例（4b），则需要在补语前重复述语动词或者省去宾语前的动词进行表达。

2.2 动词 + 得 + 主谓短语

这类结构中，主谓短语做补语，补语里面的主语是全句述语动词的受事，这类句子一般可以转化为"把"字句。例如：

（5）a. 大雨<u>浇得我全身都湿透了</u>。

　　　b. 孙大爷铁青着脸，<u>吓得满屋子的人都不敢说话</u>。

在例（5a）中，补语中的主语"我"是全句述语动词"浇"的受事，该句子可以改成"大雨把我浇得全身都湿透了"；在例（5b）中，补语中的主语"满屋子的人"是全句述语动词"吓"的受事，该句子可以改成"孙大爷铁青着脸，把满屋子的人吓得都不敢说话"。

2.3 动词 + 得 + 其他短语

这类结构中，"其他短语"主要是指除了数量短语、介词短语和"个"字短语以外的其他短语。例如：

（6）a. 他高兴得跳了起来。

　　　b. 遇到有好处的事情，他把头削得像竹签似的，死命往里挤。

　　　c. 哇，新衣服一穿，你立马就变得不一样了。

在例（6）中，补语"跳了起来"是趋向短语，"像竹签似的"是比况短语，"不一样"是偏正短语。能够进入这个结构的补语形式较为丰富，没有很大的局限性，只要能够用来描写或评价前面的述语动词即可。

2.4 动词＋个＋补语

在这类结构中，若补语为肯定形式，则补语常由形容词、形容词短语或固定短语充当；若补语为否定形式，则常用来表示动作持续。例如：

（7）a. 饿了好几天，他们决定去自助餐馆吃个痛快！

　　　b. 这个笑话实在是太好笑了，小明听完以后笑个不停。

　　　c. 昨天弟弟喝醉了，回到家在卫生间吐个没完。

这类结构主要出现在口语中。

2.5 动词（＋了/得）＋个＋固定短语

这类结构只有肯定形式，多用于书面语，补语常为固定短语。例如：

（8）a. 他每天都吃很多，最终吃了个脑满肠肥。

　　　b. 我一不小心就摔了个大马趴。

　　　c. 其结果是把几千年封建地主的特权打得个落花流水。

在例（8）中，"了"和"得"的主要区别是时态。"了"强调动作的完结，"得"侧重于描述结果。

2.6 动词/形容词＋得（情态补语省略式）

在这类结构中，只出现述语加"得"，省去了情态补语，向人们传达一种无须或者无法形容的意味，让听话者自行体会。例如：

（9）a. 看把你急得呀！

　　　b. 瞅瞅，你看你跑得！

　　　c. 听说能出去了，可把她高兴得呀！

这类结构只能用于口语表达，不能用于书面语。

三、程度补语

现代汉语中的程度补语不多，限于"极、很"和虚义的"透、慌、死、坏、多"等，表示很高或者达到极点的程度，也可以用量词短语"一些、一点儿"表示很轻的程度。述语主要是性质形容词，也可以是某些能在其前加"很"的动词。这些述补结构中的述语都是有明显的程度等级的。常见的程度补语结构有以下五种。

3.1 动词/形容词 + 得 + "很"或虚义的"慌、多"等

这类结构中的补语常用来表示达到很高的程度，述语和补语必须由结构助词"得"连接。例如：

（10）a. 今天外面<u>热得很</u>，我还是不出去玩了。

b. 你能不能把音乐关了呀？我听着心里<u>烦得慌</u>。

c. 我还是坐飞机吧，坐飞机比坐火车<u>快得多</u>。

例（10）中的补语"很""慌"和"多"分别表示述语"热""烦"和"快"的程度很高。

3.2 动词/形容词 + "极"或虚义的"透、坏、多"等 + 了

这类结构中的补语常用来表示很高或达到极点的程度。在该结构中，补语后一定要加上助词"了"。例如：

（11）a. 病了三个月第一次出门，丽丽现在真是<u>快乐极了</u>。

b. 你看看这房间，<u>乱透了</u>，简直不像是个女孩子的房间！

c. 终于可以说了，再不让我说我都要<u>憋坏了</u>。

d. 这家水果店的苹果比那家的<u>便宜多了</u>。

例（11）中的补语"极""透""坏"和"多"分别表示述语"快乐""乱""憋"和"便宜"的程度很高或者已经达到了极点。

3.3 动词/形容词 + "一些"或者"一点儿"

这类结构中的补语常用来表示述语的程度不太高。例如：

（12）a. 北京的冬天比都柏林的冬天<u>暖和一些</u>。

b. 这种苹果比那种苹果<u>贵一点儿</u>。

例（12）中的补语"一些"和"一点儿"分别表示述语"暖和"和"贵"的程度不是很高。

3.4 "×翻了、×毙了、×爆了、×呆了、×炸了"等网络用语

近些年，随着信息技术的发展，网络用语在人们的生活中开始扮演起非常重要的角色，有些网络用语已经被纳入权威词典，其中包含了一些程度补语。例如：

（13）a. 你的这个新造型简直<u>美翻了</u>！

　　　b. 丽丽，你真的是<u>逊毙了</u>！

　　　c. 哇，小姐姐们的这个舞台真的是<u>燃爆了</u>！

　　　d. 高清鸟捕鱼瞬间，画面<u>美呆了</u>！

　　　e. 国超这个眼神真的<u>苏炸了</u>！

例（13）中，述语主要是由单音节形容词充当的，补语"翻""毙""爆""呆""炸"在结构中已经失去了原来的意义，虚化为表达极性意义的程度副词。

3.5 名词做述语的述补结构

一般来说，名词是无法进入述补结构的，因为名词不受程度副词修饰，也不表示程度。但是有些名词，比如"雷锋、男人、女人、绅士、虎"等，因其具有描述性语义，所以可以进入这个结构。例如：

（14）a. 这首歌很性感，你得<u>女人一点儿</u>。

　　　b. 小王这个人啊，<u>绅士得很</u>！

　　　c. 小张这个人你可千万别找他办事，他<u>虎得不得了</u>！

例（14）中的"女人""绅士"和"虎"具有描述性语义，本身也便具有了程度区别，能够被程度副词修饰，所以可以在其后加上程度补语"一点儿""很"和"不得了"。

四、可能补语

可能补语表示动作行为的可能性。可能补语在结构上最大的特点是述语和补语中间有结构助词"得"或者表示否定的"不"。常见的可能补语结构有以下三种。

4.1 动词／形容词＋得／不＋结果补语／趋向补语

这类结构常用来表示动作有无达到某种结果或者实现某种趋向的可能。例如：

（15）a. 这座山太高了，我爬不上去。

　　　b. 这条河太宽了，我游不过去。

　　　c. 今天的课不难，我听得懂。

　　　d. 今天的作业太多了，我做不完。

例（15a）和例（15b）是复合趋向动词"上去"和"过去"做补语，整个述补结构表示动作"爬"和"游"没有实现这些趋向的可能性；例（15c）和例（15d）是由结果补语"懂"和"完"来充当可能补语，例（15c）中整个述补结构表示动作"听"有达到"懂"这一结果的可能，例（15d）中整个述补结构表示动作"做"没有达到"完"这一结果的可能。

4.2 动词／形容词＋得／不＋了（liǎo）

在该结构中，"了"有两个意思，一个是表示"完、结束"。例如：

（16）a. 这么小的一个蛋糕，我一个人当然吃得了啊！

　　　b. 不用给我这么多钱，我花不了。

另一个是表示主客观条件是否允许实现某种动作或变化。如：

（17）a. 今天家里来人修电视了，现在电视看得了了。

　　　b. 今天的雨太大了，我们踢不了足球了。

需要注意的是，口语中不常用的形容词和非谓形容词是无法进入该结构做述语的。

4.3 动词／形容词＋得／不得

在该结构中，只用"得"和"不得"做补语，大多数时候只用否定形式，一般用于提醒、劝告或者警告。在疑问句中，述补结构的肯否形式可以连用。例如：

（18）a. 黄赌毒这些东西你可是一样都沾不得！

　　　b. 这房间的油漆是新涂的，碰不得！

　　　c. A：这种蘑菇我们吃得吃不得？

　　　　B：没有毒，吃得。

该结构中的述语多是口语中常用的，表示人所能控制的动作或者状态，动词不能是"是、像、为、以为"以及能愿动词。如果出现肯定形式，一般是在问句或者答句中，且述语动词以单音节为主。

有时，该结构也可以用来表示主客观条件是否允许述语动作实现。例如：

（19）a. 他的腿麻了，半天*动弹不得*。

　　　b. 第一次见他的人，都觉得他特别凶，在他面前根本*活泼不得*。

在例（19）中，可能补语"不得"用来表示"动弹"和"活泼"的不可实现性。需要注意的是，如果述语是双音节词语，那么该结构没有肯定形式，只有否定形式。

五、趋向补语

趋向补语表示事物随动作而移动的方向。根据补语的结构（字数），趋向补语可分为简单趋向补语和复合趋向补语。

5.1 动词 + 简单趋向补语

一类简单趋向补语结构是表达相对方向的"动词 + 来 / 去"，"来"表示朝着说话者的方向，"去"表示背离说话者的方向。在该结构中，最常用的动词是"上、下、进、出、回、过、起"等趋向动词，也可以使用其他动作动词，如例（20a）~（20c）。另一类是表达绝对方向的"上、下、进、出、回、过、到、起、开"等放在其他动词后充当补语，如例（20d）~（20f）。

（20）a. 我们在楼上呢，你*上来*吧！

　　　b. 外面下雨了，我们*进去*吧！

　　　c. 你去隔壁搬几把椅子*来*。

　　　d. 下课了，同学们走*出*教室。

　　　e. 他从桌子上拿*起*书包就走了。

　　　f. 你把东西都放*下*吧。

5.2 动词 + 复合趋向补语

趋向动词"上、下、进、出、回、过、起"等后面加上简单趋向补语"来"或"去"以后，可以构成复合趋向补语，用来做别的动词的补语，表示动作的方向。复合趋向补语有：

（21）a. 上去、下去、进去、出去、回去、过去

　　　b. 上来、下来、进来、出来、回来、过来、起来

例如：

（22）a. 上课了，老师走了进来。

　　　b. 下课以后，同学们纷纷跑了出去。

　　　c. 坐久了可以站起来休息一会儿。

　　　d. 你别走过来了，挺远的，我给你送过去吧。

5.3 趋向补语的引申用法

有时，趋向补语用在动词或形容词后面，还可以表示其他意思。比如动词加"出来"，可以表示从无到有，产生新事物。例如：

（23）a. 这首歌你现在能唱出来吗？

　　　b. 朋友想出来一个学习汉语的好办法。

动词加"出来"也可以表示分辨识别，从隐到显。例如：

（24）a. 我看出来了，你就是不喜欢我。

　　　b. 我吃不出来这两块蛋糕有什么不一样。

再如一些动词或形容词后加"下来"，可以表示由动到静、由强到弱、由快到慢等变化。例如：

（25）a. 前面的车越开越慢，最后停了下来。

　　　b. 天渐渐黑了下来，我们要赶快回家了。

六、数量补语

数量补语可以分为时量补语和动量补语。时量补语表示动作或者状态持续的时间。询问时一般会说"多长时间（了）"，时量补语经常由表示时段的词或短语充当。汉语中常用的表示时段的词或短语有"一会儿、一分钟、一刻钟、半个小时、一个小时、半天、一天、一个星期、半个月、一个月、一年"等。例如：

（26）a. 我每天都锻炼一个小时。

　　　b. 我看了三个小时的电视。

　　　c. 他学汉语学了三年了。

动量补语用来表示动作发生的次数，由动量词或短语充当。例如：

（27）a. 他打了我一下。

　　　 b. 我回了一趟家。

七、时地补语

时地补语常由表示动作发生或终止的时间或者地点的介词短语充当。常用的介词短语有"于……、自……、向……"等，常用的时地补语结构是"动词＋介词（'于、自、向'等）＋时间／地点成分"。例如：

（28）a. 我生于1998年。

　　　 b. 大部分素材取自民间艺术。

　　　 c. 我们一起携手走向远方。

综上，结果补语与情态补语、程度补语、可能补语、趋向补语、数量补语、时地补语等一起构成了现代汉语丰富的补语系统。

2. 结果补语有哪些句法特点与常见形式?

一、结果补语的定义

结果补语是指跟在述语动词或形容词之后，补充说明动作或状态之结果的词或短语，例如"听懂了"，"听"的结果是"懂"。带结果补语的述补结构即结果补语结构，也叫动结式，用"VR"（verb + resultative compliment）表示。

结果补语结构的述语一般由动词充当，偶尔由形容词充当，补语多由动词、形容词充当。例如：

（1）a. 我终于听懂了他的话。（动＋动）

　　　b. 衣服都洗干净了。（动＋形）

　　　c. 连续几天的高压工作把她累哭了。（形＋动）

二、结果补语的句法特点与句式分布

2.1 句法特点

结构形式方面，结果补语结构最大的特点是述语和补语直接组合，中间没有结构助词"得"或否定成分"没"等，也不能插入宾语、时体成分等。例如：

（2）a. 我早饭吃饱了。（结果补语）

　　b. 我早饭吃得太饱，到了午饭时间也不觉得饿。（情态补语）

　　c. 这14名河南籍员工老是觉得早饭吃不饱。（可能补语）

　　d. *我早饭吃没饱。

　　e. *我吃早饭饱。

　　f. *我早饭吃了饱。

同时体成分搭配方面，结果补语结构后加"了"表示过程的结束，加时量补语表示动作完成后经历的时间；后面不可以加"着"，前面不可以加"在"或"正在"；某些结果补语后面可以带"过"。例如：

（3）a. 我们考完了。

　　b. 我们考完三天了。

　　c. *我们考完着。

　　d. *我们（正）在考完。

　　e. 这个足球队也踢赢过。

语序方面，如果动词后面有补语也有宾语，结果补语需要放在宾语的前面。助词"了"常放在补语的后面。例如：

（4）a. 我合上了书。

　　b. 我写完作业了。

否定形式方面，结果补语的否定形式是在述语前加上否定副词"没"，并且去掉助词"了"，如"他没睡着"。

对于汉语学习者来说，不符合上述语法形式的结果补语偏误用例比比皆是，例如：

（5）a. *我洗那件衣服干净了。（语序不对，应改为"洗干净了那件衣服"）

　　　b. *我不听懂了老师的话。（否定形式不对，应改为"没听懂"）

2.2 句式分布

结果补语结构为常见语法结构，一般出现在以下几类句式中：

A 类：S＋VR（＋O），即主语＋动词＋结果补语（＋宾语），主语为施事或者当事，可省略。例如：

（6）a. 我们约好了明天去看电影。（施事主语）

　　　b. 关上门吧。（施事主语省略）

　　　c. 他们一天没吃饭，都饿坏了。（当事主语）

B 类：重动句，S＋V＋O＋VR（＋O），即主语＋动词＋宾语＋动词＋结果补语（＋宾语）。例如：

（7）a. 他赌博赌穷了一家子。

　　　b. 我写作业写累了。

C 类：S＋VR，即主语＋动词＋结果补语，主语通常为受事。例如：

（8）a. 这空调买贵了。（受事主语）

　　　b. 她的眼睛哭红了。（当事主语）

D 类："把"字句，S＋把＋O＋VR，即主语＋把＋宾语＋动词＋结果补语。例如：

（9）a. 他把杯子打碎了。

　　　b. 这件事把他气病了。

E 类："被"字句，S＋被（＋O）＋VR，即受事主语＋被（＋施事）＋动词＋结果补语。例如：

（10）a. 杯子被他打碎了。

　　　b. 他被气病了。

三、结果补语结构的常见形式

《汉语水平等级标准与语法等级大纲》中收录的结果补语结构有 7 种，

它们是汉语二语教学中作为语言点重点讲解的结果补语结构，具体如下：

3.1 实义结果补语：动词＋动词（"完、懂、见、开"等）、动词＋形容词（"对、错、晚、早、干净"等）

在这种结构中，补语表示动作的结果时，语义主要为其本义。例如：

（11）a. 我<u>做完</u>作业了。

　　　b. 我<u>听懂</u>今天的汉语课了。

　　　c. 我<u>看见</u>他了。

　　　d. 窗户<u>打开</u>了。

　　　e. 我<u>做错</u>了两道题。

　　　f. 我只<u>翻译对</u>了一个句子。

　　　g. 昨天的晚会他<u>来晚／早</u>了。

　　　h. 衣服都<u>洗干净</u>了。

3.2 虚化义结果补语：动词＋上

在这种结构中，趋向动词"上"表达的"由低处向高处"的方向义虚化，表示两个及以上的事物接触。这种表虚化义的"上"通常被认为是结果补语①。例如：

（12）a. 请同学们<u>合上</u>书。

　　　b. 窗帘我<u>拉上</u>了。

　　　c. 外面太冷了，你快把衣服<u>穿上</u>。

3.3 虚化义结果补语：动词＋成

在这种结构中，"成"做结果补语，可以表示述语动词致使一种事物成为另一种事物，变化的结果可以是好的，也可以是坏的。其中的宾语不能省略。例如：

（13）a. 老师让我们把这篇课文<u>改成</u>对话体。

　　　b. 他总是把"是"<u>说成</u>"四"。

　　　c. 她是你朋友啊，我<u>当成</u>你女朋友了。

也可以表示某件事情在经历了一定的过程之后，最终达到了预期的结果。在

①　"V上"中的"上"是趋向补语还是结果补语可参考问题6"结果补语与趋向补语有什么联系和区别"。

这种情况下，宾语是可以省略的，例如：

（14）a. 事情已经办成了！

b. 我学成了一门新的技术。

3.4 虚化义结果补语：动词 + 到

在这种结构中，"到"做结果补语，可以表示动作达到了目的。例如：

（15）a. 我找到小明了。

b. 他没找到工作。

也可以表示通过动作使事物到达某处，宾语常为表处所的词或短语。例如：

（16）a. 你把桌子搬到隔壁吧。

b. 我们学到第二十九课了。

还可以表示动作持续到某个时间，例如：

（17）a. 我周末都要睡到10:00才起床。

b. 这个学期我们要上到1月份才放假。

3.5 虚化义结果补语：动词 + 好

在这种结构中，"好"做结果补语，表示动作完成。例如：

（18）a. 我刚刚吃好饭。

b. 作业我写好了。

有时则不仅表示动作完成，还强调事物或者动作达到了较好或者令人满意的状态或结果。例如：

（19）a. 电脑终于修好了。

b. 大家坐好，我们要上课啦。

3.6 虚化义结果补语：动词 + 着（zháo）

在这种结构中，"着"做结果补语，主要表示动作达到了目的，可以与之搭配的常见动词有"睡、猜、借、买、找"等。例如：

（20）a. 他太累了，睡着了。

b. 我能猜着你手里有什么。

c. 你买着西瓜了吗？

3.7 动词 + 在 + 宾语[①]

在这种结构中，"在"做结果补语，主要表示通过某个动作，使某物到达某处，和结果补语"到"的第二点用法相同。常见的可以与"在"搭配的动词有"放、写、站、贴、挂、坐、住"等，该结构较常出现在"把"字句中。例如：

（21）a. 我站在椅子上擦窗户。

b. 请把地图贴在墙上。

c. 你能帮我把衣服挂在衣柜里吗？

3. 结果补语结构中的述语动词有哪些种类和特点？

由动词充当述语的结果补语结构由两部分构成：前一部分为述语动词，表示动作行为；后一部分为动词或形容词，表示动作行为的结果。例如：

（1）a. 砍断、学会、撞倒、做完（动 + 动）

b. 吃饱、装满、晒干、染红、捆紧（动 + 形）

例（1a）是由"动词 + 动词"构成的结果补语结构，例（1b）是由"动词 + 形容词"构成的结果补语结构。这里我们探讨能带结果补语的述语动词的种类和特点。

总体来看，述语动词在结果补语结构中的作用是表达致使义、使动义，其是致使某种结果产生的原因。如例（1）中致使"断"这一新状态产生的原因是"砍"，造成"饱"这个结果状态的原因是"吃"。

一方面，表达致使义的述语动词不可或缺，它们的作用通过对比汉语与英语中的用例能更好地显示出来：

（2）a. I have finished my homework.

我完（完成体）我的作业。

[①] 黄伯荣、廖序东（2017）把这类结构归为"时地补语"，是与结果补语、趋向补语等并列的一个补语小类。对于"V + 在 + 处所"结构，有研究者称其为处所义结果补语结构。比如：在"（把书）放在桌子上"中，"在桌子上"可表示动作"放"这一动作结束后"书"的位移结果。汉语二语教材中一般把这类结构与结果补语结构放在一起讲解。本书采纳"V + 在 / 到 + 处所"为结果补语结构的观点。

　　　　b. 我做完我的作业了。

例（2）中两种语言对"完"这一状态的表达手段不同，英语直接用finish 表示这种结果状态，这导致汉语学习者说出"我完我的作业"这样的句子。其实，汉语需要在"完"之前添加致使这一结果产生的动作动词"做"。丢失述语动词"做"是学习者在学习结果补语结构时常见的一种错误类型（全裕慧，1999）。

另一方面，汉语中常常用"动词+结果补语"结构来表达使动义，也就是说，在不具备"使动"功能的动词或形容词前加上一个相关动词构成"动词+结果补语"结构。例如：

（3）醒→叫醒他

　　　糊涂→把我搞糊涂了

　　　脏→弄脏衣服

例（3）中，在不具有"使动"功能的形容词"醒、糊涂、脏"前面添加动词"叫、搞、弄"，使得整个结构在语法上获得"使动"功能。在语义上，结果补语表示"使动"的结果，述语动词表示"使动"的动作。

据统计，能带结果补语的动词有1000多个（袁福静，2008），占动词词条总数的71.36%，数量较多。述语动词主要有以下几类：

第一，表示变化的动词，一般表示主体状态的变化，如"改、变、换、长、装、化、死、折、变化、替换、更换、遗漏、伪装、消化、转变、转移"等。例如：

（4）a. 情况在一点儿一点儿地变好。

　　　b. 衣服上的雪都化成了水。

　　　c. 人的胃会自我消化，但是不会把自己消化掉。

第二，表示动作的动词，如"看、听、吃、爬、写、洗、挖、泡、织、砍、插、跑、逮捕、整理、搜集、退还、寻找、镇压、折磨、捉弄"等。例如：

（5）a. 写完作业才可以出去玩。

　　　b. 快砍断绑着鲸鱼的绳子。

　　　c. 他慢慢地把手里的东西整理好。

第三，表示心理活动的动词，如"想、爱、恨、懂、感觉、认识、明白、觉悟、高兴、害怕、担心、关心、讨厌、妒忌、惦记、操心"等。例如：

（6）a. 想好了就可以举手回答。

　　　b. 我认识到情况十分严重。

　　　c. 刘星和小雪都惦记上老爸的稿费，这情况尴尬了。

第四，表示趋向的动词，此类动词的数量较少，如"上、下、进"等。例如：

（7）a. 你们先上到这块岩石上。

　　　b. 他乘电梯下到1楼。

　　　c. 以优异的成绩进入大学。

总体来看，结果补语结构中的述语动词具有以下几个特点：

第一，一般为单音节动词。其中，"搞、弄、做、拿、打"等词可搭配的范围较广。例如：

（8）a. 搞大、搞坏、搞错、搞懂、搞垮

　　　b. 做完、做好、做错、做绝、做成

双音节动词也能带结果补语，但是不如单音节动词普遍。例如：

（9）a. 隐藏好、掌握牢、把握住、打听到

　　　b. 考虑周到、准备齐全、讨论清楚、打扫干净

第二，大多具有影响类语义。带结果补语的动词不会导致新事物的产生，但会对已经存在的事物产生一定的影响，使事物呈现出一种新的状态。如"看、洗、打、晒"等动作会导致"眼睛花、衣服干净、茶杯碎、玻璃干"等状态。例如：

（10）a. 他眼睛看花了。

　　　 b. 衣服洗干净了。

　　　 c. 买的茶杯打碎了。

　　　 d. 玻璃都晒干了。

第三，是本身没有终结点的活动动词。从理论层面说，"洗、看、写"这些动词所表示的动作行为在时间上可以无限制地延续下去，结果补语结构中的补语为这个可以无限持续的活动提供了一个终结点，表明动作持续的时间，说明终结点的结果状态。

（11）a. 她洗干净了衣服。

　　　b. 他改掉了坏习惯。

例（11a）中动词"洗"的动作持续到出现"衣服干净了"这一结果状态为止；例（11b）中的动词"改"本身也是一个没有终结点的动作，"坏习惯改掉了"为这个动作提供了终结点。

第四，既可以是自主动词，即所表示的动作行为能由动作发出者的自我意志控制的动词，如"学、听、打、赶、杀"等；也可以是非自主动词，即所表示的动作行为不能由动作发出者控制的动词，如"气、饿、吓、吊"等；可以是自动词，即本身能完整地表示主语所表示的人或物发出的某种动作而不需要带宾语的不及物动词，如"看、跑、打、听、读"等；也可以是他动词，即必须带宾语的及物动词，如"刺、杀、哄、赶"等，但需具有"致使"的语义，可以使某一结果产生、出现。

（12）a. 他讲相声逗笑了观众。

　　　b. 一天没吃饭把他饿坏了。

例（12a）中的"逗"是自主动词，动作发出者能自主控制这一行为；例（12b）中的"饿"是非自主动词，不是动作发出者所能控制的动作。

4. 结果补语结构中充当"结果"的形容词有什么特点？

能够进入结果补语结构充当结果补语的主要是动词和形容词，但是动词和形容词充当补语的能力大不相同，形容词进入结果补语结构充当结果补语的能力远远大于动词。

很多形容词都可以充当结果补语，同一动词可以跟不同的形容词搭配。例如：

（1）a. 这个球踢偏了，不然就踢进去了。

　　　b. 这个球踢早了，不然就踢进去了。

　　　c. 这个球踢晚了，不然就踢进去了。

  d. 这个球踢<u>轻</u>了，不然就踢进去了。

  e. 这个球踢<u>近</u>了，不然就踢进去了。

  例（1a）中，"踢偏"想要说明没有进球的原因是射门角度的偏差，"球"在经过"踢"的动作后，没有进入球门；如果要表达的是踢球时机没有掌握好，提前或延迟射门了，则可以说"踢早了""踢晚了"；如果要说明力量和距离不够，则可以用"轻""近"等形容词做补语。

  形容词做补语，主要表达四种意义：①预期结果的出现；②非理想结果的出现；③自然结果的出现；④预期结果的偏离。（马真、陆俭明，1997b）例如：

  （2）a. 我吃<u>饱</u>了，你们吃吧。

   b. 他弄<u>坏</u>了新买的电脑。

   c1. 孩子一天天地长<u>高</u>了。

   c2. 花开<u>蔫</u>了。

   d. 这件衣服买<u>大</u>了。

  例（2a）中，"吃饱"表示的是出现了预期结果"饱"；例（2b）中，"弄坏"表示的是出现了非理想结果"（电脑）坏了"；例（2c）中，"长高"和"开蔫"表示的是自然结果"（个子）高"和"（花）蔫"；例（2d）中，"买大了"的意思是"买得过大了"，是预期结果的偏离。

  某一形容词能否进入结果补语结构充当补语主要受制于整个结构所要表达的意义，结果补语所表示的性状是受到动作行为的影响而产生的，该结果状态经历了一个由无到有的过程。因此，在结果补语结构中，充当结果补语的形容词有两个核心语义特征（马婷婷，2017a）：

  其一，可变性。主要表示事物可变化的、易受动作行为影响的性状，具有"非恒定"的语义特征。具有恒定性特征的形容词，如"单、双、亲、野"等，一般情况下很难做补语；而"干净、清楚"等状态是可以改变的，它们就很容易充当结果补语。

  其二，可控性。充当结果补语的形容词具有容易实现、产生的性质、状态。做补语的形容词的性状，在现实生活中，可以受某一具体动作行为的影响产生，性状越容易实现、产生，该形容词越容易进入结果补语结构充当补语。例如：

（3）a. 灯光变暗了。

b. 灯光变昏暗了。

c. 灯光变亮了。

d. 灯光变蓝了。

e. *灯光变酸了。

例（3）中，对"灯光"来说，"暗""昏暗""亮""蓝"的状态都是可能实现的，因此这些词能充当补语；而"酸"是"灯光"不可能实现的状态，因此其不能做补语。

综合来看，"动词＋形容词"这一动结式中的形容词有以下特点（马真、陆俭明，1997a）：

第一，单音节形容词较多。《形容词用法词典》收录的形容词中，不能做结果补语的单音节形容词只有 15 个，即"差、陈、次、毒、挤、假、静、灵、妙、帅、素、新、艳、糟、早"。而能做结果补语的单音节形容词有 153 个，常见的有"对、错、好、坏、大、小、高、低、胖、瘦、快、慢、强、弱、远、近、累、满、饱、紧"等。例如：

（4）整错、弄好、搞大、倒满、吃饱、写对、玩坏、做绝、抓紧

第二，双音节形容词做结果补语的能力远不如单音节形容词，例如"贵、粗、错"都能做结果补语，可是与之同义的双音节形容词"昂贵、粗壮、错误"就不能做结果补语。例如：

（5）a. 买贵了、变粗了、写错了

b. *买昂贵了、*变粗壮了、*写错误了

在《形容词用法词典》收录的 789 个双音节形容词中，能做结果补语的只有 63 个。常见的有"高兴、明白、清楚、干净、利索、整齐、糊涂、舒服、结实、合适"等。例如：

（6）a. 洗干净、听糊涂、睡舒服、绑结实

b. 解释明白、调查清楚、处理利索、摆放整齐

双音节形容词做补语远不如单音节形容词做补语普遍，原因之一是结果补语

结构中的述语动词往往是单音节动词，如果与之组合的补语是单音节形容词，二者就构成了双音节结构，在韵律上是稳定、和谐的。

第三，做补语的双音节形容词具有一定的标记。首先，在语义上，充当补语的双音节形容词倾向于为褒义；其次，在语音和韵律上，充当补语的双音节形容词的第二个音节多为轻声，在单音节述语动词之后时，这种倾向表现得更为明显，如例（6）；最后，在句法上，双音节形容词做补语的结果补语结构比起单音节形容词做补语的结果补语结构，所带的宾语更受限制。

第四，在能做结果补语的形容词中，有的做结果补语的能力很强，如单音节形容词"破"、双音节形容词"干净"等，它们可以做许多动词的结果补语，例如：

（7）a. 打破、撕破、扯破、拉破、戳破、刺破、挤破、抓破、刮破、挠破、砸破、扎破、捅破、踢破、踩破、洗破、冲破、穿破

b. 洗干净、扫干净、刷干净、冲干净、擦干净、抹干净、刮干净、吃干净、铲干净、掏干净、收拾干净、打扫干净

可是有的形容词做结果补语的能力很弱，如"横（hèng）、凶"和"迟钝、机灵"等，它们只能做动词"变"的结果补语。

形容词做结果补语的能力大小是由词义决定的，例如"贵"是"价格高"的意思，这只跟买卖有关系，所以它只能做动词"买"和"卖"的结果补语，可以说"买贵了、卖贵了"。再如"丑"，其只用来描写有生命的人或动物，以及关于人或动物的艺术制品。如果要用一个述补结构来说明天生的丑，则"丑"只能与动词"长"组合，如例（8a）；如果要说明后天的丑，则"丑"只能与动词"变、打扮"组合，如例（8b）、例（8c）；至于人或动物的艺术制品，它们只能通过画、演、雕塑、照相等手段再现，所以如果想说明这些艺术制品形象丑，"丑"就只能与动词"画、演、塑造"等组合，如例（8d）～（8f）。

（8）a. 她长丑了。

b. 她变丑了。

c. 她打扮了半天，反而打扮丑了。

d. 把她画丑了。

　　　　e. 文成公主这个人物演<u>丑</u>了。

　　　　f. 这尊关公像塑造<u>丑</u>了。

　　此外，关于形容词做结果补语，有一点值得注意。形容词做结果补语时，其后通常可以带"了"，也可以不带"了"，可是有时其后必须带"了"。例如：

　　（9）a. 把头发剪<u>短（了）</u>。

　　　　b. 墙砌<u>矮了</u>。

　　　　c. 衣服买<u>贵了</u>。

　　　　d. 照片放<u>小了</u>。

　　例（9a）中，补语后带不带"了"都可以；但例（9b）～（9d）中，补语后必须带"了"，这时结构表达预期结果的偏离义，也叫偏离义结果补语结构，它实际上是"动词＋得＋形容词＋了"格式的缩略形式。例如：

　　（10）a. 墙砌<u>得矮了</u>。

　　　　　b. 衣服买<u>得贵了</u>。

　　　　　c. 照片放<u>得小了</u>。

　　常用单双音节动词与形容词的搭配情况，可参考本书附录二。

5. 结果补语结构中充当"结果"的动词有哪些种类和特点？

　　与大多形容词能做结果补语不同，能够充当结果补语的动词却为数不多，比较常见的有"见、完、成、懂、走、跑、哭、笑、开、住、掉、着、倒、翻、死、透、惯、遍、够、丢、到"等，它们也是口语中的高频动词。

　　根据研究者（辛永芬，2003；陈巧云，2000）对《动词用法词典》《汉语动词-结果补语搭配词典》的统计，能充当结果补语的动词一共有100个左右，列举如下：

　　（1）爆、崩、绷、遍、病、残、残废、岔气、成、沉、重（chóng）、抽（收缩）、穿（破或透）、串（错误地连接）、倒（dǎo）、倒（dào）、嘀咕、颠倒、掉、丢、懂、动、断、翻、飞、疯、服、够、鼓、惯、滚（液体沸腾）、花、化、毁、会、豁、活（有生命）、尽、就绪、卷、开、哭、垮、亏、落、愣、裂、漏、没、蒙、灭、腻（腻烦）、怕、跑、赔、披、破、瘸、洒、散（sǎn）、散（sàn）、散架、伤、上当、折、胜、剩下、输、睡、死（失去生命）、碎、塌、通、透、退、完、忘、习惯、瞎、响、笑、醒、赢、晕、炸（突然破裂）、砸、胀、肿、转、走、走样、走嘴、醉、中（zhòng）、着（zháo）、住、皱

根据音节数目、感情色彩、及物性、自主性、持续性等特征综观上述动词，可以发现：

第一，做结果补语的动词通常为单音节动词，双音节动词仅有 10 个左右。

第二，做结果补语的动词大部分是表消极义或中性义的，占总数的 60% 以上。表积极义的动词有"懂、会、活、笑、够、赢、通、胜、中"等。

第三，做结果补语的动词大部分是不及物的，占总数的 90% 以上。及物的只有"懂、会、忘、怕、惯"等表感觉的动词和"输、赢、赔"等少数几个其他动词。

第四，一部分趋向动词由于表示了一定的结果，也可以做结果补语。例如：

（2）a. 照片贴上了。

b. 记下这笔账。

为什么大部分动词都不能充当动结式的补语呢？能进入动结式做补语的动词在音节、句法和语义上有哪些限制和特点？由此构成的动结式又有什么特点呢？

从语义上看，能充当结果补语的动词的语义特征是表达非自主语义，属于非自主动词。（马庆株，1988）它们表示无意识、无心的动作行为，即动作行为发出者不能自由支配的动作行为、变化或属性，动作发出者对其缺乏控制力，如"伤、疯"等。

这些动词在单独使用时通常不能带体标记"着"，无法重复，也很难在其前加"正在"。与时段结合时表达的不是动作的持续，而是变化后状态的持续。其显著语义特征为表达"完结、有果"意义，表示动作处于某一过程的终点。

例如：

（3）a. ? 一根树枝<u>断着</u>。

　　　b. *一根树枝<u>正在断</u>。

　　　c. *<u>断断</u>一根树枝。

　　　d. 树枝<u>断了</u>一个星期了。

"哭、飞、笑、趴、睡、倒"等具有自主和非自主两种用法的动词虽然单用时动作主体通常是有意识的，应该看作自主动词，但在做动结式的补语时往往体现出不被施事者或主体左右的意思，有不自主的语义特征。例如：

（4）a. 她<u>笑</u>我太傻。

　　　b. 他的一句话把大伙儿都逗<u>笑</u>了。

例（4）两个句子中都有"笑"，分别做句子的述语动词和结果补语。例（4a）中的"笑"指"讥笑、耻笑"，是自主动词用法；例（4b）中的"笑"指"露出愉快的表情，发出欢喜的声音"，是"逗"引发的被动动作。动词充当结果补语时表达的是非自主义。

总之，做结果补语的动词应该能够表示受动作影响而产生的状态或结果，同时在时间上有终点，这样的动词才可以进入动结式的补语位置，一般是不及物动词。

以此为标准，表自然变化的动词如"（太阳）升、下（雨）、刮（风）"等，它们所表示的变化不受外在因素的影响，不能充当结果补语。

所表示的变化可能受到外力影响的、能充当结果补语的动词，有些是动作动词，如"见、住、到、掉、走、开"等，表示动作的发生或动作所产生的结果状态。此时结果补语的意义很实在，所体现的结果状态是比较客观、直观的，常是通过观察就可以得到的，结果补语结构可以用来回答"V得怎么样了"的问题。例如：

（5）a. 你的作业写得怎么样了？

　　　b. 我的作业<u>写完</u>了。

（6）a. 这款手机卖得怎么样了？

　　　b. 都<u>卖掉</u>了。

例（5）、例（6）中的补语都表示动作行为的发展结果，是客观、直观的结果。

从动词本身的语义类别看，在结果补语结构中，充当结果补语的动词主要有以下几种：

一是表示空间运动的动词，具有某种趋向意义。其与述语动词构成的搭配如：

（7）端走、摔倒、推翻、拉动、砍断、扔掉、踢飞、钻入

二是与人的生理和心理相关的动词，通常描述人的生理或心理状态的变化。其与述语动词构成的搭配如：

（8）打肿、冻死、烧伤、饿病、逼疯

三是表示主观评价的动词，补语对动作行为做出评价，具有褒贬色彩，多表现出好坏、正反两个方面。其与述语动词构成的搭配如：

（9）打赢、救活、弄混、赌输、卖亏、演砸

结果补语对与其结合的动词在语义上是有选择的。充当结果补语的动词与述语动词的语义特征一般是一致的，表达的基本语义在某些方面是相似的。有些动词做结果补语时，词汇意义有所改变。下文以常见的做结果补语的动词"住、掉、走"为例进行说明。

首先看结果补语"住"。"住"的基本语义是"居住"，引申语义有"停止、固定"，意味着一个事件的终止点、目标。"记住"是思维上的记忆活动，使需要记的东西"固定"在头脑之中；"难住"是由于某个困难，被迫停止，无法继续进行当前的工作。总之，"住"表示动作终止，人或物"固定"下来。例如：

（10）顶住压力、忍住不笑、堵住入口、把握住机会、瞒住坏消息、吸引住人群

再看结果补语"掉"。动词"掉"的基本语义是"脱落、遗失"，作为结果补语，"掉"常与"关、洗、剪、吹、卖、改、消灭"等动词结合，表示使某事物消失。例如：

（11）洗掉尘土、改掉陋习、卖掉房子、消灭掉敌人、小偷逃掉了、酒精挥发掉了

最后看结果补语"走"。"走"的基本语义是"离开"，引申语义是"改变

或失去原本的样子"，作为结果补语，"走"表示的是"离开某地或脱离原来的状态"。例如：

（12）赶走、开走、飞走、刮走、偷走、借走

6. 结果补语与趋向补语有什么联系和区别?

在现代汉语补语系统中，趋向补语与结果补语在形式、语义和时体特征方面都非常相似，仔细分辨的话，二者在这些方面也存在显著差异。

首先，从结构形式上看，充当趋向补语与结果补语的词不同。趋向补语由趋向动词"来、去、进、出、上、下、回、过、起"等充当，表示动作的方向或事物运动的方向，这种运动方向既可以是物理概念上的，也可以引申为时间概念上的或心理概念上的。例如：

（1）a. 他急急忙忙地跑下楼。（物理）

　　　b. 时间迈进了21世纪。（时间）

　　　c. 妈，看我走过万水千山还好好的，你喜欢吗？（心理）

而充当结果补语的动词为"见、懂、完、住、破、碎、倒（dǎo）、会"等能表达状态语义的动词，表示动作的结果状态，而不是运动方向。此外，结果补语也可以由形容词充当。

其次，从所在句子的句法结构上看，趋向补语和结果补语都有"动词＋补语（＋宾语）"的结构。例如：

（2）a. 他跳下汽车朝家跑去。

　　　b. 教室里很闷热，他打开了门和窗。

例（2a）中的"下"和"去"均是趋向补语，表示人随动作"跳"和"跑"而移动的方向，"汽车"充当"跳下"的宾语；例（2b）中的"开"是结果补语，表示动作"打"的结果，"门和窗"则是动词"打开"的宾语。

虽然趋向补语结构和结果补语结构的基本形式都是"动词＋补语（＋宾语）"，但是二者在句法形式上依旧存在差异，这种差异主要体现在句子的宾语上。

　　当句子中有宾语的时候，二者的句法形式不同。结果补语结构通常为"动词＋补语＋宾语"，如例（3a）、例（3b）；或者宾语提前到句首，充当话题或者主语，如例（3c）、例（3d）。其中后者非常常见。

　　（3）a. 我<u>听懂</u>了老师的话。

　　　　b. 我<u>做完</u>今天的作业了。

　　　　c. 老师的话（我）<u>听懂</u>了。

　　　　b. 今天的作业（我）<u>做完</u>了。

　　如果句子是趋向补语带宾语，那么需要根据具体情况进行具体分析。例如：

　　（4）a. 天上<u>飞过</u>一只鸟。

　　　　b. 我想<u>走回</u>家。

　　　　c. 我想<u>走回</u>家<u>去</u>。

　　　　d. 咱们<u>进</u>教室<u>去</u>吧。

　　　　e. 你<u>拿</u>一本书<u>来</u>吧。

　　　　f. 你<u>拿来</u>一本书吧。

　　　　g. 你<u>买回</u>一些水果<u>来</u>吧。

　　　　h. 你<u>买回来</u>一些水果吧。

　　例（4a）的宾语"一只鸟"为动作"飞"的施事，例（4b）～（4d）的宾语"家"和"教室"分别为动作"走"和"进"的位移终点，例（4e）～（4h）的宾语"一本书"和"一些水果"分别为动作"拿"和"买"的受事。在趋向补语结构中，当宾语是事物名词的时候，宾语既可以放在"来/去"的前面，也可以放在"来/去"的后面，如例（4e）和例（4f）；当宾语是地点名词的时候，宾语只能放在绝对趋向补语的后面、"来/去"的前面，如例（4b）～（4d）。

　　最后，从语义上看，结果补语结构中，述语动词和结果补语描述的是两个相互独立的事件，前一个是由动词表示的动作行为事件，后一个是由动词或形容词表示的结果事件；而趋向补语结构中，述语动词和趋向补语描述的是单一事件的延续，趋向补语描述的不是独立事件，而是动词方向性运动的结果。（刘虹，2012）

　　广义上说，趋向补语和结果补语都表达结果义。但从结果的类型上看，结果补语主要是表示动作行为的状态结果，趋向补语主要是表示动作的位移结果，例如"跑过来"中的"过来"是位置的移动，是事物在方向上的结果。

从语言的历时发展看，部分趋向补语在发展过程中逐渐失去了原来的趋向义，向结果义扩展。当结果义被凸显以后，它就可以更为广泛地与动词结合，成为典型的结果补语。例如：

（5）a. 他加快脚步，追上她。

　　b. 姑娘们，你们算是遇上好时候了。

　　c. 阿绿躺在床上，一合上眼，都是水笙从树上掉下去的情景。

　　d. 用手捂上眼睛就什么也看不见了。

　　e. 他只看了一眼就爱上了这家饭馆。

　　f. 阿花盼了一个星期，终于吃上了心心念念的烤鱼。

例（5）中，"上"逐渐失去具体的趋向义，表达结果义。同时，结果义也由实到虚，依次表现出"接触""附着"和"实现"的语义特征。（常娜，2019）例（5a）～（5c）表达接触义。其中，例（5a）中的动词"追"是使"他"和"她"接触的动词，"上"表示"接触"这一状态的实现，属于跟靠类接触；例（5b）属于逢遇类接触；例（5c）属于闭合类接触。例（5d）表达附着义，表示施事通过动作行为"捂"使"手"向"眼睛"移动，最终覆盖并附着在"眼睛"上；例（5e）是感知类附着，"上"的意义更为抽象，由使具体事物附着于具体处所引申为使自己的情感附着于某物或某人身上，是具体到抽象的转移。例（5f）表示目的或愿望经过主观努力后实现，整个事件发生了从未实现到实现的状态变化，"上"的实现义与其后搭配的宾语的目标性相关，"上"的语义指向整个事件，表示事件实现并兼有"结果"的附加语义。"V上"中核心的"位移"不仅摆脱了方向的限制，而且脱离了空间层面，变为时间层面的"变化"。原有的到达终点义转变为实现义，从表示位移的结束过渡到表示变化过程的完结，能与之搭配的动词类型更多，"上"虚化为结果补语。

此外，复合趋向补语也具有引申义，也能表达结果义。例如：

（6）a. 我吃出来这道菜是用什么做的了。

　　b. 他用过去几年攒下来的钱买了一台电脑。

例（6a）中的"出来"表达的是一种从无到有的状态，"我"本来不知道这道菜是用什么做的，"我"吃了以后就知道了，这也是一种广义上的结果，结果是"我"现在知道了。例（6b）中"下来"指通过动作"攒"让"钱"得以保存，本来是没有"钱"的，现在有了，也是一种结果。但在汉语二语教学中，通常不把复合趋向补语的结果义归为结果补语，而把它归为趋向补语的引申用法。

7. 结果补语与情态补语有什么联系和区别？

情态补语，也称状态补语、"得"字补语。主要有两种功能：一是用于描写，如"他看书看得津津有味"；一是用于评价，如"他的脾气来得猛，去得也快"。

首先看用于描写的情况，有些情态补语描写的是一种结果状态。例如：

（1）a. 他几句话说得大家眉开眼笑。

b. 她激动得热泪盈眶。

c. 好好一个公司被搞得四分五裂了。

例（1a）中"大家眉开眼笑"是"他几句话"造成的结果，例（1b）中"热泪盈眶"是"激动"的结果，例（1c）中"四分五裂"是"被搞"的结果。这些情态补语由谓词性短语充当，述语动词与补语由"得"介引，与结果补语的形式不同。

其次看用于评价的情况。有一类结果补语也表示评价，那么，表示评价的结果补语和表示评价的情态补语有什么区别和联系呢？下面将从形式和语义两个方面进行对比分析。

形式方面，情态补语和述语中间一般有助词"得"，如"你想得太天真"，有的有"个、得个"，如"雨下个不停""闹得个鸡犬不宁"；而结果补语和述语中间一般不能插入其他成分。因此在判断一个补语属于情态补语还是结果补语时，首先看述语和补语中间是否有其他成分。例如：

（2）a. 基础打牢了，遇到什么问题都能解决。

b. 基础打得牢，遇到什么问题都能解决。

c. 他们把问题处理妥当了。

d. 他们把问题处理得十分妥当。

例（2a）和例（2b）、例（2c）和例（2d）的意思基本一致，但例（2a）、例（2c）中的"打牢""处理妥当"是结果补语结构，例（2b）、例（2d）中的"打得牢""处理得十分妥当"是情态补语结构。

此外，状态形容词、性质形容词和谓词性短语可以做情态补语，但状态形容词和谓词性短语一般不能做结果补语。当性质形容词充当情态补语时，其前常加程度副词，而充当结果补语时，其前不能加程度副词。例如：

（3）a.她的脸羞得通红。（"通红"为状态形容词）

　　b.*她的脸羞通红了。

　　c.*她的脸羞得红了。（"红"为性质形容词）

　　d.她的脸羞红了。

例（3）中"通红"是一个状态形容词，可以做情态补语，如例（3a），但不能做结果补语，如例（3b）。要使句子合格，必须改用性质形容词"红"，如例（3d）。

语义方面，一些成对的中性形容词，如"长—短、高—低、深—浅"等做结果补语时，通常表达偏离义，同样的词做情态补语时则没有偏离义。例如：

（4）a.这盘菜做咸了。

　　b.这盘菜做得很咸。

例（4a）中，"菜做咸了"的意思是菜做得比预期的要咸，偏离了预期的结果；而例（4b）仅是描述菜的咸淡程度，没有偏离预期的意思。

有时候，由否定式短语充当补语的情态补语结构与结果补语结构的否定式会产生语义关联，二者甚至存在转换关系，但细究起来，两种否定形式还是有区别的。（魏立湘，1983）例如：

（5）a.事情的经过调查得不清楚。

　　b.事情的经过没有调查清楚。

　　c.这篇文章写得不好。

　　d.这篇文章没写好。

例（5a）的意思是，调查工作已经结束，但是还有某些地方不够清楚；例（5b）的意思是，已经进行了调查工作，有些情况还没有弄清楚，有继续调查下去的必要。例（5c）说明文章已经写出来了，但写得不令人满意。例（5d）除了说明文章写得不令人满意以外，还包括按照作者的水平是可以把文章写得更好一些的，但由于某种原因，没有写出应有水平之类的意思；如把"好"当"完成"讲，还可理解为文章没有写完。

8. 结果补语与程度补语有什么联系和区别？

结果补语和程度补语无论是在语义上还是在结构上，差别都很明显。结果补语，顾名思义，是用来表示动作行为的结果的。例如：

（1）a. 打球时，他的脚被撞伤了。

b. 我听见你说的话了。

例（1a）中"撞伤"，"伤"是动词"撞"的结果；例（1b）中"听见"，"见"是动词"听"的结果。常见的可以带结果补语的述语以动词为主，如上例中的"撞""听"，这些动词一般不具备程度属性。

程度补语是用在形容词和少数动词（主要是用来表示心理活动的动词）后面表示性状程度的补语。例如：

（2）a. 咱们再快一点儿吧。

b. 游泳她喜欢得很。

例（2a）"快一点儿"中的"一点儿"是用来形容"快"的程度的，例（2b）"喜欢得很"中的"很"是用来说明"喜欢"的程度的。可以带程度补语的述语一般都是有程度区别的形容词或心理动词，分别如例（2）中的"快"和"喜欢"。

用于表示述语程度高低的补语中，有一类是由"透、慌、死、坏"等单音节极性意义词充当，表示很高或达到极点的程度，这与结果补语有了关联。由程度补语的定义出发，我们可以得到一条区分结果补语和程度补语的标准，即看句子中补语的语义是否虚化。例如：

（3）a. 他病死了。

　　b. 干了一天活儿，都快累死了。

　　c. 我想死你了。

　　d. 真是羞死了。

　　例（3）都是"动词+补语"结构，例（3a）中的"死"表示"死亡"，是结果补语；例（3b）、例（3c）中的"死"意义开始虚化，表示程度高，即"非常累""我非常想你"；而例（3d）中的"死"进一步虚化为程度补语，表示程度高。

　　不少程度补语是由结果补语虚化而来的，如"透"（宗守云，2010）：

　　（4）a. 几个贼把墙挖透了。

　　b. 他讨厌透了这个地方。

　　c. 连连受挫，他的心情沮丧透了。

　　例（4a）中"挖透"是动结式，结果补语"透"表示"贯通"；例（4b）、例（4c）中"讨厌透""沮丧透"是心理动词、形容词带程度补语，"透"表示达到极点。

　　最近，在网络语言中，出现了很多新兴用语，比如"×哭了、×呆了、×毙了、×爆了、×翻了"，都是单音节动词或形容词补语虚化为程度补语，表达极性意义。（夏宗平，2016）例如：

　　（5）a. 这么好的鞋子才100块，真的值哭了！

　　b. 茨城县的音乐烟火大会，美哭了！

　　在例（5）的"形容词+哭"结构中，"哭"已经不再指实际的动作，而表示程度之高，达到了令人感动流泪的地步。但是在"动词+哭"结构中，"哭"的意义大多还比较实在，属于结果补语。例如：

　　（6）a. 这首歌把我听哭了。

　　b. 看喜剧都能看哭，你也太多愁善感了吧。

　　可见，结果补语和程度补语存在着一定的联系。如果一个词既可以做结果补语，又可以做程度补语，那么其程度补语的用法很可能是从结果补语的用法虚化而来的。（石慧敏，2013）例如：

　　（7）a. 踢坏了→气坏了

　　b. 走远了→差远了

c.吃多了→好多了

例（7）各组中，前者为结果补语结构，后者为程度补语结构。

9.结果补语与可能补语有什么联系和区别？

结果补语补充说明动作行为的结果，基本的结果补语结构是"动词/形容词＋结果补语"。例如：

（1）a.这些水果她一个人就<u>吃完</u>了。

b.我只学了一年汉语，昨天的中文电影我都<u>没听懂</u>。

例（1）中画线部分都是结果补语结构。其中，例（1b）中的"没听懂"为结果补语结构的否定式。

可能补语补充说明动作行为的可能性，基本的可能补语结构为表示可能的"动词＋得＋可能补语"，或者表示不可能的"动词＋不＋可能补语"。例如：

（2）a.这些水果她一个人就<u>吃得完</u>。

b.我只学了一年汉语，中文电影我<u>听不懂</u>。

c.门太窄了，这辆车<u>开不进去</u>。

d.我手机没电了，<u>打不了</u>电话。

e.你这样子<u>去不得</u>，还是我去吧。

例（2）中画线部分都是可能补语结构，它们的意思分别为"能吃完""不能听懂""不能开进去""不能打""不能去"。例（2a）是可能补语结构的肯定式，例（2b）～（2e）为可能补语结构的否定式。

虽然从形式上看，可能补语与结果补语大相径庭，但进一步分析会发现，例（2a）、例（2b）中的可能补语是在结果补语"吃完""听懂"之间分别插入"得""不"形成的，因此，也有人把它们称为结果补语可能式。可能补语结构中还大量存在例（2c）～（2e）所示的趋向补语可能式、"V得/不了"、"V得/不得"等形式，所以，可能补语结构的范围远远大于结果补语可能式的范围。

当可能补语结构被看作结果补语可能式时，结果补语结构被称为"基本式"或"基式"。例如："听懂"是结果补语结构的基式，"听得懂"和"听不懂"是结果补语结构的可能式，也就是通常所说的可能补语结构。

在现代汉语中，根据结果补语结构能否直接扩展为可能补语结构，二者的关系类型主要有以下三种：

第一，大部分结果补语结构可以直接在述语和补语之间插入"得"或"不"扩展为可能补语结构。例如：

（3）办完——办得完、办不完

在"办完"这个结构中间插入"得"或"不"，可直接转变为可能补语结构"办得完"和"办不完"。

第二，有些结果补语结构不能扩展为可能补语结构。如"改进、降低"等，通常不能加"得"或"不"构成可能补语结构，这些结果补语结构中的述语和补语结合得较为紧密，已经属于合成词，如果要表示可能，须在前面加助动词"（不）能、（不）会"等。例如：

（4）a. 改进——*改得进、*改不进

　　　b. 改进——能改进、不能改进

第三，还有些可能补语结构没有与之相应的结果补语结构。例如：

（5）a. 办得了、办不了——*办了

　　　b. 来得及、来不及——*来及

　　　c. 算得上、算不上——*算上

例（5a）、例（5b）中，去掉表示可能的"得""不"而反推出的结果补语"办了""来及"都不存在；例（5c）中，去掉"得"或"不"之后，"算上"虽然存在，但是语义与"算不上"和"算得上"有较大差距，不能看成是与可能补语结构相对应的结果补语结构。例如：

（6）a. 你在一个小单位工作，算上你一共才6人。

　　　b. 老爷子算得上是一个见多识广的人。

　　　c. 孩子在父母面前，八十岁也算不上大的。

例（6a）中"算上"的意思是"加上"，例（6b）、例（6c）中述补结构的意思是"能不能说是属于某个范畴"。

进一步分析还会发现，在某些情况下，结果补语否定式与可能补语否定式之间存在替换关系。例如：

（7）a. 那歌词全是法语，她没听懂。

  b. 那歌词全是法语，她听不懂。

（8）a. 里面什么样，因为太黑，没看清楚。

  b. 里面什么样，因为太黑，看不清楚。

例（7）、例（8）都是对过去发生的事件进行否定。例（7a）、例（8a）使用的是结果补语否定式，例（7b）、例（8b）使用的是可能补语否定式。两种形式在句子中可以互相替换而基本不影响语义。

用否定副词"没"对动结式进行否定时，通常针对的是已经发生的事实或情况，否定的是结果，而不是动作行为本身。例如：

（9）a. 没听懂 = 听了，没懂

  b. 没看清楚 = 看了，没清楚

用可能补语否定式时，语义是"愿而不能"，即想要实现某种结果，但是做不到。例如：

（10）a. 听不懂 = 想听懂，但是不能听懂

  b. 看不清楚 = 想看清楚，但是不能看清楚

综上，"没（有）+ 动词 + 结果补语"主要表达的是动作的结果没有出现，而"动词 + 不 + 可能补语"主要表达由于某种客观的原因而无法实现某一结果。

在例（7）、例（8）中，不管是客观地叙述动作结果没出现，还是表达客观原因"歌词全是法语""太黑"导致无法实现相应结果，最终都是动作结果没有实现，所以结果补语否定式和可能补语否定式可以替换。

结果补语否定式用于对过去已发生的事件进行否定。当对将来事件、惯常事件等非现实事件进行否定时，要使用可能补语否定式，而不能替换为结果补语否定式，如例（11）：

（11）a. 翘了2个星期的日语课，现在要自学追回来，不然明天就听不懂了。

  b. 你不要说广州话，我听不懂。

c. 她是一个可爱的华裔姑娘，可惜一句汉语也听<u>不懂</u>。

当只是对事件的结果是否出现做客观描写，而不凸显"客观条件不允许而造成的'愿而不能'"这一语义时，只能使用结果补语否定式，而不能使用可能补语否定式。如例（12）：

（12）a. 他<u>没吃完</u>饭就被叫到办公室加班了。

b. 甫志高很久<u>没见</u>到余新江，也不很了解情况。

c. 电话铃声不响了，一个<u>没睡醒</u>的男子说道："喂！"

d. 生日快乐! 我给你发信息了，你<u>没收</u>到吗？

e. 莫名其妙就上跑道了，又<u>没准备好</u>又<u>没热身</u>。

例（12）中结果补语否定式都不宜替换为可能补语否定式。其中，例（12a）使用"没……就……"句式对事件进行叙述，例（12b）对过去的事件进行叙述，例（12c）结果补语否定式出现在定语中，例（12d）对事件结果进行询问，例（12e）用结果补语描写事实状态。它们都是叙述事件结果未出现，而不关注事件结果出现的可能性。

10. 结果补语所表达的语义在古汉语和其他语言中是怎么实现的?

从跨语言视角看，人类语言中直接组合的动补结构"动词＋结果补语"具有特殊性，这一结构所表达的语义却具有跨语言共性，现代汉语中结果补语所表达的语义在古汉语和其他语言中是如何实现的呢？据考察，主要有5种表现形式。（玄玥，2017）

一、词义整合

结果意义包含在词语的意义当中，是一个词语的内部义素，如古汉语中的"污、损、破"等，单个动词表达现代汉语结果补语"V 污、V 损、V 破"所表达的语义。例如：

（1）a. 万乘之严主辱其使者，退而自刎也，必以其血污其衣。（《吕氏春秋》）

　　b. 旱，则损五分之二；凶，则损五分之三；馈，则损五分之四。（《墨子》）

　　c. 故君子语大，天下莫能载焉；语小，天下莫能破焉。（《中庸》）

例（1）中，在现代汉语中需要使用"弄脏、折损、攻破"等动结式表达的语义，在古代汉语中仅使用动词"污、损、破"即可表达，也就是说，动词"污、损、破"等本身整合了结果义素。再如英语：

（2）a. Microbial infections now kill 17m people a year.

　　细菌感染现在每年杀死1700万人。

　　b. How did he come to break his leg?

　　他怎么弄断了自己的腿？

　　c. Look, calm down! We'll find her.

　　喂，镇静一点儿！我们会找到她的。

　　d. She is hoping to win the game.

　　她希望能打赢 / 赢得这场比赛。

例（2）中，英语中的动词"kill、break、find、win"整合了结果义素。在把它们翻译成汉语时，例（2a）需添加结果成分，译为"杀死"；例（2b）需添加主动词，译为"弄断"；例（2c）需添加结果成分，译为"找到"；例（2d）需添加主动词或者补语成分，译为"打赢"或"赢得"。

其他使用这类表达方式的语言还有法语、意大利语、俄语、西班牙语、尼泊尔语、泰语、维吾尔语、蒙古语、保安语、鄂温克语、哈萨克语、柯尔克孜语、越南语、印度尼西亚语等。

二、屈折形式

在词语前后加上表示动作结束或结果达成的词缀，包括前缀和后缀两种情况。例如：

（3）马达加斯加语前缀： aha

　　法语前缀：a、ac、af、ag、al、an、ap、ar、as、at、en、em

　　俄语前缀：про、до

鄂伦春语后缀：mdak、mdek

以俄语为例，其前缀的具体使用如下：

（4）a. В этом месяце мы <u>ПРО делали</u> большую работу.

　　　　在这个月我们（前缀）<u>做</u>大量工作。

　　　　（在这个月我们做完了大量工作。）

　　　b. Я обещаю, что завтра <u>ДО делаю</u> эту работу.

　　　　我答应，（连接词）明天（前缀）<u>做</u>这份工作。

　　　　（我答应，明天做完这份工作。）

例（4）中，п ро、д о 添加在动词前，表达"完成"这一语义。

其他使用这类表达方式的语言还有保加利亚语、傣语、珞巴语、独龙语、柯尔克孜语、韩语、越南语、印度尼西亚语等。

三、动词前使用副词

用动词前的副词来表示动作结束或某种结果状态。例如：

（5）维吾尔语：Sen hata sθzliding.

　　　　　　　你<u>错说</u>（过去时）。（你说错了。）

　　鄂温克语：guun pu∫a tixi∫əə.

　　　　　　　玻璃粉碎摔（过去时）。（玻璃摔碎了。）

其他使用这类表达方式的语言还有蒙古语、保安语、鄂伦春语、嘉戎语、羌语、缅甸语、尼泊尔语、俄语、德语、日语、印度尼西亚语等。

四、动词后直接使用补语

由一个谓词性的补语成分表示前一个述语动作的完结，即 VR 结构。比如现代汉语中的"杀死、打破、找到"，英语中的"throw out（扔出）、eat up（吃完）"。再如：

（6）侗语：ça^3 je$^{1'}$ kən$^{1'}$、kit^9 təi^1 kən$^{1'}$

　　　　　写歪了、病死了

其他使用这类表达方式的语言还有西班牙语、维吾尔语、哈萨克语、蒙古语、满语、鄂温克语、撒拉语、塔塔尔语、赫哲语、仙岛语、阿昌语、纳西语、怒苏语、哈尼语、彝语、浪速语、傣语、水语、壮语、景颇语、仡佬语、仫佬语、苗语、黎语、拉祜语、白语、傈僳语、珞巴语、毛南语、畲语、布依语、基诺语、载瓦语、缅甸语、泰语、佤语、布朗语、德昂语、京语、越南语、日语、印度尼西亚语等。

五、动词后使用"宾语 + 补语"形式

宾语在动词和补语之间，即 VOR 形式，宾语和补语形成一个主谓结构。例如：

（7）古汉语：（中古时期）打汝口破。（打破汝口。）

英语：She shot John dead.

她射（过去时）约翰死。（她射死约翰。）

傣语：juɯ² sə¹ taːi¹

射虎死（射死虎）

壮语：jum² kaːi⁵ paŋ² hoŋ² lo.

染布红了（布染红了）

其他使用这类表达方式的语言还有德语、蒙古语、仫佬语、水语、侗语、黎语、苗语、瑶语、毛南语、畲语、尼泊尔语、泰语、京语、韩语、越南语、印度尼西亚语等。

这里对上述第四种和第五种形式稍加说明。不少语言也像现代汉语这样使用 VR 即动词与补语直接组合的结构，即上述第四种形式。但在多数语言中，当动词、宾语与补语共现时，采用 VOR 语序，即上述第五种形式，如英语、泰语等，而非现代汉语这样的 VRO 语序。有些语言中虽然存在 VOR 和 VRO 两种语序，但 VOR 为优势语序，如越南语。也就是说，像现代汉语这样以 VRO 语序为唯一正确语序的语言不多，现代汉语结果补语语序具有跨语言特殊性。

从汉语第二语言教学的视角看，上述五种结果补语的表现形式导致汉语学习者在学习结果补语时易于出现以下偏误：遗漏结果补语结构中的动词或者补语、补语与动词错序（补语出现在动词前）、补语与宾语错序（补语出现在宾语后）。我们还将在习得偏误部分和教学指导部分详细讨论这些问题。

11. 结果补语的常见习得偏误有哪些?

在结果补语的教学过程中，我们发现学生会出现各种各样的偏误，究其原因，跟汉语结果补语表达的特殊性有关。结果补语与其他句法成分共现时，或在结果补语内部，学习者常常混淆其表达方式。本部分将通过分析偏误语料，归纳汉语学习者在学习结果补语时出现的相同或者相似偏误，并对这些偏误产生的原因进行分析。

一、遗漏偏误

遗漏偏误是指在词语或句子中遗漏了某个或者某几个成分而导致的偏误。根据我们所收集到的语料，遗漏偏误在所有的偏误中所占比例最大，常见的遗漏偏误主要有以下三类：

1.1 动词遗漏

动词遗漏是指，汉语学习者在使用结果补语的过程中，只用了表示结果的补语，而把做述语的动词遗漏了，例如（带＊表示偏误语料，括号内是画线部分的正确表达）：

（1）＊他在路上见了他的朋友。（看见／遇见／碰见）

（2）＊他开书，又看了一遍。（打开）

（3）＊我懂今天的语法了。（听懂）

（4）＊我完作业再吃吧。（写完）

出现这种偏误主要是受到了母语负迁移的影响。很多汉语学习者的母语中没有与结果补语相对应的表达形式，所以他们在刚开始学习使用结果补语的时候，很容易将补语结构中与述语动词相近的动词补语或者形容词补语当成述语动词，而遗漏真正的述语动词。如例（1），因为结果补语"见"和动词"看"的意义相近，所以学习者在使用时直接用结果补语"见"去对应英语的"saw"，遗漏了真正的述语动词"看"，例（2）也是如此；例（3），学习者受到母语影响，用动词"懂"去对应英语的"understand"，遗漏了真正的述语动词"听"，例（4）也是如此。

动词遗漏还有另外一种情况——重动形式缺动词。在汉语中，如果一个动词后面既有结果补语又有宾语，那我们可以用重动句这一形式表达，即"V+宾语+V+结果补语"，例如"我喝酒喝醉了""他回家回早了"。汉语学习者在使用这个结构时，常常会遗漏第二个动词。例如：

（5）*我租房远了。（租远）

（6）*我熬夜到三点多。（熬到）

在例（5）、例（6）中，动词"租""熬"的后面还有宾语"房""夜"，在这类结构中加补语是需要重复述语动词的。但是学习者并未掌握这一特殊的动补结构，所以直接在宾语后面加上了补语。这种偏误主要出现在初级学习者中，他们对动补结构的重动式还不是很熟悉，容易犯此类错误。

1.2 补语遗漏

结果补语表示动作行为所产生的结果。如果只有动作，没有结果补语，有些句子的意思可能表达不完整。例如：

（7）*请把你的名字写。（写好）

（8）*请下车的旅客拿自己的随身物品。（拿好）

（9）*那时候我特别累，不知不觉睡了。（睡着）

（10）*我们是在中国认识的，后来她变了我的女朋友。（变成）

例（7）～（10）均是缺少结果补语而产生的偏误。从句子的整体语义来分析，每个动作发生后都会希望产生某种结果，如例（7）和例（8），或者有相应的自然结果，如例（9）和例（10）。学习者是想表达结果义的，但是因为对动补结构掌握得不到位或母语负迁移，误以为动词自带结果义，所以写出来的句子无法准确地表达自己的意思，甚至是错句。

1.3 助词"了"遗漏

助词"了"主要表示动作的完成或新情况的出现。因为结果补语是用来表示动作或者行为产生的结果的，所以在结果补语肯定式中，动结式或者句子后面常常需要加上助词"了"，使语义更加完整。但是学习者在使用结果补语时经常会漏掉助词"了"。例如（"_"处应该加"了"）：

（11）*我昨天在饭店看见他_。

（12）*我看明白这篇文章_。

（13）*我借到_那本书。

这类偏误主要是由于学习者对助词"了"掌握得还不够好，应在学习过程中多加注意。

二、误用偏误

误用偏误是指汉语学习者在使用结果补语时出现了使用不当的情况。根据所收集到的语料，误用的偏误量仅次于遗漏，是第二大常见的偏误类型。常见的误用偏误有以下三类：

2.1 动词误用

述语动词误用是指学习者在使用结果补语时，所使用的述语动词不恰当。在动结式中，只要述语动词和补语（由动词或形容词充当）的组合在语义上恰当，一般这个结构就能成立。但是有些语境需要特定的述语动词，抑或有些宾语需要特定的述语动词与之搭配，而学习者并不清楚，所以会产生偏误。例如：

（14）*在孩子看见父母前，他要先从大自然学到怎样打开眼睛。（睁开）

（15）*这就像是一颗炸弹，打碎了我们的家。（炸碎）

（16）*我不小心破碎了一个杯子。（打碎）

例（14）中，常用的与"眼睛"搭配的表示"open"含义的动词应该是"睁开"，而不是"打开"；例（15）中，因为前句中有"像是一颗炸弹"，所以应该用"炸碎"，而不是"打碎"；例（16）中，"破碎"和"打碎"均有"碎"的意思，但是"破碎"是形容词，表示事物状态，不包含动作义，而本句需要一个表示动作的词语，所以这里应该用"打碎"。通过这几个例句可以看出，学习者在有意识地使用动词和结果补语来表达自己的意思，但是他们对这些词语掌握得还不够全面，从而使得句子出现了明显的偏误。

2.2 结果补语误用

据研究统计（马真、陆俭明，1997a），一共有两百多个形容词和几十个动词可以做结果补语，所以"V + 结果补语"结构是一个高度能产的结构。结果补语的使用非常灵活，同一个动词在不同的语境下可以搭配不同的结果补语表达不同的意思。学习者在使用的时候，需要根据情境选择正确的结果补语。如果选择不当，就会产生偏误。例如：

（17）*但是如果三个人团结起来，那发生什么样的情况都不会被打掉。（打倒）

（18）*一般来说，自己的梦被打断以后，心里会很难过。（打破）

（19）*我很开心，因为我的小狗找完了。（找到）

例（17）中，"掉"表示从高处往低处落，"倒（dǎo）"表示人或者竖立起来的东西横躺下来，所以这里用"打倒"比较恰当。例（18）中，"断"表示"中断或者间断"，述补短语"打断"和宾语"梦"的搭配在这个情境下并不合适。"破"的意思是"完整的东西受到损伤变得不完整"，述补短语"打破"和宾语"梦"的搭配在这个情境下更为妥当。例（19）中，"找完"表示寻找过程完结，但是并没有提到寻找的结果，与上句中提到的"我很开心"不符，所以这里用"找到"更为合适。通过这几个例句可以看出，学习者要想真正地掌握结果补语，不仅需要知道其结构和意义，同时也需要结合具体语境，选择最合适的结果补语。

2.3 结果补语否定形式的误用

在汉语中，"不"和"没"均表示否定，但是在对结果补语进行否定时，"不"一般用来否定结果产生的可能性，表明说话者"愿而不能"做某事，"没"通常用来否定动作或性状的已然发生或出现。二者在某些语境中可替换使用。但是学习者在使用动结式的否定式时，常常会由于对汉语否定词的表义区别把握不准确，或者对动结式的时间指向理解不到位而选错否定词。例如：

（20）*在我家里好久不听见"父亲"两个字了，因为我是单亲家庭。（没听见）

（21）*我们今天不买到火车票。（没买到）

（22）*有一天我的朋友问我："水果能没洗干净吃吗？"（不洗干净）

例（20）和例（21）都是叙述发生在过去的事情，凸显结果，所以应该使用"没"，而不是"不"；而例（22）是一个疑问句，是询问者对一般状态的一种询问，所以这里应该用"不"，而不是"没"。这类偏误较多出现在初级学习者身上，主要是因为他们对否定副词"不"和"没"的使用规律掌握不完全。而中级学习者若出现此类偏误，大多是因为没有弄清句子的时态。

三、错序偏误

错序是指汉语学习者在使用结果补语的时候，出现了补语与述语动词或句中其他成分在语序上的错乱。常见的错序偏误有以下四类：

3.1 补语和述语动词错序

结果补语结构的一般形式是"动词＋结果补语"，但是有些学习者会颠倒述语动词和结果补语，造成偏误。例如：

（23）*现在，常常会到听"男女平等"这个词。（听到）

（24）*可我改变主意了，来到了中国，会学了汉语。（学会）

例（23）、例（24）中的偏误均是充当述语的动词和充当结果补语的动词位置颠倒。学习者对结果补语结构掌握得还不是很到位或者受到母语影响，产生补语与述语动词错序的偏误。

3.2 补语和宾语错序

在带有宾语和结果补语结构的句子中，汉语学习者常把宾语放在述语和补语之间。例如：

（25）*妈妈叫我醒了。（叫醒我）

（26）*我看书完了。（看完书）

（27）*我没听那句汉语懂。（听懂那句汉语）

（28）*他写论文完了。（写完论文）

汉语的结果补语结构是一种黏合式述补结构，述语和补语的结合比较紧密，中间很少插入其他成分。学习者受母语，如泰语、越南语、英语的语序影响，会出现这类偏误。

3.3 助词"了／过"与其他成分的错序

一些汉语学习者在学习结果补语以后，能记住结果补语结构是"述语动词＋结果补语（＋宾语）"，并且意识到在包含结果补语结构的句子中，常常需要使用表示经历态或者完成态的动态助词，但不清楚应该把动态助词"了"或者"过"放在哪里，于是形成了这类偏误。例如：

（29）*他写了错汉字。（写错了）

（30）*他写错这个汉字过。（写错过这个汉字）

在这类句子中，动态助词"了""过"应该放在结果补语后面、宾语的前面。

3.4 否定副词"没"与其他成分的错序

结果补语结构的否定式是"没+动词+结果补语"，否定词需要放在动词的前面，是对整个结果补语结构的否定。但是有些汉语学习者会将否定词放在述语动词和补语中间或补语后等。例如：

（31）*今天的生词我还记住没有。（没有记住）

（32）*他听第三课没懂。（没听懂第三课）

（33）*他听没懂第三课。（没听懂第三课）

造成这种偏误的可能原因是汉语学习者对补语结构不熟悉，不清楚应该将否定副词放在哪里；或者是受到母语负迁移的影响，如结果补语结构的否定式在泰语中的对应形式为"动词+宾语+否定词+状语（表结果义）"。

四、冗余偏误

语言的冗余现象，从本质上说，反映的是形式与意义的不匹配，即语言结构形式的复杂程度超过了意义表达的需要。结果补语结构使用中出现的冗余偏误，一般是学习者在不需要结果补语的地方加了结果补语或者是在一个述语动词后面用了不止一个结果补语，即结果补语使用的泛化现象。例如：

（34）*我对他讲的课很感到兴趣。（感）

（35）*我记得小时候他常常带我去到剧场、公园或者旅游区。（去）

（36）* 自己体验到过类似事情的人肯定会异口同声地支持禁止吸烟的规定。（体验）

（37）* 每个国家都有自己流行的歌曲，我所交往的人中80%是流行歌迷，甚至包括我自己，迷到成什么样我也不知道。（迷成）

例（34）中，"感兴趣"是一个固定词组，但是学习者可能因为常常使用"感到"，所以就将这两个词语杂糅起来，写出了"感到兴趣"；例（35）中，"去到"这样的搭配在汉语里是没有的，但是有"来到"，学习者出现这一偏误的原因可能是"来到"一词的泛化；例（36）中，"到"用在"体验"等感知、认知动词后，后面的宾语应该是"体验"的心得，是一种结果，但是这个句子是想要强调一种经历态，所以只用"过"就可以了，不需要用"到"；例（37）中，"到"和"成"在这里都是结果补语，但是"到"做结果补语是表示达到某种目的，而"成"做结果补语是表示述语动词使一种事物成为另一种事物，这里用"成"，更符合说话者的意思。

五、回避偏误

回避是指汉语学习者在使用某一个语言形式的时候，因对该语言形式掌握不够深入而用其他意思相同或者相近的形式替代的一种学习策略。在初学结果补语的时候，学习者常常为了避免使用结果补语而用两个分句表达相近的意思。例如：

（38）*瓶子摔了，还碎了。（瓶子摔碎了）

（39）*我的手机坏了，朋友帮我修，修好了。（我的手机坏了，朋友帮我修好了）

（40）*我听了那句汉语，没懂。（我没听懂那句汉语）

例（38）～（40）用结果补语是可以一句话就表达清楚的，但是因为对结果补语的掌握不够透彻，学习者并没有用结果补语，而是选择用两个分句进行表达。但是在母语者听来，用结果补语和用两个分句进行表达，意义其实是有区别的。教师在教的过程中，不仅要反复强调在这些情况下应该使用结果补语，同时也需要询问清楚学习者真正想要表达的意思，不能盲目地修改。

六、结果补语和其他补语混淆偏误

有时，学习者会将结果补语和可能补语混淆，在应该使用结果补语的地方使用可能补语。例如：

（41）*中国歌对我来说不好听懂，觉得很难把声调<u>听得清楚</u>。（听清楚）

（42）*三个人同样三天挑一次水的话，喝水量也得<u>分得清楚</u>。（分清楚）

在由形容词充当结果补语时，结果补语与情态补语两种表达形式也容易混淆。例如：

（43）*经过一上午的努力，房间终于<u>打扫得干净</u>了。（打扫干净）

（44）*他每天在操场跑步，他<u>跑快</u>。（跑得很快）

从例（41）～（44）可以看出，学习者在使用结果补语的时候，容易将结果补语和可能补语、情态补语混淆，导致出现偏误。

综上，学习者学习结果补语时常见的偏误有遗漏、误用、错序、冗余、回避以及结果补语和其他补语混淆六种。教师可以在学习者刚接触结果补语的时候，就培养其对结果补语使用的认同感，让其体会结果补语的实用性和必要性以及动词与结果补语之间的选择性与搭配性，并且在教学过程中加强对结果补语结构紧密性特征的训练（表现在与宾语、"了"、"过"、否定成分等组合时的语序上），注意对相关近义表达和易混淆表达进行辨析，有针对性地对学习者产生的偏误进行纠正。

12. 结果补语的习得研究有哪些成果？

结果补语的习得有普遍性规律吗？答案是肯定的。

首先，汉语水平是制约结果补语习得的一个重要因素，汉语学习者的动结式习得呈现出阶段性特征，初级阶段是动结式习得的关键时期。

其次，学习者母语中是否存在对应的动结式类型影响其汉语动结式的习得，汉语动结式的习得具有显著的类型学效应。

那么，哪类动结式最容易习得？哪类最难习得？

这看起来是一个简单的问题，实际上却不易回答。首先要确定影响动结式习得的语言内部因素，比如补语是形容词还是动词、是否存在宾语，以及补语语义抽象与虚化的程度、述语动词与补语的语义关联程度、主语的语义角色（施事、受事、工具等）等，这些因素都可能影响习得的难易程度；其次，也要考虑学习者的母语背景因素。下文介绍一些已有研究对这一问题的回答。

一、强动结式和弱动结式的习得[①]

强弱动结式是根据述语动词与补语的语义关联程度进行划分的。强动结式指动结式中述语动词和补语的意义完全独立。在这种类型的动结式中，结果不能从述语动词的语义中推测出来。例如：

（1）a. 我听清了你的话。

　　 b. 黄昏时夕阳已经烧红了西边的天空。

例（1a）中"听"和"清"语义独立，动词"听"不蕴含"清"这个结果；例（1b）中"烧"和"红"语义独立，动词"烧"不蕴含"红"或其他颜色结果。

弱动结式指动结式中的结果一般可以根据述语动词的语义推测出来，尽管述语动词并不一定暗示或引发某种变化，但在这种类型的动结式中，述语动词往往有致使客体达到某种状态的倾向性。例如：

（2）a. 她染红了衣服。

　　 b. 请擦干净桌子。

例（2a）中，动词"染"虽不包含"红色"的概念，但是它包含着"颜色"的概念，也就是说，在定义动词"染"时将不可避免地用到颜色概念；例（2b）中，"擦"是会对物体造成潜在影响的活动，如果这个物体的状态发生改变，那么这种改变是朝着某个固定的方向的，而且"擦"会使该物体达到最终的状态，即让其远离脏污、水渍等。

由此可知，动结式存在强式和弱式两类。此外，结果补语在语义上可以指向宾语，也可以指向主语（详见问题30），综合考察语义指向和强弱动结式的存在情况，我们得出表12-1所示的动结式类型。

---

① 本部分参考何美芳、鹿士义、张亚旭（2019）对不同语言类型的二语学习者汉语动结式加工的眼动研究。

表 12-1   基于语义指向与强弱的动结式类型

语义指向 与强弱	只可指向宾语		可指向主语或宾语	
	强弱动结式皆有	只有弱动结式	强弱动结式皆有	只有弱动结式
语言举例	德语、瑞典语	韩语、法语、罗马尼亚语、土耳其语	日语、汉语、英语（特殊情况才能指向主语）	无

　　结合语言使用者的母语背景来看汉语强弱动结式的习得，总体上，对于汉语母语者来说，强动结式的习得难于弱动结式；但对于汉语学习者来说，弱动结式的习得反而难于强动结式或与强动结式难度相当。原因在于汉语母语者与汉语学习者具有不同的动结式运用模式：汉语母语者在运用动结式时倾向于即时的分析，而汉语学习者倾向于延时的整合。

　　对于母语中存在强动结式（如英语、荷兰语等）的汉语学习者来说，强弱动结式的习得难度没有显著差异。因为强动结式与弱动结式在语言类型学上具有蕴涵关系，即若一种语言中存在强动结式，则必存在弱动结式，反之则不一定成立。而从习得顺序上看，他们先习得弱动结式，或者弱动结式与强动结式同时习得，但强动结式不会在弱动结式前习得。

　　对于母语中无强动结式（如韩语、西班牙语等）的汉语学习者来说，他们对汉语动结式中动词与补语的关联度也高度敏感，但其理解模式与汉语母语者恰好相反，即对关联度低的强动结式的理解速度快于关联度高的弱动结式。原因可能在于其母语中不存在强动结式，因此其对强动结式的理解与普通的谓词没有区别，在与句内其他信息进行整合时不需要额外的注意，从而节约了认知资源；但弱动结式中动词与补语存在较高的关联度，即可以从动词的语义推测出补语所表示的结果，因此在整合句子语义时反而需要更多的注意，需要更多的阅读时间和注视次数。对他们来说，弱动结式的习得时间晚于强动结式，强动结式的习得效果更好。

二、补语的语义指向与动结式习得

根据对母语为英语的汉语学习者的研究（朱永平，2009、2014），结果补语的习得难度与补语的语义指向有密切关系，其习得难度可以概括为：语义指向主语的最易习得，其次为语义指向动结式中的述语的，语义指向宾语的最难习得。例如：

（3）a. 他喝醉了。（语义指向主语）

　　b. 他做完了功课。（语义指向动结式中的述语）

　　c. 他吃坏肚子了。（语义指向宾语）

对英语母语者来说，例（3）中各类结果补语的特殊性依次增强，习得难度也依次增加。

根据对母语为印度尼西亚语的汉语学习者的研究（萧素珍，2014），结果补语的习得难度与补语的语义指向同样有密切关系。研究者先根据动结式是否带宾语，把结果补语句分为两大类：不带宾语句式和带宾语句式。例如：

（4）a. 那个小女孩儿被吓哭了。（Ⅰ类：不带宾语句式）

　　b. 他又弄脏了新衣服。（Ⅱ类：带宾语句式）

再根据补语在语义上是指向动结式中的述语、施事或当事还是受事，得到结果补语句的六种下位句式：

（5）a. 哥哥吃完后，我们再去逛街。（Ⅰa类，补语指向动结式中的述语"吃"）

　　b. 所有问题都变简单了。（Ⅰb类，补语指向当事"所有问题"）

　　c. 答案说错了。（Ⅰc类，补语指向受事"答案"）

（6）a. 今天我终于见到了王老师。（Ⅱa类，补语指向动结式中的述语"见"）

　　b. 我学会很多中国武术。（Ⅱb类，补语指向施事"我"）

　　c. 终于喊开了门。（Ⅱc类，补语指向受事"门"）

例（5）为Ⅰ类，是不带宾语的句式；例（6）为Ⅱ类，是带宾语的句式。

对初级阶段学习者来说，汉语六种结果补语句式习得从易到难排列依次是：Ⅱc＞Ⅱb＞Ⅱa＞Ⅰb＞Ⅰa／Ⅰc。也就是说，带宾语的句式（Ⅱ类）的习得先于不带宾语的句式（Ⅰ类），带宾语且补语语义指向受事的句式（"喊开了门"）

最容易习得，不带宾语且补语语义指向动结式中的述语的句式（"哥哥吃完后"）或不带宾语且补语语义指向受事的句式（"答案说错了"）最难习得。

对中级和高级阶段学习者来说，汉语六种结果补语句式习得从易到难排列依次是：Ⅰc＞Ⅱb＞Ⅱa＞Ⅱc＞Ⅰb＞Ⅰa。也就是说，与初级阶段相反，不带宾语且补语语义指向受事的句式（"答案说错了"）变为最易习得的，不带宾语且补语语义指向动结式中的述语的句式（"哥哥吃完后"）依然最难习得。

总之，对印度尼西亚学习者来说，补语指向受事宾语且动补之间组合性强时（"喊开了门"），相应句式最易习得；补语指向动结式中的述语表示动作有了结果或动作完结时，语义虚化程度高，相应句式最难习得。

三、形式和语义的透明度与动结式习得[①]

母语和目的语的形式透明度和语义透明度差异是影响汉语动结式习得的主要因素，特别是对初级阶段和中级阶段动结式的习得而言。

与英语相应的表达相比较，按照形式与语义透明度高低，汉语动结式可分成四类，见表 12-2。

表 12-2　从英汉对比看汉语动结式的形式与语义透明度类别

项目		形式透明度	
		高	低
语义透明度	高	如：吃光（eat up） 吹灭（blow out） 撞倒（knock down）	如：看到（see） 抓住（catch） 治好（cure）
	低	如：剪断 / 砍断（cut off） 系紧 / 捆紧（make tight） 压扁 / 坐扁（hit flat）	如：打破 / 敲破（break） 做完 / 吃完（finish） 烘干 / 晒干（dry）

对于初级水平，当形式透明度低时，语义透明度低的汉语动结式（"打破"

---

①　本部分参考朱旻文（2017）基于构式的第二语言学习者汉语动结式习得研究。

类）的习得效果明显好于语义透明度高的汉语动结式（"看到"类）；当形式透明度高时，语义透明度低的汉语动结式（"剪断"类）和语义透明度高的汉语动结式（"吃光"类）的习得效果差异不显著。

对于中级水平，当形式透明度高时，语义透明度高的汉语动结式（"吃光"类）的习得效果明显好于语义透明度低的汉语动结式（"剪断"类）；当形式透明度低时，语义透明度低的汉语动结式（"打破"类）和语义透明度高的汉语动结式（"看到"类）的习得效果差异不显著。

总之，动结式的习得受到学习者母语的影响。母语中结果构式的语义透明度和形式透明度越高，相应动结式越容易习得，反之则较难习得。

四、主宾语的语义角色与动结式句式习得[①]

动结式常用于"把"字句，根据主语（NP_1）和"把"后宾语（NP_2）的语义角色，即施事、受事、工具、处所、系事等，可以给"把"字句及其中的动结式分类，见表 12-3。

表 12-3　动结式与"把"字句的句式分类

分组	NP₁的题元角色	NP₂的题元角色	补语的语义指向	动结式与"把"字句举例
A	施事	受事	指向 V	小王把教室的门关紧了。
			指向 NP₁	小王把那本书看烦了。
			指向 NP₂	小王把那个坏人赶走了。
B	施事	工具	指向 NP₂	小张把他的菜刀砍钝了。
		处所	指向 NP₂	我的猫把沙发尿脏了。
		系事	指向 NP₂	小张把她的手帕哭湿了。

---

① 本部分参考姜有顺（2020）关于高级汉语二语学习者对谓语是动结式的"把"字句题元关系的习得研究。

续表

分组	NP₁的题元角色	NP₂的题元角色	补语的语义指向	动结式与"把"字句举例
C	受事	施事	指向 NP₂	这部电影把小王看哭了。
		工具	指向 NP₂	牛骨头把菜刀砍钝了。
		处所	指向 NP₂	这些书把书架塞满了。
D	系事	施事	指向 NP₂	那套新房把小王累病了。
		受事	指向 NP₂	二两白酒把小张撞死了。

表 12-3 中，A组中主语由施事充当，"把"后的宾语由受事充当，句法结构最为典型；D组中主语由系事充当，"把"后的宾语由施事或受事充当，句法结构最不典型。从A组到D组，句法结构的典型性逐渐减弱。

总体来看，主语位置与施事、宾语位置与受事之间存在强关联。句法结构越典型，越容易习得，句法结构越不典型，越难习得。具体来看：

学习者对句法结构的理解受到 NP₂ 语义角色的影响。当 NP₁ 为施事时，根据 NP₂ 的题元角色来看，句式的习得难度从低到高依次为：受事 < 工具 < 处所 < 系事。也就是说，NP₂ 为受事时最易习得，NP₂ 为系事时最难习得。

学习者对句法结构的理解也受到 NP₁ 语义角色的影响。根据 NP₁ 的题元角色来看，句式的习得难度从低到高依次为：施事 < 受事 < 系事。也就是说，NP1 为施事时最易习得，NP₁ 为系事时最难习得。

学习者对句法结构的理解还受到补语语义指向的影响。根据"把"字句中补语的语义指向来看，句式的习得难度从低到高依次为：补语指向 NP₂ < 补语指向 V < 补语指向 NP₁。也就是说，补语语义指向 NP₂ 时最易习得，语义指向 NP₁ 时最难习得。

五、具体结果补语结构的习得

（1）研究发现（郭佳佳，2017）：汉语学习者对"完、好、懂、干净、明白"

的掌握较好，对"到、走、掉、满、成"的掌握不佳，对趋向动词"上"引申为结果补语的掌握最差。中级学习者对结果补语"着（zháo）"的掌握情况反倒不如初级学习者。在惯用的动补结构的使用上，两个阶段的学习者对离合词在动补结构中的运用的掌握情况都不理想。

（2）研究发现（王琪琪，2017），对于表达实现义的"好、到、见、着（zháo）"等四种结果补语，汉语学习者偏误率较高，从高到低依次是：见＞着（zháo）＞好＞到。最难习得的是"见"，最易习得的是"到"。

综上，结果补语是一个复杂的语法现象，影响结果补语习得难易程度的因素很多，很多问题有待进一步研究。

第二部分 结构与语序

13. "了"与结果补语的位置关系如何？

结果补语结构由两部分构成：一部分表示动作行为，主要由动词充当；另一部分表示动作行为的结果，常常由动词（如"完、懂、到、开"等）或形容词（如"好、错、干净、明白"等）充当。结果补语所在的句子中，述语动词与结果补语的关系非常密切，二者之间不允许插入任何成分，有时甚至可以视为一个词汇单位。

在肯定句中，如果有助词"了"，不能放在述语动词和结果补语中间，通常情况下应该放在结果补语或者整个句子之后，语序为"主语＋述语动词＋结果补语＋了＋宾语"或"主语＋述语动词＋结果补语＋宾语＋了"。例如：

（1）a. 他梦见了妈妈。

b. 他梦见妈妈了。

c. *他梦了见妈妈。

（2）a. 他考上了大学。

b. 他考上大学了。

c. *他考了上大学。

（3）a. 我把衣服都洗干净了。

b. *我把衣服都洗了干净。

当结果补语结构后面的宾语中有数量成分时，"了"的使用情况比较复杂。例如：

（4）a. 昨天我<u>买到</u>了两张电影票，今天咱们一起去看电影吧。

　　　b. *昨天我<u>买到</u>两张电影票了，今天咱们一起去看电影吧。

　　　c. 昨天我<u>买到</u>两张电影票<u>了</u>，今天再买两张，咱们就可以四个人一起去看电影了。

　　　d. 昨天我<u>买到</u>了两张电影票了，今天再买两张，咱们就可以四个人一起去看电影了。

　　一般情况下，结果补语结构对应的事件已经结束，这时"了"要放在结果补语和数量成分之间，如例（4a），而不能放在宾语之后，如例（4b）；但如果结果补语结构所对应的事件还没有完结，将继续进行，如例（4c）和例（4d），"买电影票"这个事件在说话时还未结束，则"了"要放在结果补语结构与宾语之后，如例（4c），也可以在结果补语后与宾语后都使用"了"，如例（4d）。

　　结果补语结构能描述未发生与已发生的动作行为，因而有不带"了"和带"了"两种结构，如例（5）。但表达结果偏离义的结果补语结构，其中的"了"不能省略，并且只能位于句尾，如例（6）：

（5）a. 请帮我把窗户<u>关上</u>。

　　　b. 窗户<u>关上了</u>。

　　　c. <u>关上</u>窗户了。

（6）a. *这件衣服<u>买大</u>。

　　　b. 这件衣服<u>买大了</u>。

　　　c. *<u>买大了</u>这件衣服。

　　结果补语同助词"了"的功能不同。助词"了"通常指的是动作的发生或新状态的出现，而结果补语表示动作产生了某种具体结果。所以，在叙述一个动作或状态引发某种结果时，应该使用结果补语，不能用"了"替代，如例（7a）和例（7b）、例（8a）和例（8b）。由于结果补语包含动作完成义，当结果补语出现在复句的前一分句中时，可以省略"了"，如例（7c）、例（8c）：

（7）a. <u>听到</u>了他的喊声，大家跑了出来。

　　　b. *<u>听</u>了他的喊声，大家跑了出来。

　　　c. <u>听到</u>他的喊声，大家跑了出来。

（8）a. 你们两个商量好了，只要你们同意，我没意见啊。

b. *你们两个商量了，只要你们同意，我没意见啊。

c. 你们两个商量好，只要你们同意，我没意见啊。

在疑问句中，"了"可以只用在宾语之后，也可以同时用在结果补语和宾语之后，构成疑问形式："主语＋述语动词＋结果补语（＋了）＋宾语＋了＋吗"。例如：

（9）a. 你看到我的衣服了吗？

b. 你看到了我的衣服了吗？

（10）a. 你写完昨天的作业了吗？

b. 你写完了昨天的作业了吗？

注意：在否定句中，当用"没"否定结果补语的时候，不能使用"了"。例如：

（11）a. 他没学好汉语。

b. *他没学好汉语了。

14. 结果补语句中，时量成分放在哪儿？

结果补语常常与时量成分共现。这些时量成分在句法上主要有四种分布，各种分布表义不同。

一是做状语，一般表示在某段时间内完成某一动作或出现某一情况。例如：

（1）a. 我一天看完了一本书。

b. 他几分钟就写完了作业。

例（1a）和例（1b）中的时量成分"一天"和"几分钟"在句子中充当的是状语，分别修饰"看"和"写"，表示完成这一动作所花费的时间。

二是做重动句中第一个动词的补语，表示完成某动作或出现某结果所用的时间，即动作在结束之前所持续的时间。例如：

（2）a. 巷子很深，走了半天才走完一半。

b. 那幅画儿画了五年才画成。

上述两种句式所表达的语义基本相同，可以互相转换。例如：

（3）a. 我看了一天看完了一本书。

　　　b. 他写了几分钟就写完了作业。

（4）a. 巷子很深，半天才走完一半。

　　　b. 那幅画儿五年才画成。

三是在其他补语后做补语。时量成分用在结果补语、趋向补语等补语之后，充当时量补语，主要表示动作结果产生后所持续的时间。句子中如果有宾语出现，那么时量成分需放在宾语之后。例如：

（5）a. 我回来一会儿了。

　　　b. 修好手机一个小时了。

如果述语动词是离合词，那么结果补语要放在离合词的动词性语素与名词性语素之间，时量成分要放在名词性语素之后。例如：

（6）a. 考完试一个星期了。

　　　b. 大家排好队一个多小时了。

四是做定语。某些情况下，时量成分可以用在宾语前充当定语。例如：

（7）a. 他做完了两年的访问学者就回国了。

　　　b. 在这个校园她过完了四年丰富多彩的大学生活。

例（7a）中时量成分"两年"做定语修饰"访问学者"，例（7b）中时量成分"四年"做定语修饰"大学生活"。充当定语的时量成分表达的语义是从某动作或状态开始到结束所持续的时间，在例（7a）与例（7b）中分别表示"访问学者"和"大学生活"持续的时间。

此外，某些结果补语后可以接时量成分，如"V＋到＋时量成分"。结果补语"到"与时量成分组合时，时量成分表示的是动作持续到的时间点。例如：

（8）a. 学到半夜。

　　　b. 睡到中午。

例（8）中"半夜"和"中午"是表示时间点的词语，分别表示动作"学"和"睡"所持续到的时间点，也是动作结束的时间点。

从使用频率上看，结果补语句中，时量成分最常见的语法功能有两种：做补语与做状语。做补语时，使用"动词＋结果补语＋时量成分"结构。如例（5）、例（6），再如例（9）：

（9）a. 试卷做好几十分钟了。

　　　b. 大门关上很长时间了。

例（9a）的意思是"试卷"做完几十分钟的时间了，例（9b）则表示"大门"保持关上的这种状态很久了。整个"动词＋结果补语＋时量成分"结构表达的是动作行为实现后，其结果状态保持、延续的时间。

如果要表达某动作从开始到结束所用的时间量，则可将时量成分用作状语，句子结构为"时量成分＋动词＋结果补语"，如例（1）和例（4），再如例（10）：

（10）a. 我竟然一个月就把上海话学地道了。

　　　b. 他两个星期才能办完这些手续。

简而言之，时量成分出现的语法位置不同，其语义也不同。就状语位置和补语位置来说，前者表示某个动作产生某种结果所用的时间，后者表示某个结果产生后所持续的时间。这与现代汉语中状语位置和补语位置上时量成分的语义对立是基本一致的（刘月华，1982）。例如：

（11）a. 苹果十天就全红了。

　　　b. 苹果红了十天了。

　　　c. 苹果摘下已经十天了。

例（11a）中处于状语位置的时量成分"十天"表示"苹果红"所需要的时间，例（11b）和例（11c）中补语位置上的时量成分"十天"分别表示"苹果红""苹果摘下"以后所持续的时间。

15. 结果补语句中，宾语的语法位置在哪儿①?

有些结果补语结构能带宾语，有些不能带宾语。根据能否带实指性宾语②，结果补语结构可以分为及物结构与不及物结构，及物还是不及物与述语动词有关，也与补语有关。下文将说明：（1）哪些结果补语结构能带宾语，宾语的语法位置在哪儿？（2）哪些结果补语结构不能带宾语？

第一，若结果补语结构能带宾语，则宾语的句法位置是在整个动补结构之后，而非述语动词之后。例如：

（1）a. 你们都吃饱饭了吗？

　　　b. 他吃饱了点心就睡觉。

　　　c. 卖菜的钱够他吃饱肚子了。

例（1a）中宾语由受事"饭"充当，位于结果补语结构"吃饱"之后，"吗"用在宾语之后，表疑问；例（1b）中的宾语"点心"也是受事，位于结果补语结构"吃饱"之后，"了"位于结果补语和宾语之间，"了"的位置是由"了……就……"结构决定的；例（1c）中"肚子"为处所宾语，如果把它看成施事的身体部位，则可以理解为施事，即"肚子吃饱了"。

上述宾语位置上的受事、处所成分在某些情况下可以处于主语位置。例如：

（2）a. 晚饭你们都吃饱了吗？

　　　b. 点心吃饱了就睡觉。

　　　c. 肚子吃饱了。

其中如例（2a）这样把受事宾语成分提前至主语位置的现象非常常见。例如：

（3）a. 窗户上的玻璃打碎了两块。

　　　b. 相声他大部分都听懂了。

　　　c. 所有的角落都打扫干净了。

---

① 本部分参考李小荣（1994）对述结式带宾语功能的考察。

② 实指性宾语，如"打人"中的"人"、"看电影"中的"电影"等。不包括施事宾语、同源宾语、处所宾语等，分别如"走人"中的"人"、"跳舞"中的"舞"、"睡沙发"中的"沙发"等。这些结构中的动词"走、跳、睡"是不及物动词。

此外，受事宾语还可以出现在"把"字句中"把"后的宾语位置。例如：

（4）a. 他把窗户上的玻璃打碎了两块。

　　　b. 他把这段相声的大部分意思都弄清楚了。

　　　c. 他把所有的角落都打扫干净了。

受事宾语还可以出现在"被"字句的主语位置。例如：

（5）a. 窗户上的玻璃被打碎了两块。

　　　b. 这段相声的大部分意思都被他弄清楚了。

　　　c. 所有的角落都被打扫干净了。

综上所述，受事宾语可以出现在不同句式中的不同语法位置，这些句式存在转换关系。

有些结果补语结构的述语动词是不及物动词，但是整个结果补语结构是及物性的，这些结果补语结构也可以带宾语。例如：

（6）a. 她哭了。

　　　b. 她哭哑了嗓子。

　　　c. 她嗓子哭哑了。

　　　d. 她把嗓子哭哑了。

　　　e. 嗓子被哭哑了。

例（6a）中动词"哭"为不及物动词，但例（6b）～（6e）中的结果补语结构"哭哑"是及物性的，可以带宾语"嗓子"，表达的语义为致使义，即"哭"这一动作行为致使产生"嗓子哑了"这一结果。其中，受事宾语"嗓子"在例（6c）中位于主语位置，在例（6d）中充当"把"的宾语，在例（6e）中充当"被"字句的主语。

第二，有些结果补语结构不能带宾语，但是受事或者当事可以提前到结果补语结构所在句子的主语位置或者"把"字句中"把"的宾语位置。例如：

（7）a. 过去城市建设抓晚了，今天老城市的日子都不大好过。

　　　b. 这首歌唱绝了！

　　　c. 他一气之下，把孩子打重了。

（8）a. *擦脏了皮鞋。

　　b. 皮鞋擦脏了。

　　c. 把皮鞋擦脏了。

　　例（7）中的结果补语"抓晚""唱绝""打重"是说明动作本身的客观情况，如速度的快慢、时间的长短早晚、动作的强度等，不涉及名词性成分，所以不能带宾语，但动词"抓""打""唱"是及物动词，它们的受事可以放在结果补语结构前，充当句子主语或者"把"的宾语。

　　例（8a）中"擦脏"是一种偏离预期的结果，也是一种致使性结果，它也不能带宾语，但可以把"擦"的受事"皮鞋"放在主语位置或者"把"字句的宾语位置，如例（8b）和例（8c）。

　　结果偏离义的结果补语结构都不能带宾语，受事都需要放在主语位置。例如：

　　（9）a. *买贵了这辆车。

　　　　 b. 这辆车买贵了。

　　例（9）中的"买"是及物动词，可在例（9a）里，结果补语结构"买贵"是不及物的，只能说"这辆车买贵了"，而不能说"买贵了这辆车"。再如：

　　（10）a. 一篇小说是不能随意伸长或缩短的，它就像一个苹果，压小了，泡大了，都不能称其为苹果。

　　　　　 b. 教学内容教深了，学生听不懂；教浅了，学生不感兴趣。

　　补语指向施事的结果补语结构一般也不能带宾语。例如：

　　（11）a. 演员们精彩的表演他都看呆了。

　　　　　 b. *他看呆了演员们精彩的表演。

　　例（11）中的结果补语结构"看呆"不能带宾语，因为补语"呆"语义指向施事"他"。再如：

　　（12）a. 要是唱红了，我也上天津。

　　　　　 b. 钱太太和媳妇已经哭傻了。

　　　　　 c. 这个人在老木屋里坐木了。

　　　　　 d. 我们走路走热了，歇歇脚。

　　　　　 e. 这孩子变乖了。

例（12）中的补语"红""傻""木""热"和"乖"是说施事"我""钱太太和媳妇""这个人""我们"和"这孩子"在动作之后呈现出的结果状态，整个结果补语结构不能带宾语。

但是补语由"惯、够、腻、厌、熟"等词充当时，结果补语结构可以带宾语。例如：

（13）a. 听惯了这种声音

b. 吃够了红烧肉

c. 听腻了软绵绵的歌

d. 跑熟了北京城的大小茶馆

由形容词充当结果补语，且结果补语在语义上指向述语动词所表示的动作行为的产物的述补结构一般都不能带宾语。例如：

（14）a. *画美了一个人

b. *挖深了两个坑

c. *织大了两件毛衣

d. *盖多了五间房

e. *考虑周密了一个计划

但有个别例外，由"坏"充当结果补语的述补结构可以带宾语，但所带的宾语一定是结果宾语[①]。例如：

（15）a. 画坏了两张画儿

b. 写坏了三个字

c. 织坏了一件毛衣

d. 做坏了一件衣服

此外，音节数目也会影响结果补语带宾语的功能。绝大多数补语为双音节词的结果补语结构不能带宾语。例如：

（16）a. *收拾整齐了房间

---

① 结果宾语是宾语的一种，在语义上是述语动词所表示的动作所产生的结果事物。例如"盖房子""写信"，其中的宾语"房子"和"信"在动作"盖"和"写"之前并不存在，是随着动作发生而产生的新事物。

　　b. *改合理了福利制度

　　c. *讨论充分了这一问题

　　d. *搞红火了店里的生意

　　但若把例（16）中的宾语提前至主语位置或者"把"字句中"把"的宾语位置，则句子成立。例如：

（17）a. 房间收拾整齐了

　　　 b. 福利制度改合理了

　　　 c. 这一问题讨论充分了

　　　 d. 店里的生意搞红火了

（18）a. 把房间收拾整齐了

　　　 b. 把福利制度改合理了

　　　 c. 把这一问题讨论充分了

　　　 d. 把店里的生意搞红火了

　　总之，结果补语结构能否带宾语及宾语的句法分布如何，是比较复杂的问题，需要仔细从述语动词、补语、整个结果补语结构的及物性及补语的语义指向、补语的音节数目等方面进行分析辨别，找出可以遵循的规律。

16. "红透了"是结果补语结构，还是程度补语结构？

　　首先需要明确的是，"红透了"是结果补语结构还是程度补语结构，是由"红"所表达的语义决定的，也与整个结构有关。"红透了"可以表达结果义，为结果补语结构，此时结构中的"红"为动词。同时，"红透了"可以表达程度义，为程度补语结构，此时结构中的"红"为形容词。

一、"红透了"为程度补语结构

　　"红透了"为程度补语结构时，"红"是形容词，"透"是"红"的程度，描述的是一种饱满、充分的状态。例如：

（1）一张张小脸像<u>红透了</u>的苹果。

（2）纵身一跳，从头顶上摘下两片<u>红透了</u>的枫叶。

例（1）和例（2）中的"红透了"描写的分别是"小脸"和"枫叶"，是对事物当前所表现出的状态的说明。例（1）用"红透了的苹果"比喻"一张张小脸"，在凸显脸红彤彤的状态的同时，又增加了可爱义；例（2）中的"红透了"是对枫叶颜色的描写，头顶上枫叶的颜色已经是最红的一种状态了，使用"红透了"这样的语言形式进行表达，同时体现出说话者对枫叶的喜爱和赞美。

能够进入"×透了"结构的形容词有很多，根据语料调查，还有"湿、坏、糟、惨、脏、冤、火、凉、黑、烂、糟糕、愚蠢、顽皮、失望、伤心、绝望、倒霉、恶心、麻烦、无聊、灰心、糊涂、苦恼、可恨、乏味"等。例如：

（3）泪水<u>湿透了</u>枕巾。

（4）这个人可<u>坏透了</u>。

（5）他最近真是<u>倒霉透了</u>。

（6）他们的童年<u>糟糕透了</u>。

例（3）中"湿透了"描写的是枕巾所呈现出的一种状态，目的是凸显流的泪水多，形容人的伤心；例（4）"坏透了"结构中的"坏"是形容词，所表达的意思是人品质恶劣、总起破坏作用，蕴含贬义色彩；例（5）中用"倒霉透了"来表现"他"不走运的程度之深，说明已经处于特别不幸运的境况了，也表达了说话人对"他"的同情；例（6）中说话者使用"糟糕透了"对"他们的童年"进行了描述和评价，还表现出一种惋惜之情。例（3）～（6）中"透"的本义已经体现得不明显，主要表达程度非常高的语义，这时的"透"虚化为程度补语。

二、"红透了"为结果补语结构

根据《应用汉语词典》，当"红"表达"变成红色"的意思时，"红"是动词。例如：

（7）她害羞的时候，脸就红了。

（8）眼看西边的彩霞红遍了天。

例（7）和例（8）中的"红"都是动词。例（7）中，"红"在句子中单独做谓语；例（8）中，"红"出现在结果补语结构"红遍"的述语位置，此时"遍"

表示的是动作行为所导致的变化结果。

与"红遍"这一结果补语结构相类似，当"红透了"表示事物自主变化造成的结果时，其为结果补语结构。此时，结构中的"红"为动词。例如：

（9）美丽的彩云红透了半边天。

（10）他困窘得红透了双颊。

（11）八年前，她已红透了戏曲界。

例（9）和例（10）中的"红"为其本义，例（11）中的"红"引申指人或事业成功。

这里需要补充的一点是，当"红"对人所处状态进行描述，形容人在某个领域内取得成功或很好的成绩时，"红"的意义与"火"较为相近，指的是人出名、事业兴旺。例如：

（12）她唱戏唱红了。

例（12）中的"红"是动作行为"唱"的结果，引申指出名。结果补语结构"唱红"中的"红"表示的是一种结果状态，是形容词。位于结果补语位置的"红"都是形容词。再如：

（13）他气得涨红了面孔。

（14）三月里，桃杏花，满树照红。

（15）柿树在霜天里把一身绿叶悄悄染红了。

综上，当"红透了"为程度补语结构时，"红"为形容词；当"红透了"为结果补语结构时，"红"为动词。关于程度补语与结果补语的联系和区别，可参见本书问题8。

17. "想想明白""问问清楚"能说吗?

有些汉语学习者受动词重叠式的影响，为了表达动作时间短的语义，把结果补语结构中的述语动词进行重叠，说出下面的句子：

（1）a. *这个语法我想想明白了。（想明白）

        b.*期末考试考什么,我们去问问清楚吧。（问清楚）

在现代汉语普通话中,动词重叠式后面一般情况下不能带结果补语,即结果补语不能与动词重叠式共现。

但是从历时角度看,动词重叠式后边出现结果补语这一现象是存在的。据考察,最早的用例见于《红楼梦》和《儿女英雄传》。如:

（2）a. 现在人多手乱,鱼龙混杂,倒是这么一来,你们也洗洗清。(曹雪芹《红楼梦》)

      b. 这个话,你们姐儿俩竟会明白了?难道这个什么"左传""右传"的,你们也会转转清楚了吗?（文康《儿女英雄传》）

例（2a）中的"洗洗清"是单音节动词"洗"的重叠形式和单音节结果补语"清"组合而成的结构,例（2b）中的"转转清楚"是单音节动词"转"的重叠形式与双音节结果补语"清楚"搭配而成的结构。

从共时角度看,这种用法当前在吴方言区仍然使用得较多,比如"长长胖、吹吹干、睡睡醒"等。苏州话中的动词重叠式可以带结果补语,如"吃吃饱、看看清楚"等,上海方言中也有此用法。动词一般是单音节的,但也有些是双音节的。形容词补语也是如此,既可以是单音节的,也可以是双音节的。例如:

（3）衣裳整理整理好。（吴方言）

（4）房间我打扫打扫清爽。（吴方言）

例（3）中"整理整理好"由双音节动词"整理"的重叠形式与单音节补语"好"组合而成,例（4）中"打扫打扫清爽"由"打扫"的重叠形式和双音节补语"清爽"组合而成。

安徽绩溪方言中用动词重叠式加补语表示完成,动词重叠具有加强语气的作用。例如:

（5）看看清楚再写。（安徽绩溪方言）

（6）把衣裳烘烘干。（安徽绩溪方言）

近年来,北方方言区作家的作品中,"动词重叠式＋结果补语"这种形式的使用逐渐多了起来,但方言色彩仍十分明显。例如:

（7）他们这是干的什么事嘛!我去跟他们说说清楚!（孙春平《古辘吱嘎》）

目前,在普通话,特别是北京话中,这种说法还是极少的,并不合乎语法和人们的使用习惯。

　　动词重叠式表示动作的量小，基本的语法意义是动作持续的时间短或进行的次数少，即短时、少量。动词重叠式对"曾经、已经"这类表完成的时间副词具有明显的排斥倾向。例如：

　　（8）a. 我们开开会，研究研究。

　　　　 b. *我们<u>曾经</u>开开会，研究研究。

　　（9）a. 这本书我看了看，收获很大。

　　　　 b. *这本书我<u>已经</u>看了看，收获很大。

　　例（8）和例（9）中动词"开会""研究""看"的重叠形式主要表达的是短时、少量，与完成体成分"曾经、已经"等不能共同使用。

　　进一步观察会发现，动词重叠式不能与表示完成的结果补语共现，带结果补语的动词都是不能重叠的。例如：

　　（10）吃完　　　　　　　*吃吃完

　　（11）砍断　　　　　　　*砍砍断

　　（12）洗干净　　　　　　*洗洗干净

　　（13）调查清楚　　　　　*调查调查清楚

　　为什么会这样呢？原因在于动词重叠本身表达的是一种体范畴，表示时短、量少和尝试，有人称之为短时体、尝试体，因此它排斥其他体范畴的表达。而结果补语表达的是一种完成概念，有人称之为完结体。因此，结果补语与动词重叠式是互相矛盾的，不能组合在一起进行表达。

18. 为什么"吃了饭就去"要有"了"，而"吃好饭就去"不用？

　　"吃了饭就去"的意思是吃饭以后去，也就是说在完成第一个动作"吃"以后，再做第二个动作"去"。因为后一个动作是在前一个动作完成之后才进行的，所以需要使用"了"来标示前一个动作的完成。"了"有表示事件完结的功能（税昌锡、胡云晚，2020）。例如：

（1）a.*我打算<u>吃饭</u>就去看他。

　　　b.*我昨天<u>吃饭</u>就去看他了。

　　　c.我打算<u>吃了饭</u>就去看他。

　　　d.我昨天<u>吃了饭</u>就去看他了。

　　例（1a）和例（1b）不对，应该使用例（1c）和例（1d）来表达。其中，例（1c）中"去看他"这一动作还未发生，句尾不使用"了"；例（1d）中"去看他"这一动作已发生，句尾使用"了"来标示。

　　"了"作为表示动作完成的标记，出现得较早；而"好、完、成"等表示动作行为结束的结果补语成分出现得较晚，这一类结果补语数量较为有限，但是使用的频率很高。

　　在陈述句中，结果补语多补充说明动作变化的结果，所陈述的一般是一种已经产生的结果或已经达成的状态。结果补语"完、成、见、好、掉、住"等具有完成义，可以改变前面谓词性成分的体貌特征，以表明动作行为的完成和结束，使得整个结构含有完结的意思。很多学者都认为这类虚化的结果补语类似于完成体，接近于"了"的功能。因此，如果结构中出现了结果补语，就不再强制性地要求在动词后使用"了"。当然，结果补语与"了"也可以同时出现。例如：

（2）a.我<u>吃了</u>饭就去看他。

　　　b.我<u>吃完</u>饭就去看他。

　　　c.我<u>吃好</u>饭就去看他。

　　　d.我<u>吃完了</u>饭就去看他。

　　　e.我<u>吃好了</u>饭就去看他。

　　例（2a）中表示动作完成的"了"可以替换为"完"和"好"，如例（2b）、例（2c），也可以与"完"和"好"同时使用，如例（2d）和例（2e）。用这些结果补语替换"了"并不影响语言的理解和表达，可见，结果补语自身也可以表示动作的完成，在这一点上其与"了"的功能相近。

　　由于结果补语能表达完成义，"吃好饭、吃完饭"这样的语言表达形式可以替代"吃了饭"。也就是说,含结果补语的句子中结果补语自身所具有的完成义使得不再需要添加"了"来表示完成,而不含结果补语的句子在表达的时候就需要表示完成的"了"。这样还可以解释以下"V 了"能表达"V + 结果补语"的语义的现象:

(3) a. 冰箱里的牛奶我喝了。

　　 b. 冰箱里的牛奶我喝完了。

(4) a. 我跟她约了明天见面。

　　 b. 我跟她约好了明天见面。

(5) a. 放心吧,该做的工作我都做了。

　　 b. 放心吧,该做的工作我都做好了。

　　 c. 放心吧,该做的工作我都做完了。

在表示动作结束这一语义上,结果补语与"了"可以互相替换,但这不意味着"了"能代替结果补语。例如:

(6) a. 鸡蛋谁也舍不得吃,两个半铜板一个,一贩到城里就卖六七个铜板了。

　　 b. *鸡蛋谁也舍不得吃,两个半铜板一个,一贩了城里就卖六七个铜板了。

(7) a. 就是这样一个北大荒,从我第一眼看见它的时候,我就爱上它了。

　　 b. *就是这样一个北大荒,从我第一眼看了它的时候,我就爱上它了。

例(6)和例(7)中,"了"不能代替结果补语"到"和"见",如例(6b)和例(7b);但是结果补语结构可以单独使用,如例(6a)与例(7a)。这是因为,结果补语除了表达类似于"了"的完成体语义之外,还表达"动作达成或实现了某种结果"的语义。这一语义在不同的结果补语结构中,表现为各不相同的具体语义,如例(6a)中结果补语"到"介引位移终点、例(6b)中结果补语"见"介引感知结果。这些语义是"了"无法表达的,因此,"了"不能替代它们。

例(6a)和例(7a)中的结果补语可以与"了"一起使用。例如:

(8) a. 鸡蛋谁也舍不得吃,两个半铜板一个,一贩到了城里就卖六七个铜板了。

　　 b. 就是这样一个北大荒,从我第一眼看见了它的时候,我就爱上它了。

例（8）中的句子虽然都正确，但在实际语言使用中，例（6a）、例（7a）类表达更经济、更精简，因此使用频率也更高。

19. 有"写上/写下""吃上/吃下"，为什么有 "关上"却无"关下"？

在"V上"和"V下"结构中，"上"和"下"既可以表达趋向语义，也可以表达结果语义。在表达趋向语义时，"上"和"下"具有一定的对称性，表示受事在施事的作用下发生了由低及高或由高及低的垂直方向上的空间位移，二者在空间域上具有上向与下向、依附与脱离、前向与后向等语义对立关系。但从它们与动词的搭配及搭配后表达的语义看，"V上"和"V下"之间的关系并不完全对称。（李思旭、于辉荣，2012；涂丹英，2017）如例（1）～（6）：

（1）飞上天　　　　　飞下水

　　　抬上楼　　　　　抬下楼

　　　爬上山　　　　　爬下山

（2）写上自己的名字　写下自己的名字

　　　种上种子　　　　种下种子

　　　惹上麻烦　　　　惹下麻烦

（3）戴上眼镜　　　　摘下眼镜

　　　穿上衣服　　　　脱下衣服

（4）吃上饺子　　　　吃下饺子

　　　拉上窗帘　　　　拉下眼皮

（5）关上门　　　　　*关下门

　　　闭上嘴　　　　　*闭下嘴

（6）考上大学　　　　*考下大学

　　　碰上朋友　　　　*碰下朋友

　　　回答上这个问题　*回答下这个问题

*答应上这个请求　　答应下这个请求

*打上坚实的基础　　打下坚实的基础

*瞒上这件事　　　　瞒下这件事

例（1）中，趋向补语"上"和"下"分别表示由低及高和由高及低的垂直方向上的空间位移，语义对立，具有对称性。

例（2）中，"上"和"下"都表达"动作完结"这一语义，属于结果补语。与它们搭配的动词包括"写"等刻画标记类动词、"种"等种植类动词、"惹"等惹犯类动词。此时"上"和"下"语义基本一致，也就是说"V上"和"V下"语义中和（即"上""下"在语义上的对立消失）。

例（3）中，"上"和"下"分别表达依附义和脱离义，此时，它们分别与语义相对的动词搭配，表达相反的语义，语义对立，具有对称性。

例（4）中，"V上"和"V下"虽然对称存在，但是语义差别较大。"吃上饺子"表示"吃饺子"这一意愿得以实现，"上"表达实现义，是一种结果语义；"吃下饺子"的语义则是"把饺子吃进肚子里"，"下"表达由高及低的位移义。"拉上窗帘"中"上"为表达闭合义的结果补语，"拉下眼皮"中的"下"表示从上至下的位移方向。总之，"上"属于结果补语，表达结果义；"下"属于趋向补语，表达位移方向义。

例（5）"关上门""闭上嘴"中，结果补语"上"表达动作完结义，具体来说，表达的是闭合类接触语义。在表达这种语义时，"V上"与"V开"语义对称。例如：

（7）关上城门——打开城门

　　　闭上眼睛——睁开眼睛

　　　关上窗户——推开窗户

　　　拉上窗帘——拉开窗帘

　　　合上书——打开书

例（6）中，结果补语结构"V上"与"V下"语义不对称。如："考上大学"中的"上"表示"愿望实现"，而"V下"不能表达此义；"打下坚实的基础"中的"下"表示"由无到有的存在"，而"V上"不能表达此义。

总之，在表达结果语义时，"V 上"和"V 下"有着不同的语义发展方向："V 上"可以表达"愿望实现""动作开始并持续"的语义，而"V 下"并不能表达这些语义；"V 下"能表达状态变化或结果状态及容纳义，这些语义"V 上"则不能表达，例如：

（8）瞒下这件事、挣下家产、立下规矩

　　　　装下七八个、坐下十人、吃下半锅粥

综上所述，"V 上"和"V 下"具有对称性和不对称性，"上"和"下"能否替换以及替换后的语义有何变化，跟它们所能表达的位移语义、结果语义和引申语义密切相关。

"上"表示的位移方向是由下到上，表达结果义时有物体接触、附着（存在）的意义，还有经过一番努力之后，实现了预期的愿望或达到了一定的目的的意义。此时，"写上、吃上"都可以说。"下"表示的位移方向是由上到下，表达结果义时有存在（由无到有）、容纳等意义。此时，"写下、吃下"都可以说。因此，有"写上"和"写下"、"吃上"和"吃下"这样的对称表达。

当表达"物体接触—物体分离"这一对语义时，与"V 上"相对的是"V 开"，因此，能说"关上"，却不能说"关下"，要说"打开"或者"开开"。

总之，"V 上"与"V 下"在表达趋向义时，语义具有对称性；但在表达结果义时，两个词具有不同的语义发展方向，导致出现了形式与语义方面不对称的复杂现象。

20. "我完了"为什么错了？

汉语学习者想说"我做完了"，却说成"我完了"，如例（1）：

（1）a. I have finished. 我做完（作业）了。

　　　b. *我完了。

同类偏误现象不少。例如：

（2）a. *我完了作业。（应为：我做完了作业。）

　　b. *我完了洗衣服。（应为：我洗完了衣服。）

　　c. *我完了信就去邮局。（应为：我写完了信就去邮局。）

　　这些错句代表了以英语为母语的学习者在学习"动词＋结果补语"结构时常见的一种错误类型：遗漏"动词＋结果补语"结构中的"动词"部分，即遗漏了汉语表达中需要的"做、写、洗"等述语动词，把在汉语中充当结果补语的"完"当成了述语动词（全裕慧，1999），如图 20-1 所示：

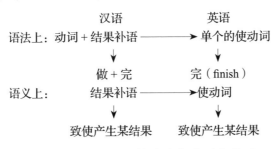

图 20-1　汉英致使表达对应关系

　　汉语和英语中都有些动词和形容词在语义上表示"致使某人或某物产生某种结果"，在语法上与"致使"的对象构成动宾关系。例如：

　　（3）a. We heated the soup on the cooker. 我们在炉子上热汤。

　　　　 b. Alcohol intoxicated people. 酒能醉人。

　　　　 c. They are sinking the ship. 他们在沉船。

　　例（3）中的"热汤""醉人""沉船"表达"使汤热""使人醉""使船沉"这样的致使关系，现代汉语中此类用法比较少见，而英语中很常见。因此，很多时候，在英语中具有"使动"功能的动词和形容词可以用来表达致使义，直接跟宾语组合。然而在汉语中需要使用"动词＋结果补语"这一结构来表达致使义，也就是说，在不具备"使动"功能的动词或形容词前加上一个相关动词构成"动词＋结果补语"结构。如例（4）：

　　（4）a. What time shall I wake you? 我什么时候叫醒你呢？

　　　　 b. The noise awoken us. 喧闹声吵醒了我们。

　　　　 c. Somebody broke the glass. 有人打破了玻璃杯。

　　　　 d. He broke my pencil. 他弄断了我的铅笔。

　　　　 e. I have finished two bottles of beer. 我喝完了两瓶啤酒。

f. Please smooth the crumpled bed sheets. 请熨平弄皱的床单。

g. The bike dented the door of the car. 自行车撞凹了汽车的门。

h. The boy spoiled my painting. 那个男孩儿弄坏了我的画儿。

i. Dry your face. 擦干你的脸吧。

j. We emptied all the rooms. 我们腾空了所有的房间。

例（4）中相同的语义，在英语中只需使用单个动词或形容词来表达，而在汉语中要使用"动词＋结果补语"这一结构来表达。具体来看，这些英语例句中的动词和形容词在汉语动结式表达中充当补语，其前需要添加动作行为动词，表示此结果产生的原因。如例（4a）和例（4b）中的"醒"为结果补语，其前的动词"叫"和"吵"表示这一结果产生的原因；例（4c）和例（4d）中的"broke"在汉语中分别表示"破""断"等结果，其前分别需要添加致使结果产生的动作行为动词"打""弄"。

由于汉语与学习者母语中的致使表达不对应，汉语学习者很容易丢失"动词＋结果补语"结构中的"动词"部分，出现下面的偏误：

（5）a. *我什么时候醒你呢?

b. *喧闹声醒了我们。

c. *有人破了玻璃杯。

d. *他断了我的铅笔。

e. *我完了两瓶啤酒。

f. *请平弄皱的床单。

g. *自行车凹了汽车的门。

h. *那个男孩儿坏了我的画儿。

i. *干你的脸吧。

j. *我们空了所有的房间。

同样，在被动句、"把"字句中丢失"动词"的现象也比较常见。例如：

（6）a. *这个孩子被他的父母坏了。（应为"宠坏"）

b. *那些面包让他完了。（应为"吃完"）

c. *暴风把玻璃窗裂了。（应为"吹裂"）

d. *他把地图皱了。（应为"弄皱"）

例（5）和例（6）中"动词"丢失后的句子在语法上都不能成立。但有些无标记被动句中，当施事不出现时，"动词"丢失之后句子在语法上仍然能够成立，意思也基本明白。例如：

		A 组	B 组
（7）	a. The boxes have all been <u>filled</u>.	箱子都<u>装</u>满了。	箱子都满了。
	b. The room was <u>emptied</u> very quickly.	房间很快就<u>搬</u>空了。	房间很快就空了。
	c. My new pair of spectacles is <u>broken</u>.	我的新眼镜<u>摔</u>破了。	我的新眼镜破了。
	d. My dress has got <u>wrinkled</u>.	我的衣服<u>弄</u>皱了。	我的衣服皱了。
	e. His foot was <u>chapped</u> in the winter.	冬天他的脚<u>冻</u>裂了。	冬天他的脚裂了。

例（7）中，A 组和 B 组句子本身都是正确的，但 B 组句子已失去了原句的致使义。

当学习者在结果补语表达中出现遗漏"动词"这类偏误现象时，以下几点可以帮助学习者。

首先，英语中也有一些动词、形容词或名词在表达致使义时，需要添加前缀或后缀，转化成使动词，如"large（大）"加前缀"en-"成为"enlarge（放大）"，"short（短）"加后缀"-en"成为"shorten（弄短）"。这与汉语中充当结果补语的动词或形容词前必须加上述语动词构成"动词＋结果补语"结构表达致使意义这一做法不谋而合。例如：

（8）a. The guns roared fit to <u>deafen</u> us. 枪声几乎把我们<u>震</u>聋了。

　　b. I want to <u>shorten</u> this coat. 我想把这件衣服<u>改</u>短一点儿。

　　c. We <u>darkened</u> the room. 我们把房间<u>遮</u>暗。

　　d. She <u>fastened</u> the door of the parlor. 她<u>关</u>紧了客厅的门。

　　e. He <u>sharpened</u> the pencil. 他<u>削</u>尖了铅笔。

　　f. He tried to <u>soften</u> the bread with milk. 他试着用牛奶把面包<u>泡</u>软。

其次，汉语里可以在"动词＋结果补语"结构中充当述语的动词很多，可以根据表达需要随机选择。一般来说，它是致使结果出现的某种动作、方式等，同一种结果可以由不同的动作、方式造成，所以"动词＋结果补语"结构中的"动词"也可以是不同的，可以根据宾语选择"动词"。例如：

（9）a. <u>finish</u> my homework 做完作业

　　b. <u>finish</u> the letter 写完信

　　c. <u>finish</u> the lunch 吃完午饭

　　d. <u>finish</u> the framework of the house 建完屋架

还可以通过综合考虑语境中提及的工具、方式等选择合适的动词。例如：

（10）a. Leave the things in the <u>sun</u> to <u>dry</u>. 把东西放在太阳下晒干。

　　b. She <u>hung</u> out the clothes to <u>dry</u>. 她把衣服挂在外边晾干。

　　c. <u>Dry</u> wet clothes by the <u>fire</u>. 用火把湿衣服烘干。

　　d. Let us light a <u>fire</u> and <u>dry</u> ourselves. 让我们生一堆火来烤干身子。

　　e. <u>Dry</u> your hair with the <u>blower</u>. 用电吹风吹干你的头发。

　　f. He used some new <u>blotting-paper</u> to <u>dry</u> the ink. 他用吸墨纸把墨水吸干。

有时候也可以重复上文中致使某结果出现的致使事件中的动词，构成重动句等句式。例如：

（11）a. 他<u>滑</u>冰<u>滑断</u>了一条腿。

　　b. <u>挤</u>公共汽车<u>挤皱</u>了衣服。

　　c. 他们大声地<u>唱</u>歌，把我<u>唱醒</u>了。

　　d. 她最近很喜欢<u>吃</u>，<u>吃胖</u>了不少。

　　e. 他常常<u>踢</u>球，一个月<u>踢坏</u>了三双鞋。

最后，并非所有的使动义都可用"动词＋结果补语"结构表达，一般只限于单音节和双音节的结果补语，多音节的动作结果要用情态补语表述；当表示某物致使某人产生某种心理活动时，往往也不能用"动词＋结果补语"结构，而要用兼语句式。例如：

（12）a. He <u>rustled</u> the paper on his writing desk.

　　　　他把写字台上的纸弄得<u>沙沙响</u>。

　　b. The news <u>excited</u> everybody. 这个消息<u>使</u>人人都很兴奋。

21. "把东西到处乱扔掉"中的"扔掉"为什么应改成"扔"？

在课堂以及日常交流中，汉语学习者对于"扔、扔掉、扔在"存在区分困难，不知是否应使用结果补语、使用什么结果补语，容易产生混淆。例如：

（1）a. *我不敢说所有的吸烟者都随便扔掉香烟，但是，实际上<u>乱扔掉香烟</u>的人是非常常见的，他们根本没有意识到整洁的市容给大家带来的利益。（乱扔香烟）

　　b. *父亲随地吐痰，不洗手，站着吃饭，<u>把东西到处扔掉</u>等。（到处乱扔）

　　c. *除了闯红灯，<u>扔掉垃圾</u>以外，他们还不排队，随地吐痰什么的。（乱扔垃圾）

　　d. *我打开盒子拿出点心，把空盒子<u>扔掉在路上</u>。（扔在路上）

　　e. *抽烟的人一般把烟<u>在路上或者外面扔掉</u>，所以环境情况也越来越不好。（扔在路上或者外面）

例（1）的偏误主要反映出"扔掉"一词在使用中的泛化问题。例（1a）～（1c）中"扔掉"错误地替代了"扔"，在不应该使用结果补语的时候，使用了结果补语"掉"；例（1d）和例（1e）中"扔掉"错误地替代了"扔在"，在应该使用"扔在"的时候，使用了"扔掉在"和"扔掉"。下文具体阐明"扔掉"与"扔""扔在"的区别。

一、"扔掉"与"扔"

动词"扔"有两个义项：（1）挥动手臂，使拿着的东西离开手；（2）抛弃、丢。它表示无界活动，即动作具有内部一致性，无内在终止点。（沈家煊，1995）

结果补语结构则表示有界事件，即动作存在内在终止点。"扔掉"为结果补语结构，所表示的事件存在内在终止点，当"掉"这一结果出现，"扔"这一动作也就结束了。

"掉"本义是脱离、脱落，做补语时表示被动行为，即受前面动作的影响产生"掉落"这一结果。常见的做结果补语的动词，如"见、成、懂、哭、掉、倒"

等，都不表示明显的主动的动作行为。（刘月华、潘文娱、故韡，2001）如"他把妹妹气哭了""我把桌子上的东西碰掉了"。动词做结果补语时，表示的是述语动词所表示的动作行为引起的施事或受事的被动变化，所以"扔掉垃圾"更强调对垃圾的处置，表达结果义。如果只需要表示"扔垃圾"这个动作，就不需要用结果补语了。

结合例（1a）～（1c）来看，"扔"都是表达某种常见活动，即"扔香烟""扔东西""扔垃圾"，而不是某一具体时间发生的具体事件，所以不应该使用存在内在终止点的 "扔掉"这一事件来进行表达。

例（1c）中还有一个小问题是"扔垃圾"和"乱扔垃圾"的区别。前者在通常情况下是正常行为，而后者才是不文明行为，才能与"闯红灯""不排队"等并列使用。例（1b）中"把东西到处扔掉"在语法上也是不对的，可以改为"到处扔"，也可以改为"到处乱扔"。

二、"扔掉"与"扔在"

在"扔掉"和"扔在"中，"掉"和"在"都是动词后的结果成分。"在"所介引的是处所成分。如例（2）：

（2）a. 我把它珍藏在一个仅比拇指稍大的小盒中。

b. 她偷偷地躲在一个角落里，看着好不容易买到的可爱的玩偶。

c. 她转身进屋把发表在《开封日报》上的散文拿给我看。

根据一个动词后只能跟一个补语成分的原则，不能在一个动词后同时使用两个或两个以上的补语成分。当要表达"把某物扔在某处"这一语义时，使用"扔在"就可以了，不能同时使用两个结果补语成分"掉"和"在"，说成"扔掉在"。因此，例（1d）中"扔掉在路上"不对，应改为例（3）：

（3）我打开盒子拿出点心，把空盒子扔在路上。

例（1e）中"把烟在路上或者外面扔掉"也不自然，因为，先进行"扔"这一动作，继而才会产生"在路上或者外面"这一结果，而不是有意识地把烟先拿到路上，然后在路上或者外面扔掉。根据句法象似性原则，最佳表达应该为"把烟扔在路上或者外面"。

当"在+处所"位于动词之前时，一般表示的是动作的起点或者发生的场所，如例（4）：

（4）a. 昨晚<u>在楼顶扔了个烟头</u>，只听楼下一片欢呼！

　　b. 别<u>在客厅扔皮球</u>，这水晶灯是你打烂的吗？

回到例（1d）和例（1e），我们可以说某人把某物"扔掉"，或者某人把某物"扔在"某处所。前者用结果补语"掉"，关注的是"去除"，即受事消失；后者是介宾结构表示结果处所，关注的是扔在什么地方。把两种表达杂糅在一起，就会带来语义表达不清的问题。

三、其他类似偏误现象分析

3.1 结果补语泛化偏误

当表示施事者有无意愿进行某动作行为、某动作行为有无可能发生、是否发生等，而非关注该动作行为能否产生某结果、是否产生某结果时，不能使用结果补语，使用述语动词即可。这时常见结果补语使用泛化问题，如例（5）：

（5）a. *世界上哪一国、哪一民族不能<u>学会</u>自己的语言，这是最起码的人道主义。（学）

　　b. *那时，我十八岁了，因为要取得开车驾驶证，所以我跟朋友一起进入了<u>学好</u>开汽车的学校。（学）

　　c. *但是麻烦的事中，肯定有可以<u>学会</u>的地方。（学习）

例（5）均为关注"学/学习"这一动作行为，而不是结果，因此，应该删除结果补语，例（5a）和例（5b）中使用动词"学"，例（5c）中使用动词"学习"。再如例（6）：

（6）a. *爸爸妈妈这个时候就会<u>教会</u>孩子和大家分享自己的玩具，因为和大家一起玩耍才是最快乐的。（教）

　　b. *我每次接受池田先生的教导都很受鼓励和启发，他鼓励我要<u>做好</u>一个对社会有用的人才，好好学习，长大一定要为世界和平做出贡献。（做）

　　c. *而且，身体和心理也受到不能<u>忍受到</u>的痛苦。（忍受）

　　d. *就在这时，刚好我的母亲<u>发现到</u>了，她就叫我到她房间去，问清了

一些事情，这时她流下泪来。（发现）

例（6）中所有画线部分的结果补语都应删除。例（6a）和例（6b）叙述某动作事件的发生，当前还没有产生结果。例（6c）中"忍受"的意思是"勉强承受（痛苦等）"，"痛苦"等做宾语时，不需要结果补语"到"，"忍受"跟"到"搭配时，表达到某个时间或到某种程度之义。如例（7）：

（7）a.这种感觉简直难受得让人发狂，我根本不知道自己到底可以<u>忍受到</u><u>什么时候</u>。

　　b.无论我怎么努力适应在沙漠的日子，这种生活方式和环境我已经<u>忍</u><u>受到了极限</u>。

例（6d）中动词"发现"的意思是"看到或找到前人没有看到或找到的事情或规律"，这个动作本身就表达了结果义，不需要再使用结果补语"到"。结果补语"到"的泛化使用是非常常见的偏误现象。

3.2 结果补语遗漏偏误

当表达某动作行为能否产生某结果、是否产生某结果时，应该在动词后添加结果补语，否则会出现如例（8）的偏误：

（8）a.*但他们却没有三个人一起去山底下抬水，反而每个人都希望别人去，结果谁也不能<u>喝</u>水了。（喝到）

　　b.*这座庙里的问题也源于他们三个和尚没有决定谁当领导，然后按照他的计划来决定抬水的顺序，如果那样大家就都能够<u>喝</u>水了。（喝到）

例（8）中均关注"能否喝到水"这一结果，而非"能否喝水"这一行为，句中的"喝"后均需要添加补语"到"。三个和尚都有"喝水"的能力，也都有"喝水"的自由。但是，例（8a）中他们想"喝水"，却无水可喝，是"愿而不能"，凸显的是"喝不到水"这一结果；例（8b）中说话者认为如果和尚们采取某种措施，就会产生"能喝到水"这一结果，凸显的也是结果。

再如例（9）：

（9）a.*我<u>看</u>这篇短文之后，觉得在这篇短文里面有两种教训。（看完）

　　b.*<u>听</u>这个故事后，谁都觉得那俩小伙子是愚人。（听完）

例（9）中动词"看""听"是持续动词，"看短文""听故事"都需要持续一定的时间，而后面小句中的体会和感想是动作完成之后产生的，因此需要在"看""听"后添加结果补语"完"。

3.3 "V+在+处所"类偏误

关于动词后的"在+处所"成分，有人认为是地点补语，有人认为是结果补语。本书所采纳的观点是把它视为结果补语。"V+在+处所"结构遵循着所有结果补语结构都遵循的规则：结果补语与动词之间关系紧密，中间不能插入名词、代词、时体成分等，否则便会出现如例（10）的语序偏误：

（10）a.*我没放那本书在桌子上。

b.*那本书肯定忘了在家，请你们赶紧把它寄给我，因为已经超期了。

c.*当外面开始下雨的时候，我才发现雨伞落了在教室。

例（10a）中结果补语结构"放在"中间插入了名词"那本书"，例（10b）、例（10c）中结果补语结构"忘在""落在"中间插入了时体成分"了"，这些都是常见偏误，应该改为例（11）：

（11）a.我没把那本书放在桌子上。／那本书我没放在桌子上。

b.那本书肯定忘在家了，请你们赶紧把它寄给我，因为已经超期了。

c.当外面开始下雨的时候，我才发现雨伞落在了教室。

此外，"在+处所"是放在补语位置，还是状语位置？两个结果补语能否出现在同一个述语动词后？这些问题都会导致偏误，如例（12）：

（12）*我们共有三女一男，虽然他们在家里受着中国传统家庭教育，可是他们出生在澳洲，长大在澳洲，所受的教育是西洋教育。

例（12）中"长大"是动结式，述语动词为"长"，"大"是形容词充当的结果补语。"在澳洲（应为'澳大利亚'）"在动词"长"后也是结果补语，根据一个动词后只出现一个结果补语的原则，"长大在澳洲"不是一个标准表达，虽然近年来有渐为接受的趋势，但更符合大众语感的说法还是下面两个：

（13）a.他们生在澳洲，长在澳洲，所受的教育是西洋教育。

b.他们在澳洲出生，在澳洲长大，所受的教育是西洋教育。

22. 为什么"到处开了各种各样的花"不对?

汉语学习者会出现如例(1)的偏误:

(1)*到处开了各种各样的花。

此类偏误是学习者没有掌握"到处"存现句对动词的特殊要求以及存现句与动词之间的搭配造成的。

一、"到处"存现句

"到处"是总括性范围副词,具有普遍义,表示某种动作、行为或状态遍及范围内的各个地方。它可以作为处所成分,充当句子的主语,构成"到处 + V + N"存现句,表示"某一范围内的任何地方都存在某物",即某物存在于某一范围内的所有地方,具有充满、遍布义。此时,句中的动词通常与"遍、满"等补语共现,如例(2):

(2)a. 到处传遍了欢乐的歌声。

　　b. 琴岛的大街小巷到处响遍了优美动听的旋律。

(3)a. 操场上到处站满了学生。

　　b. 礼堂内到处挂满了彩灯。

　　c. 它坐落在美丽的湖畔,到处爬满了常春藤。

　　d. 汽车上到处坐满了人。

　　e. 办公室里到处堆满了书。

　　f. 那个画室到处扔满了瓶瓶罐罐和画布。

如例(2)、例(3)所示,"到处"存现句中,"到处"表示空间处所内的完整范围,形容词补语"遍""满"有"全部、整个"的意思,指达到最大容量。二者搭配使用表示"遍布、遍及"的意思。在实际语言使用中,动词后结果补语"满"的出现频率比其他结果补语高得多,可以说结果补语"满"与"到处"存现句在语义上具有很高的适配性。(李虹、齐沪扬,2009)

与一般存现句一样，例（2）、例（3）的"到处＋V＋补语＋N"存现句中，"V＋补语"表示事物存在的方式，一般可以替换为"V着"，如例（4）：

（4）a. 到处传着欢乐的歌声。

　　b. 琴岛的大街小巷到处响着优美动听的旋律。

　　c. 操场上到处站着学生。

　　d. 礼堂内到处挂着彩灯。

"到处＋V＋补语＋N"存现句表示"某一范围内的任何地方都存在某物"，也就是说"某一范围内的任何地方都是某物"，因此，句中的"V＋补语"也可以替换为"（都）是"，如例（5）：

（5）a. 到处（都）是欢乐的歌声。

　　b. 琴岛的大街小巷到处（都）是优美动听的旋律。

　　c. 操场上到处（都）是学生。

　　d. 礼堂内到处（都）是彩灯。

综上，例（1）"到处开了各种各样的花"可以改为：

（6）a. 到处开满了各种各样的花。

　　b. 到处开着各种各样的花。

　　c. 到处（都）是各种各样的花。

相对于例（6b）和例（6c）而言，例（6a）所表达的语义最为丰富、生动。用"到处"充当主语是想强调在任何地方都有花开放，而动词"开"后的结果补语"满"用于形容花遍布各处的景象。另外，本句中的"了"表示花开的状态已经达成。结果补语主要是用其本义来表示动作的结果，所以本句中使用结果补语"满"来表示"开"这个动作造成的结果，补充说明花的空间存在状态。

通常来说，当"到处"存现句中有"了"表示已经达成的状态时，应该使用结果补语，结构为"到处＋V＋结果补语＋了＋N"，如例（2）、例（3）。

二、存在句的类别与句式变换

存在句是存现句的一种，表示"某处存在某物"。汉语中的存在句可分为静态存在句和动态存在句（宋玉柱，1982、1989），两类存在句的句法表现不同。

第一，静态存在句中的"着"能够被"了"替换，动态存在句中的则不能。例如：

（7）a. 桌子上<u>放</u>着一台电脑。→桌子上<u>放</u>了一台电脑。

　　　b. 屋顶上<u>飘扬</u>着一面国旗。→*屋顶上<u>飘扬</u>了一面国旗。

第二，静态存在句可以变换为"在"字句，动态存在句则不能。例如：

（8）a. 桌子上<u>放</u>着一台电脑。→一台电脑<u>放</u>在桌子上。

　　　b. 屋顶上<u>飘扬</u>着一面国旗。→*一面国旗<u>飘扬</u>在屋顶上。

例（7a）、例（8a）为静态存在句，句中动词为"放"类动词，其他如"摆、站、蹲"等；例（7b）、例（8b）为动态存在句，句中动词为"飘扬"类动词。

静态存在句与动态存在句的区别在"到处"存现句中也有体现。静态"到处"存现句中动词后可以直接用"了"，不用结果补语，构成"到处＋V＋了＋N"句式，如例（9）：

（9）a. 那女孩儿一气睡到半夜，突然浑身奇痒，到处<u>起</u>了疙瘩。

　　　b. 不仅油漆剥落，说不定屋檐下也到处<u>结</u>了蜘蛛网。

　　　c. 他们在扬州到处<u>建立</u>了行宫。

　　　d. 农村到处<u>出现</u>了集体所有制经济大发展的小康村。

　　　e. 左思在他的房间里到处<u>摆放</u>了纸和笔，以便随时记下妙词妙句。

　　　f. 院子里，到处<u>拉</u>了绳索，晾满了大小毛巾。

例（9）均为静态存在句，动词后没有结果补语也符合句法要求。

首先，例（9a）～（9c）中，动词"起""结""建立"为结果动词，这些动词的概念中本身包含了"致使产生某特定结果"的语义。根据《现代汉语词典》（第7版），这三个动词的相关义项解释为：

（10）起：长出（疮、疙瘩、痱子）。

　　　结：在条状物上打疙瘩或用这种方式制成物品。

　　　建立：开始成立。

在这类存在句中，结果事物随着动词所代表的动作产生并静态地存在，当前动词所表示的动作已经结束，它们是结果事物静态存在的方式和原因。其他类似用例如例（11）：

（11）长安城里还有一种特别的景致，就像近代城市一样，到处<u>立了</u>电线杆子。

其次，例（9d）～（9f）中的动词"出现""摆放""拉"为动作动词，它们是能由动作发出者做主、自由支配的动作行为，在宾语事物出现并存在于某处之前已经结束，这里的动词只表示静止的状态，不表示动作行为。更多用例如例（12）：

（12）a. 祖国大地到处<u>呈现了</u>丰收的景象。

b. 十字街头到处<u>安装了</u>摄像机。

c. 高速公路上到处<u>设置了</u>路障和检查站。

三、小结

"到处开了各种各样的花"不是例（9）所示的静态存在句，其中的宾语"各种各样的花"是"开"这一动作的发出者，"开"这一动作在当前依然进行着、持续着，"开"是一个持续动词，而且是一个不及物动词。此时存现句中的动词后不能直接使用"了"，句子不能变换为"在"字句，如例（13）。"到处＋开"所构成的存在句为动态存在句，需要与"着"或"结果补语＋了"共现表示动态存在。

（13）a. *花园里到处<u>开了</u>各种各样的花。

b. *各种各样的花<u>开在</u>花园里。

c. 花园里到处<u>开着</u>各种各样的花。

d. 花园里到处<u>开满了</u>各种各样的花。

23. 为什么不说"记住一下"？

在结果补语后使用"一下"是较为常见的偏误，如例（1）：

（1）a. *请大家<u>记住一下</u>，没有人能为你办你自己的事情！（记住）

b. *我要<u>写完一下</u>作业。（写一下／写完／写）

c. *你们先<u>看见一下</u>菜单，一会儿我们点菜。（看一下／看）

出现例（1）的偏误有两个原因：一是对结果补语能否用于"V一下"结构

掌握得不好，二是对结果补语能否用于祈使句掌握得不好。

一、"V 一下"与动词的选择关系[①]

一般来说，结果补语与"V 一下"的语义并不匹配，"V 一下"结构中一般不使用结果补语。

据统计，在《汉语动词用法词典》收录的 2117 个词条中，能带"一下"的有 1144 个，约占总数的 54%。能进入该格式的动词有以下三类：

1.1 持续性自主动词

这类动词进入"V 一下"格式，表示时间短。例如：

（2）看一下、办一下、联系一下、等一下、问一下、洗一下、休息一下

这些动词所表示的动作行为都是发出者能自主控制的，也都能持续一段时间，不是瞬时结束的。

当"V"是持续性自主动词时，"V 一下"的语法意义是：客观上表明动作的短时持续，通过凸显动作的自主可控性达到强化动词动作性的目的。

1.2 有些非自主动词

有些非自主动词也可以进入"V 一下"格式。例如：

（3）a. 输一下球没关系。

　　　b. 这事你也该知道一下。

　　　c. 病一下有什么大不了的。

　　　d. 饿一下怕什么？

　　　e. 能降一下雨该多好啊。

　　　f. 热吗？在雨里淋一下就好了。

　　　g. 醉一下反而心里好受些。

这些动词所表示的动作行为是发出者不能自主控制的。例（3）中，"输球""淋雨"是客观陈述，而"输一下球""淋一下雨"带有主观评价色彩，体现了说话者想尽量把话说得轻松、随意的一种努力。非自主动词进入"V 一下"格式后，

---

① 本部分参考甘智林（2004）关于"V + 一下₂"格式的语法意义的研究。

该格式的语法意义为：主观上减小动作的量，使之达到主观上可接受的程度。

1.3 有些非持续性自主动词

有些非持续性的自主动词也可以进入"V一下"格式。例如：

（4）表决一下、提议一下、参加一下、讲究一下、请教一下、认识一下、来一下、去一下、出来一下、出去一下、离开一下、起来一下、断一下电、停止一下、突出一下、完成一下、出一下面

这些动词所表示的动作行为都是发出者能自主控制的，但是无法持续，是瞬时的。例（4）中，"认识一下""出来一下""出一下面"与"认识""出来""出面"相比，体现了说话者有意淡化动作难度，以达到在主观上减小动作的量，便于听话者接受的目的。

非持续性自主动词没有时量性，"一下"突显的是它们在动作难度这一广义量上的主观小量，所以一些非持续性自主动词也能够进入"V一下"格式。

当"V"是非持续性自主动词时，"V一下"的语法意义是：弱化动词的动作性，主观上减小动作的量。

二、"V一下"的语义[①]

从上文可知，"V一下"或者从客观上凸显动作的持续时间短，或者从主观上减小动作的量，即动作时短或量小。无论表达哪种意义，在它们背后有着共同的机制——控制动作的量，可以说这是"V一下"格式最根本的语法意义。

动作时短量小很适合表达尝试义、使令义。例如：

（5）a. 味道很好，你尝一下看。

b. 你去叫一下，让他过来。

从语用环境看：指令行为句是"V一下"出现的典型语境，在这类语境中，"V一下"的作用是减弱要求语气，表示礼貌；在断言行为句中，"V一下"的语用功能是表达说话者对命题内容的主观评价；在承诺行为句中，说话者可以用"V一下"来缓和听话者的负罪心理，并避免自己承担更多的责任以及保全自己

---

① 本部分参考蒋湘平（2012）对"V一下₂"格式的语用考察。

的面子；在责备言语行为句中，"V 一下"降低了对听话者面子的损害程度，也表示礼貌。例如：

（6）a. 关于那个合同的事，你能不能来一下啊，越快越好。（指令行为句）

　　b. 这厂家要在咱们这儿做广告。咱先拿回来一个试用一下。（断言行为句）

　　c. 我只能帮你看一下，我待会儿要去上课。（承诺行为句）

　　d. 那你为什么不打个电话询问一下呢？打个电话很方便的嘛。（责备言语行为句）

三、结果补语结构中动作的持续性与结果的可控性

3.1 结果补语结构中动作的持续性分析

结果补语结构表示动作行为及其结果，当动作结果出现时，动作必然已经达到足够的量。比如"洗干净"中"洗"的量不能过小、过少，时间不能过短，否则不能达到"干净"这一结果。此时，结果补语与表示时短量小的"V 一下"语义冲突，后者不能用于这一结构中。因此，例（7）都是不正确的。

（7）*洗干净一下、*吃完一下、*商量好一下、*扔掉一下、*摔碎一下、*找到一下

个别动作及其结果是短时动作和结果，这时，结果补语与表示时短量小的"V 一下"语义匹配，后者可用于这一结构中。如例（8）：

（8）a. 你现在再帮我用你的电脑打开一下这个网站看看吧。为什么我就打不开？

　　b. 太阳光又隐了下去，他就去把淡绿的窗帘拉开一下。

　　c. 我先纠正一下，这个音你发得不对。

这样的结果补语结构非常少，当前语料仅见"打开/拉开"类组合，以及词汇化了的结果补语结构，如例（8c）中的"纠正"。

总之，结果补语结构中动作的量可调控的空间比较小，一般不具有时短、量小的特点。

3.2 结果补语结构中结果的可控性分析

有些结果状态的出现是施事者能控制的，我们称之为"可控结果"，如"洗干净、吃完、商量好、治好"等，它们可以用于祈使句。如例（9）：

（9）a. 蔬菜一定要<u>洗干净</u>。

　　　b. 好了，咱们快把饭<u>吃完</u>吧。

有些结果状态的出现是施事者所不能控制的，我们称之为"非可控结果"，如"看见、听到、遇见"，这时结果补语结构不能用于祈使句。如例（10）：

（10）a. *请<u>看见</u>这个汉字。

　　　b. *要<u>遇见</u>！

四、"记住、写完、看见"与"V 一下"

综上，例（1）中的偏误句子有多种修改方法。如例（11）：

（11）a. 请大家<u>记住</u>，没有人能为你办你自己的事情！

　　　b. 我要<u>写一下</u>作业。/ 我要<u>写完</u>作业。/ 我要<u>写</u>作业。

　　　c. 你们先<u>看一下</u>菜单，一会儿我们点菜。/ 你们先<u>看</u>菜单，一会儿我们点菜。

例（11a）中"记"这一动作行为如果产生"记住"这一结果，通常不是短时、小量即可完成的，它需要一定量的积累。从这个角度看，结果补语结构"记住"与表示时短、量小的"V 一下"语义不匹配。而"记住"对施事者来说，具有一定的可控性与自主性，因此，可用于祈使句。"记"作为动作动词单用时，多表达记录义，"请大家记一下"与"请大家记住"语义相差甚远，不适于例（1a）的修改。

例（11b）中结果补语"完"不能与"一下"组合使用，但"写""写完"是可控的，能用于祈使句，所以有三种改法："写一下""写完"或"写"。

例（11c）中结果补语"见"不能与"一下"组合使用，而且"看见"是非可控结果，不能用于祈使句，所以有两种改法："看一下"或"看"。

24. 为什么"司机没送他到医院就逃走了"不对?

由于对"V + 到 + 处所"这一结构的语序掌握得不好,不少汉语学习者会出现如例(1)的偏误:

(1)*司机没<u>送他到医院</u>就逃走了。

先"送 + 人物",然后"到 + 处所",符合认知顺序。因此说,"送他到医院"是符合语言自然度的语序。(周小兵、朱其智、邓小宁等,2007)自然度跟人的认知有关,可称为"语言认知难度"。第二语言学习者的偏误多少和第二语言的自然度高低有关,由语言自然度引发的偏误是认知性偏误,又称"普遍偏误"。

在汉语中,需要把"送到"先组合在一起,然后再整合"到 + 处所"。例(1)应该用"把"字句表达,改为"司机没把他送到医院就逃走了"。

"把"字句是汉语中的一种常用句式,主要表示对人或事物的处置,"把"字后面的宾语一般是被处置的对象。(马真,2015)本句中动词"送"后出现了结果补语"到"、表示对象的宾语"他"以及表示处所的宾语"医院",意思是通过动作"送"使宾语"他"发生位移,具有处置义。因此,本句用"把"字句这一句式比较合适,句义更完整通顺。

偏误例句(1)的出现原因与"V + 到 + 处所"结构有关,也与"没……就……"句式有关。

一、"V + 到 + 处所"结构

汉语的结果补语在形式上具有特殊性。要先把"送"和"到"这两个动词组合为联系紧密、中间不能插入任何其他成分的结果补语结构,再把事件涉及的人物、地点组合进来。动词"到"的语义决定了地点成分出现在其后。这样就组合成了密不可分的"V + 到 + 处所"结构。如例(2):

(2)a. 只有你<u>爬到山顶</u>了,这座山才会支撑着你。

　　　b. 今天被好心的同事开车<u>送到了地铁站</u>。

而"V 到"的受事一般置于无标记或有标记被动句的主语位置,或者"把 / 将"

字句中"把 / 将"后的宾语位置。如例（3）：

（3）a. 一架价值万元的钢琴送到了合唱团的手中。（无标记被动句）

　　b. 两只小虎也被送到了动物园。（"被"字句）

　　c. 今天好心的同事开车把我送到了地铁站。（"把"字句）

　　d. 学生突然肚子疼，几位值班老师立即将他送到了医务室。（"将"字句）

综上，"送他到医院"语序不对，"送到医院"应该组合在一起。"他"可以做"把"字句的宾语或"被"字句的主语。由于"他"是生命度高的客体，不适合做无标记被动句的主语，否则"他"会被优先理解为施事，而很难理解为受事。具体如例（4）：

（4）a. 把他送到医院

　　b. 他被送到医院

　　c. *他送到了医院

二、"没……就……"结构

"没……就……"结构连接两个小句，表达的语义是：没有做前面的事，就做了后面的事。如例（5）：

（5）a. 我没付钱就转身走了。

　　b. 冬奥会我还一场都没看呢，居然就落幕了。

　　c. 医生还没来检查，他就自己出院了。

例（5a）为紧缩句，前后两个小句的主语相同，都是"我"；例（5b）是"冬奥会"这一话题下的两个小句，两个小句的主语不同，前一个为"我"，后一个为"冬奥会"；例（5c）前后两个小句的主语不同，分别为"医生"和"他"。

偏误例句（1）"司机没送他到医院就逃走了"的基本结构与例（5a）一样，是前后两个小句主语相同的紧缩句，主语都是"司机"，也是动作行为的发出者。施事位于句首，那么受事"他"不能再出现在"被"字句的主语位置，只能在"把"后充当宾语。因此，例（1）应该改为例（6）：

（6）司机没把他送到医院就逃走了。

三、余论

当动词后既有受事宾语，又有结果补语时，有可能出现"送他到医院"这类语序偏误，因为"动词+受事+结果"是更符合自然度的语序，而汉语此类表达恰恰与之不同，"动词"与"结果"需要优先组合，而受事和其他涉事成分，比如时间、地点等分布在动补结构之后的宾语、句子主语、"把"字句宾语等句法位置上。如例（7）～（9）：

（7）a. 回家的时候，他把旅行包放在办公室里了。

　　　b. 佩蒂的椅子（被）放在一个小小的讲台上，比其他椅子的位置高出一截。

（8）a. 他昨晚一直在做数学作业，做到了10:00才做完。

　　　b. 作文写到了12:00。

（9）a. 一辆三轮摩托车撞翻了一个菜摊。

　　　b. 我好几盆盆景都（被）撞翻了。

　　　c. 他连忙站起身，匆忙之中把椅子撞翻了。

例（7）中的结果补语结构"V+在+处所"和例（8）中的结果补语结构"V+到+时间"与"V+到+处所"结构类似，结果补语结构后面的宾语由地点、时间成分充当，动作的受事只能充当话题主语，或者出现在"把"后的宾语位置。不同的是例（8）中的受事一般位于重动句的宾语位置，如例（8a），或者无标记被动句的主语位置，如例（8b），而不出现在"把"字句、"被"字句中。例（9）中的受事可以出现在动补结构之后的宾语位置、句子主语位置、"把"字句宾语位置这三个位置上。

这样就可以解释例（10）所示的语序偏误：

（10）a. *他很有勇气，打这只老鼠死了。（打死这只老鼠）

　　　b. *昨晚写作业到10:00。（写作业写到10:00）

　　　c. *我做作业完了。（做完作业）

　　　d. *你放书在桌子上吧。（把书放在桌子上）

　　　e. *我不能听你的话明白。（听明白你的话）

　　　f. *我们没说这件事清楚。（说清楚这件事）

25. 为什么"把这个问题仔细考虑"不对?

汉语学习者在使用"把"字句进行表达时,忽略了"把"字句这一句式与动作结果这一语义成分之间的适配性,不在动词后面添加补充说明性成分,即不使用结果补语、程度补语、趋向补语、数量补语等,造成例(1)的偏误:

(1)a.*把这个问题仔细考虑,就解决了人和人之间,乃至社会的分工问题。("考虑"改为"考虑清楚")

b.*为了你们我一定把所有的事努力做。("做"改为"做好")

c.*要把代沟的问题解决,需要时间去认识对方。("解决"改为"解决好")

例(1)有偏误的句子都是"把"字句。在"把"字句中,动词,尤其是单音节动词,一般不能单独出现。例(1)的正确表述都是在动词后添加合适的结果补语。

一、"把"字句中谓语部分的结构形式

"把"字句的动词后面通常有补语(+宾语)、动态助词,或者动词用其重叠式。例如:

(2)a.小虎念完,把书放在地上,抿着嘴笑了一阵。

b.农民伯伯把地种上庄稼。

c.她饿得很,就把东西都吃了。

d.你把情况谈谈吧。

例(2)"把"字句中使用的均是复杂动词结构,具体来看:例(2a)和例(2b)在动词后添加了结果补语,例(2c)在动词后添加了动态助词"了",例(2d)为动词重叠式。

个别"把"字句中动词后没有其他成分。例如:

(3)a.别把垃圾到处扔。

b.于是,他重重地叹了一口气,把手一挥,服了输。

例(3a)中,动词"扔"前有状语,动词后没有其他成分;例(3b)中,动

词"挥"前有数词"一"做修饰成分。

二、"把"字句的典型语义与语用环境 ①

把字句"A 把 B + VP"表达的是施事 A 对某动作对象 B 施加某一动作行为 V 而造成某一状态 P。其中 VP 是"把"字句的核心，"把"的作用是将受事 B 提到 V 前，而把语义焦点放在 VP 上。

典型的"把"字句是结果类"把"字句，即"A 把 B + VR"，占所有"把"字句的 86% 以上，其中，R 是指包括结果补语在内的补语成分。这类句子的功能是说明某一对象在某一动作行为的作用下发生变化，这些变化包括该动作行为的结果，如"我把玻璃打碎了"。

"把"字句的基本使用规律是它强调由于某种原因而需要采取某种特定手段，以达到一定的目的。因此，"把"字句在实际运用中，处于因果关系这一范畴之中。如例（4）：

　（4）a. 当他听说有人得了急病，需要立刻送医院时，<u>就把手一挥</u>，招呼傅家杰上车。

　　　b. 那两个家伙果然要砸门，咣咣咣几家伙，<u>把门砸开</u>。

　　　c. 宝堂叔，<u>把李子俊的果园分了</u>，就打破了你看园子这饭碗，你还高兴？

　　　d. 唔，<u>必须把赶路的大嫂送回家</u>。

例（4a）的自然逻辑关系为"原因 + '把'字句（手段）+ 目的"；例（4b）为"原因 + '把'字句（结果）"；例（4c）为"'把'字句（手段）+ 结果 / 目的"；例（4d）中"把"字句采用独立的语句形式，强调结果性和主观性。

总之，"把"字句处于明确的因果关系、条件关系、目的关系范畴之中，当人们强调这种关系时，便需使用"把"字句。

三、"把"字句与结果补语

从"把"字句的使用环境和"把"字句本身所表达的语义两个方面都可以看

---

① 本部分参考张旺熹（1991）、崔希亮（1995）、薛凤生（1987）对"把"字句的语义和语用研究。

出，"把"字句与结果表达密切相关。就结果类"把"字句而言，它可以分析成两个部分：（1）某人做了某动作，即 A—V；（2）某物出现了某结果，即 B—R。两个部分用"把"连接，它们之间存在着因果关系，前者是后者存在的必要条件，后者是前者合乎逻辑的结果。

结果成分一般是运动的方向或位移的终点。我们不能说"我把饺子吃在五道口""他把花浇在院子里"，因为"我吃"与"饺子在五道口"、"他浇"与"花在院子里"不存在因果关系，"在"所介引的也不是运动方向或位移终点。

动作运动的终点也意味着动作的结束、某种结果的出现。如果仅出现动词，而不出现结果成分，则"把"字句本身的语义是不完整的。

因此，对于例（1）中的偏误例句［这里重写为例（5）］，修改时应该在句中动词后添加结果成分，即结果补语。

（5）a.*把这个问题仔细考虑，就解决了人和人之间，乃至社会的分工问题。

　　b.*为了你们我一定把所有的事努力做。

　　c.*要把代沟的问题解决，需要时间去认识对方。

例（5）中各句的"把"字句使用语境无误，例（5a）的自然逻辑关系为"'把'字句（手段）+结果"，例（5b）为"'把'字句（手段）+目的"，例（5c）为"'把'字句（目的）+手段"，但是"把"字句语义不完整。

例（5a）可以在"考虑"后加结果补语"清楚"、数量补语"一下"，或者使用动词重叠式"考虑考虑"，但结合语境来看，"考虑清楚"最为合适。

例（5b）可以在"做"后加结果补语"完"或"好"、数量补语"一下"，或者使用动词重叠式"做做"，但结合语境来看，为了表达努力认真的态度，"做好"最为合适。

例（5c）可以在"解决"后加结果补语"掉"或"好"、数量补语"一下"等，但结合语境来看，"解决好"最为合适。

26. 为什么"体会"要加"到"，"明白到"要去掉"到"？

　　表示感觉知觉、思维活动等的感知、认知动词在句子中是单独使用，还是搭配结果补语一起使用，对汉语学习者来说是习得难点。例如：

（1）a. *我现在才体会了对人怀着偏见是很可怕的。（体会到）

　　　b. *那时候我很容易感觉我们家人的人情味。（感觉到）

　　　c. *这次旅行让我感受了中国人过年时的热闹气氛。（感受到）

　　　d. *他突然意识发生了什么事情。（意识到）

　　　e. *上课的时候，老师注意有一个学生好像不舒服。（注意到）

　　　f. *这篇文章让读者领悟，大家一起做事情的时候如果互相没有帮助，就不能达到大家的目的。（领悟到）

　　　g. *不过这样做的时候，我们应该估计后果。（估计到）

（2）a. *我还认为吃"绿色食品"的问题是解决饥饿问题以后考虑到的。（考虑）

　　　b. *吸烟的人似乎都了解吸烟对个人健康的危害，而且还了解到这对公众利益的不好影响。（了解）

　　　c. *我现在回顾到当时的我，觉得自己很自私而且感到不好意思，我犯了重大的错误，我不该轻视他们，应该尊敬他们。（回顾）

　　　d. *我们应该早点儿明白到恋爱是什么，好、坏是什么。（明白）

　　例（1）中的动词单独使用都不正确，应该在它们后面添加结果补语"到"；例（2）正好与之相反，应该删除动词后的结果补语"到"，单独使用这些动词。

　　例（1）、例（2）中的动词都是感知、认知动词。这些动词与结果补语"到"是如何搭配使用的？使用结果补语表达什么样的语义？

一、感知、认知类动词

　　例（1）、例（2）中的动词为双音节感知、认知动词，这类动词可以细分为两大类、三小类。

1.1 感知类动词

表达说话者感觉、知觉的动词，是有机生命体与生俱来的自然感觉与知觉，它们或者不需要说话者主观能动控制，或者不受说话者主观能动控制。具体包括但不限于以下动词：

感觉类：体会、感觉、感受、领悟、意识、注意。

知觉类：理解、明白、知道。

1.2 认知类动词

表达说话者思维活动的动词。说话者通过思维活动认识人、事物或者事件，一般是说话者能主观控制的思维活动。具体包括但不限于以下动词：

认知类：考虑、估计、回顾、认识、了解。

二、与结果补语"到"的共现情况

上述感知、认知类动词与结果补语"到"的共现情况各异，具体来看，可分为三类。

2.1 强制不共现

知觉类动词描述静态认知状态，一般不能与"到"共现，如例（2d）中的"明白"，以及例（3）中的"知道""懂""理解"等。

（3）a.*你们有时间的话，给老二写一封信吧，那么他也肯定能知道到父母的真心。

b.*我懂到他要说的话。你不说我也懂得到。

c.*深究之下，才理解到计算机的全部工作原理。

其中，"明白""懂"多用在动作动词后充当结果补语，如"看明白""听懂"等。

2.2 强制共现

在动宾结构中表示完成时，感觉类动词一般不能单独使用，需要与"到"共现，组成"V+到+宾语"结构，如例（1a）～（1e）中的"体会""感觉""感受""意识""注意"等。

这些动词基本都是动名兼类词，而且名词用法的使用频率比动词用法高，如例（4）：

（4）a. 对这次活动，大家都有不同的<u>体会</u>。

　　b. 但我最明显的<u>感觉</u>是饿。

　　c. 在我的<u>意识</u>里，一切都是模模糊糊的。

　　d. 游戏能引起孩子的兴趣，吸引孩子的<u>注意</u>。

感觉类动词表示活动或状态，它们在有机生命体的"意识、注意、感觉"等中处于自然运行状态。当外界事物、性状、事件等引起生命体特别的感觉时，需要使用结果补语"到"来连接感觉动作与其感知到的内容，即"结果"。

2.3 可共现，也可不共现，但语义不同

认知类动词和宾语之间可以选择使用或者不使用"到"，但用不用"到"的语义明显不同。如例（1）、例（2）中的"估计""考虑""了解"等，用不用结果补语"到"，语义明显不同。例如：

（5）a. 请专家去鉴定一些古代留下的古物珍玩，顺便<u>估计</u>一下价钱。

　　b. 他是四川人而不喜欢川菜，这是我没<u>估计到</u>的。

（6）a. "我<u>考虑</u>过了，"她道，"只要我不说，没人会知道。"

　　b. 他有些吃惊："你可<u>考虑到</u>后果？"

（7）a. 我对你的解释不感兴趣，我比你更<u>了解</u>事情的真相。

　　b. 记者主动跟他接近，取得他的信任，从中<u>了解到</u>事情的真相。

使用结果补语"到"表示动作行为取得了预期的结果，不使用结果补语"到"则仅表示进行某动作行为。

三、"感知、认知类动词＋到"的语义

根据结果的产生是否经过努力及努力程度的高低，"V 到"的语义可以分为三类：（1）经过努力达到目的或预期；（2）不经努力而获得某种感知；（3）涉及某一因素或情况。（马婷婷、陈波，2014）如图 26-1 所示，箭头方向表示施动者在结果产生时发挥的主观能动作用由强到弱，也是"V 到"中"到"的语义虚化方向。

经过努力达到目的或预期　　不经努力而获得某种感知　　涉及某一因素或情况

图 26-1　努力程度与"V 到"的语义类别

这一语义分类方式，对感知、认知类动词与结果补语"到"共现时的语义分类同样适用。

3.1 某种目的或预期的实现或达成

当动作行为是施动者主动、有意识的动作行为时，这一行为通常就具有某种目的或者预期，当其实现或达成时，由"到"表达这一语义。这类动词主要是认知类动词，如例（8），对应例句如例（9）。

（8）实现或达成（目的/预期）：估计到、考虑到、认识到

（9）a. 既然估计到了会有这种情形，就应该先给一个解决方案。

　　b. 你是不是已经考虑到了一些防止非法滥用功能的措施？

　　c. 我们应该清醒地认识到，这段时间里，我们都变了。

例（9）各句分别表达"估计到"某种情形、"考虑到"某种措施、"认识到"某个事实。它们都表示达到了动作行为的预期或者目的，是经过努力而获得的结果。

有时候，某种结果是经过主观努力获得，还是自然获得，要依据客观情况进行判定。例如：

（10）a. 他从那摇曳于风沙中的荆草中理解到了生命的意义。

　　　b. 在自我反思与检讨后，终于理解到以往的观念错了。

（11）a. 健全公共健康系统的重要性，因一场疫情而被人们认识到。

　　　b. 我们应该清醒地认识到，这段时间里，我们都变了。

例（10a）中的"理解到"凸显的是顿悟感知，是一种自然获得的结果；例（10b）中的结果则是努力后获得的，虽然这一获得过程也许不受施动者主观控制。例（11a）是一种无预期的自然获得的结果，例（11b）则是有意识地进行的思维活动。

3.2 不经努力而获得某种感知

感知类动词与"到"共现，表示感知主体自然体会到某种事理，基本不用经过有意识的努力，或者说有意识的努力对体会的结果影响不大，不是个人努力所

能控制的结果，如例（12），对应例句如例（13）。

（12）自然获得某种感知：体会到、感受到、理解到、感觉到、意识到

（13）a. 我第一次体会到"笑着笑着哭了，哭着哭着笑了"的感觉。

　　　b. 有心道歉的人，哪怕不说出来我也能感觉到。

　　　c. 我突然意识到这件事我做错了。

例（13）中的"体会到""感觉到""意识到"都是未经过有意识的努力而自然获得的感知。能否获得这些结果不是可以主观控制的，会受到各种客观现实的影响。

3.3 涉及某一因素或情况

感知、认知类动词表示感知、认知活动，在进行感知、认知活动时，所感知、认知到的内容会不断变化，当涉及某一值得注意的因素或情况时，感知、认知活动会停止而专注于这一因素或情况。这时"到"便表达"涉及"这一语义，如例（14），对应例句如例（15）。

（14）涉及某一因素或情况：考虑到、了解到、注意到

（15）a. 考虑到天气降温，很多人急着要拿到空气棉，今天下午2点，空气棉开始促销。

　　　b. 了解到设计者的用心之后，人们就会感到它很有民族特色。

　　　c. 注意到客厅多了两位客人，他就走过来聊天儿。

例（15）中"考虑""了解""注意"等单个动词表示感知、认知活动开始，结果补语"到"表示感知、认知活动涉及了具体内容，通常是某方面的因素或情况，感知、认知动作停留在此因素或情况上，最终得出某个结论或者做出接续动作。例（15a）中"考虑"这一有意识的思维活动会涉及各方面因素或情况，当涉及"天气降温，很多人急着要拿到空气棉"这一因素时，这一活动停止并转而进行专注性思考，得出"空气棉促销"这一结论；例（15b）中"了解"这一有意识或无意识的认知活动在涉及"设计者的用心"这一情况后结束，获得"它很有民族特色"这一认知结果；例（15c）中"注意"这一有意识或无意识的感觉活动在涉及"客厅多了两位客人"这一情况后结束，而进行"走过来聊天儿"这一接续动作。

四、小结

再来看例（1）和例（2）的偏误例句，这里重写为例（16）和例（17）：

（16）a. *我现在才体会了对人怀着偏见是很可怕的。

　　　b. *那时候我很容易感觉我们家人的人情味。

　　　c. *这次旅行让我感受了中国人过年时的热闹气氛。

　　　d. *他突然意识发生了什么事情。

　　　e. *上课的时候，老师注意有一个学生好像不舒服。

　　　f. *这篇文章让读者领悟，大家一起做事情的时候如果互相没有帮助，
　　　　就不能达到大家的目的。

　　　g. *不过这样做的时候，我们应该估计后果。

（17）a. *我还认为吃"绿色食品"的问题就是解决饥饿问题以后考虑到的。

　　　b. *吸烟的人似乎都了解吸烟对个人健康的危害，而且还了解到这对
　　　　公众利益的不好影响。

　　　c. *我现在回顾到当时的我，觉得自己很自私而且感到不好意思，我
　　　　犯了重大的错误，我不该轻视他们，应该尊敬他们。

　　　d. *我们应该早点儿明白到恋爱是什么，好、坏是什么。

　　例（16a）～（16f）中都是感觉类动词，都是施动者在感知活动中相对自然地获得某种感知，这时，动词后强制使用"到"；例（16g）中，"估计"表示思维活动达到预期的目的，需要在动词后添加结果补语"到"来表达这一语义。

　　例（17a）和例（17b）"解决饥饿问题以后考虑吃'绿色食品'的问题""吸烟者了解吸烟对公众利益的不好影响"表达的不是感知的结果，而是一种认知或感知状态，因此不需要使用表示动作结果的"到"；例（17c）在进行"回顾"这一思维活动时，从上下文看不到"回顾"涉及的其他对象，因此不需要使用表示"涉及某一因素或情况"的结果补语"到"；例（17d）"明白"表示知觉状态，它可以与表示状态变化的"了"共现，但不能与表示结果的"到"共现。

五、余论

在了解了"V 到"的语义后，我们就可以根据所要表达的语义选择不同的结果补语，如例（18）中的"考虑好"和"考虑到"：

（18）a. 策划一场活动一般需要<u>考虑到</u>资金、场地、人员等因素。

b. 你一定要<u>考虑好</u>再做决定，免得后悔啊。

例（18a）表示的是要想到"活动"会涉及的"资金""场地""人员"等具体因素的影响，根据上文可知，"考虑到"有"涉及"这一语义；例（18b）表示的是不仅要考虑到各种情况及后果，还要做好心理准备，"好"这个结果补语表示动作行为不仅完结了，而且达到了令人满意的结果状态。动词和结果补语的搭配需要根据具体语境需求而定。

第三部分　语义与语义指向

27.结果补语的语义有哪几类？语义特征是什么？

结果补语结构可分析为致使结构，是具有因果关系或致使关系的两个事件性结构的组合。例如：

（1）我听懂了。事件1：我听（原因／致使事件）　事件2：我懂（结果事件）

即"我听"这一动作，致使产生"懂"这一结果。总体来说，结果补语表达结果义。

一、结果补语的语义

结果补语表达结果义是一个概括性的说法，具体来看，结果补语的意义可以分为三大类：一是表示述语动作达成目标，如"做成、感受到"中的"成、到"；二是表示述语动作或与其相关的人或物的新状态，如"吹黄（了树叶）、累哭"中的"黄、哭"等；三是表示对述语动作或其结果的评述，如"买大、听错"中的"大、错"等。（王红旗，1996）具体如下：

1.1 表示述语动作达成目标

表示动作结束或者动作有了结果，实现了既定目标，这一类补语由"见、住、着、到、成"等意义较虚的词充当。例如：

（2）a.夏夜，坐在走廊上，能闻见隐隐约约的百合花香。

　　　b.警察抓住了盗窃国宝的人。

　　　c.你之前丢的那支笔找着了吗？

    d. 现在这种药品特别不好买，我跑了好多家药店才<u>买到</u>。

    e. 本来大家都不看好这个项目，没想到他竟然<u>做成</u>了。

例（2a）～（2e）均表示述语动作达成了其"目标"，这个"目标"并不一定是有意目标，如例（2a）中的动作"闻"并非是有意的，因而"闻见花香"也并非有意目标。

1.2 表示述语动作或与其相关的人或物的新状态

表示动作或变化所造成的相关人或物的新状态或动作本身的新状态。新状态是和旧状态对比而言的，这种新旧状态对比的意义可以从含有结果补语的句子中推导出来，即这些句子都预设着述语动作发生前与动作有关的人或物的状态。例如：

（3）a. 绘美鼓起勇气，<u>翻开</u>那本旧日记本。（预设：原来那本日记是合上的）

    b. 冰箱里的啤酒都<u>喝光</u>了。（预设：原本是有啤酒的）

    c. 这次比赛是他们班<u>比赢</u>了。（预设：原本没有比赛结果）

    d. 小和尚没坐一会儿，就<u>坐烦</u>了。（预设：小和尚刚开始时不烦）

    e. 几年不见，家乡的道路<u>变宽</u>了。（预设：以前的路不宽）

在例（3）中，结果补语表示的是人或事物状态的变化，由"合上"变"翻开"、由"存在"变"喝光"、由"没有比赛结果"变"比赢"、由"不烦"变"烦"、由"不宽"变"宽"等等。

在例（3）的述补结构中，补语在语义上指向充当主语或宾语的体词性成分，它们在语义上是不自足的，我们在理解这些述补结构的语义时，要把补语的语义指向"补"出来。如例（3a）"翻开"中"开"在语义上指向述语动作"翻"的受事"日记本"，例（3d）"坐烦"中"烦"在语义上指向述语动作"坐"的施事"小和尚"，施事和受事是在理解这两个述补结构时必须"补"出来的。

具体来看，新状态大体可分为三类：

第一类是人或事物的外部状态，如例（3a）"翻开"中的"开"，再如"砸破、敲碎、喂肥、染红、喝醉、哭瞎、洗干净、赶走、逗笑"中的"破、碎、肥、红、醉、瞎、干净、走、笑"。

人或物的"消失"也是一种外部状态，如例（3b）"喝光"中的"光"，再如"扫净、拿没、死绝、分完"中的"净、没、绝、完"。

此外，竞争的胜负结果是某事件的新的外部状态，也属此类。如例（3c）"比赢"中的"赢"，再如"打败、打胜、比输"中的"败、胜、输"。

在这类结果补语结构中，施事（多为主语）执行述语动作，使得受事（多为宾语）的状态发生变化，多可直接带宾语，构成"施事＋VR＋受事"句式。

第二类是人的心理感觉或感受，如例（3d）"坐烦"中的"烦"，再如"吃腻、站够、走累、打疼、累晕、冻麻、听懂、学会"中的"腻、够、累、疼、晕、麻、懂、会"。

在这类结果补语结构中，施事执行述语动作，随着动作的进行，自身经受了非预期的变化，这种结果补语结构也称为"自致使结果补语结构"。（吴为善，2010；严辰松，2019）

如果述语动词为不及物动词，则适用于"S＋VR"句式，如"小和尚坐烦了"；如果述语动词为及物动词，则适用于重动句，即"S＋V＋NP＋VR"，如"她写东西写累了"；一定条件下也适用于施受逆位的致使句"S＋VR＋O"，如"堆积如山的衣服洗累了妈妈"。

第三类是动作本身的新状态，如例（3e）"变宽"中的"宽"，再如"走快、握紧、看准、摸透、办完、说好"中的"快、紧、准、透、完、好"。

1.3 表示对述语动作或其结果的评述

结果补语有时也表示对述语动作的评价。例如：

（4）a. 这次的考试题出难了，大部分学生都做不好。

　　b. 他今天起迟了，估计现在还在赶地铁呢。

　　c. 3D虽然效果逼真，但是看久了，容易头晕。

　　d. 川菜我吃腻了，咱们今天吃点儿别的吧。

这类结果补语在语义上可以同时指向述语和主语，如例（4a）中的"难"既是对述语"出"的评价，也是对主语"考试题"的评价；也可以仅指向述语，如"起迟""看久"中的"迟""久"；也可能指向施事，表示施事的心理状态，如例（4d）"吃腻"中的"腻"。

二、结果补语结构的语义特征

结果补语结构具有［＋完结］的语义特征（玄玥，2011），因而通常不能和表示持续的成分或者表示正在进行的成分一起使用。如例（5）：

（5）a.*我来看见看见小明。

　　b.*我正在看见小明。

　　c.*我看见着小明。

　　d.*我看见了小明看见了一天。

从例（5）可以看出，结果补语结构"看见"与表示短时或尝试的动词重叠式不相容，也不能进入表示正在进行或持续的"正在 V、V 着、V ＋时量短语"等结构中。但一般的动词"看"是可以进入这些结构中的，如例（6），因此可以认为，结果补语结构［＋完结］的语义特征是补语带来的。

（6）a.我来看看小明。

　　b.我正在看小明。

　　c.我看着小明。

　　d.我看小明看了一天。

结果补语结构的［＋完结］特征还体现在：该结构经常与完成体标记"了"共现，并且否定式一般用"没"。如例（7）：

（7）a.我看懂了这本英文原著。

　　b.我没看懂这本英文原著。

　　c.*我不看懂这本英文原著。

结果补语结构的语义通常侧重在结果补语上，试比较下面的句子：

（8）a.我一定要看这本书。

　　b.我一定要看懂这本书。

　　c.我没听她说的话。

　　d.我没听清她说的话。

例（8a）着重表达"看"的决心，至于"懂不懂"则不在考虑范围内；例（8b）则侧重要达到"懂"这个结果。与此类似，例（8c）表示"我"没有执行"听"

这个动作；例（8d）则表示"我"虽然执行了"听"这个动作，但是没能达到"清"这一结果。

28. 结果补语只表达结果义吗?

我们会发现结果补语除了表达结果义以外，还会表达其他语义，如时体义、趋向义、情态义等。

一、时体义

包含结果补语的句子通常陈述的是过去发生的、已经完成的事件，因此后面常会出现"了"，在表达结果义的同时，还表达了过去时和完结体的语义，用以表明发生的事件与当前情状的关系，凸显状态的变化。单独使用时，结果补语需要与"了"搭配，如例（1a）和例（1b）；但在一些句式中，结果补语可以替代"了"的功能，如例（1c）和例（1d）。

（1）a. *我们吃完饭。

b. 我们吃完饭了。

c. 我们吃完饭就出发了。

d. 我们吃了饭就出发了。

在叙述故事时，结果补语也能起到表达时体义的作用。如例（2）：

（2）两人从船上打到江岸，又从江岸打到江里。（《水浒传》）

二、趋向义

这主要表现在由趋向动词充当的结果补语上。很多趋向补语引申为表达结果义，如"攒下钱""想起这件事""想出办法"等。有些趋向补语的语义虚化程度很高，进入结果补语范畴，如"上"：

（3）a. 她爱上了吃冰淇淋。

b. 她进屋去，又穿上一件毛衣。

c. 他的嘴张开了又合上。

虽然例（3a）很难看出抽象或具体的位移痕迹，看不出趋向义，但是例（3b）和例（3c）可以看出"上"的趋向义，受事"毛衣"和"嘴"经历了由"下"到"上"、由"低"到"高"的具体位移过程。

此外，与"上"相对的"下"，以及表达趋向义的动词"走、住、到"等充当结果补语时，在表达结果义的同时，也保留着趋向义。例如：

（4）a. 她扔下了书包就又出去了。

b. 刚买的手机被小偷儿偷走了。

c. 九寨沟美丽的风景迷住了不少游客。

d. 兰花的清香让她深切意识到窗外已充满春光。

例（4a）叙述的是将"书包"放下、扔下这一事件，"下"指明"书包"位移的方向；例（4b）"走"表明了"手机"的位移方向，即走了、离开了；例（4c）"迷住"说明"游客"的状态由动态到"被吸引住"这一静态的变化；例（4d）表示的是抽象意识的变化，从没有意识到到意识到某物的存在。

三、情态义

情态可视为说话者的主观态度、认识和情感，结果补语有时会凸显说话者的态度和立场，以"上"为例，"上"做结果补语时，除了表示动作达到目的外，还能表达说话者认为这一目的不易实现的态度。例如：

（5）a. 工作几年后，他买上了新房子。

b. 小时候把一次吃上20个包子当作人生理想时，我很幸福；当月收入超过5000之后，我却感觉不到快乐。

例（5a）中的"买上了新房子"，其实就是"买了新房子"的意思，但使用"上"可凸显"买新房子"是一个较高、较难实现的目标；例（5b）也是如此，"吃上20个包子"对现在的"我"来说虽然很容易实现，对小时候的"我"来说却是一个不易达成的"人生理想"。可见，结果补语"上"能表达情态义。

总之，结果补语不只表达结果义，还可以表达时体义、趋向义和情态义等多种语义。

29. 结果补语中充当"结果"的同一动词表达同样的语义吗?

多数充当结果补语的同一动词表达相同的语义。例如:

(1) a. 他把妹妹气哭了。

　　 b. 最小的孩子饿哭了。

(2) a. 作业都做完了。

　　 b. 吃完饭,他们就出发了。

(3) a. 你怎么把他推倒了?

　　 b. 他被自行车撞倒了。

例(1)~(3)中动词"哭""完""倒"等跟不同的述语动词搭配时,所表达的结果语义基本相同。

也有些补语动词除了表达基本语义之外,还表达多个不同的引申义或者虚化义。常见的虚化义结果补语动词有7个:开、上、到、成、见、住、着(zháo)。以"到"为例:

(4) a. 我陪他走到窗前。

　　 b. 等到春暖花开的时候,我们再来。

　　 c. 一进村口,就听到一种喳喳的声音。

　　 d. 我们和高年级的同学学到了很多坏招数。

　　 e. 在这些画儿中我们感受到了画家的审美情趣。

　　 f. 考虑到你们的态度,并考虑到同行的关系,我们决定不起诉你们了。

　　 g. 事情已经发展到十分严重的地步。

例(4)中"到"的语义并不相同,分别为:例(4a)表示人或物随动作"走"到达某地,例(4b)表示动作"等"持续到什么时候,例(4c)~(4f)表示动作行为的结果或所达到的状态,例(4g)表示动作或性质状态达到某种程度。其中,例(4c)和例(4d)中,"到"分别与具体动作词"听""学"搭配,表示动作达到了无意或有意的结果或新状态;例(4e)和例(4f)中,"到"分别与感知、认知动词"感受""考虑"搭配，表示动作有了无意或有意的结果或新状态。

例（4）反映了结果补语"到"的多义现象，虽然语义各不相同，但它们又都与"到"的本义"到达某处所"有关系。"到达某处所"表示位移动作"走、跑"等到达终点，随着终点的到达，位移动作"走、跑"等结束。由本义引申出时间终点、动作目标实现、达到某种程度等各种语义。伴随着语义引申，语义也不断泛化、虚化。

泛化指词语在保持越来越少的原有语义特征的情况下，不断产生新的使用方式，并将越来越多的对象纳入自己的指称范围；虚化是词义由实到虚、由具体到抽象的过程，体现为词语功能的扩大和句法位置的基本固定。

其中，语义的虚化现象也叫"语法化"。根据语法化理论，"V＋到"中"到"的使用范围通过隐喻方式，由空间域扩展至时间域、行为域、数量域与程度域。具体演化路径为：空间到达→时间到达→达到某结果→达到某数量→达到某程度。在演化过程中，语法化程度逐步提高。

虚化义结果补语动词都存在着语法化现象，再以"V＋掉"为例：

（5）a. 剥了他的官服，摘掉他的官帽，准备处斩。

　　b. 抛掉一切虚荣和自矜，我又将采取什么态度呢？

　　c. 到如期实拍时，我已经揉掉了十几袋面粉。

　　d. 小偷儿趁机溜掉了。

　　e. 他躲入被褥里，成天睡觉，把生活都睡掉了。

　　f. 匆忙随便地把事情了结掉。

　　g. 水果同纯碱接触极易发热烂掉。

例（5）中"掉"的语义也各不相同。例（5a）中的"掉"表达具体结果义，表示事物在外部作用力的作用下形成由"上"到"下"的位移；例（5b）中的"掉"表达抽象结果义，可概括为摆脱义；例（5c）中的"掉"表示事物从有到无；例（5d）中的"掉"表达离开义；例（5e）中的"掉"表达消耗义；例（5f）中的"掉"表示事件的完成；例（5g）中的"掉"表示状态变化的实现。

概括起来，根据"掉"的意义可将"V＋掉"结构归纳为三类：例（5a）和例

（5b）为第一类，表达脱落义；例（5c）～（5e）为第二类，表达消失义；例（5f）和例（5g）为第三类，表达完成义。

综上，结果补语中充当"结果"的同一动词并不一定表达同样的语义，特别是对虚化义结果补语来说，其语义非常丰富。

30. 结果补语的语义指向有哪些?

语义指向指的是某一词语在语义上所支配或说明的成分。结果补语的语义指向是指结果补语在语义上跟哪个成分发生最直接的联系。从语法的角度讲，补语是补充说明述语的，但是从语义上看，补语不一定都是指向述语的，补语还可以对主语有所说明，或者对宾语有所说明。因此说，结果补语在语义指向上具有多向性，既可以指向施事，也可以指向受事，又可以指向述语动词，有时候还可以同时指向施事和受事，等等。

一、结果补语指向施事

（1）a. 一个学生跑丢了。

b. 孩子们听睡了。

c. 张三唱哭了。

d. 他看烦了这本书。

e. 风刮猛了。

f. 我听懂了这节课。

例（1）中的补语"丢""睡""哭""烦""猛""懂"，在语义上指向的都是施事，这些施事在句子中实现为主语，即施事"一个学生""孩子们""张三""他""风""我"在句子中充当主语。结果补语指向施事，表明施事在动作作用下产生的结果、变化或状态。由于例（1）中的施事在句首充当主语，也可以说结果补语前指主语。

有些施事也可能实现为宾语（梁雨，2006），例（1a）～（1d）中的施事可以出现在宾语位置上。例如：

（2）a. 跑丢了一个学生。

　　b. 听睡了孩子们。

　　c. （这首歌）唱哭了张三。

　　d. 这本书看烦了他。

例（2）中的施事"一个学生""孩子们""张三"和"他"在句子中都处于宾语位置。不论施事处于主语还是宾语位置，结果补语都指向施事。

二、结果补语指向受事

（3）a. 大雨淋湿了衣服。

　　b. 妈妈叫醒了弟弟。

例（3）中的补语"湿""醒"在语义上指向的都是受事，即"衣服""弟弟"，它们在句中实现为宾语，表明受事在动作作用下产生的变化或状态。

三、结果补语指向动作行为所凭借的工具

（4）a. 一连砍钝了两把刀。

　　b. 踢球踢坏了三双鞋。

　　c. 撬弯了两根铁棍。

例（4）中的结果补语"钝""坏""弯"分别指向动作所凭借的工具"刀""鞋""铁棍"。

四、结果补语指向施事或受事所在的处所

处所在句子结构中可以实现为主语或者宾语。例如：

（5）a. 房间里坐满了人。

　　b. 炕上躺满了病人。

　　c. 桌上摆满了书。

　　d. 墙上挂满了画儿。

（6）a. 书<u>堆满</u>了房间。

　　 b. 炉火<u>烧热</u>了整个屋子。

　　 c. 芳芳<u>尿湿</u>了床。

　　 d. 她<u>哭湿</u>了枕头。

例（5）中的补语指向处所主语，即"满"分别指向主语"房间里""炕上""桌上""墙上"；例（6）中的补语指向处所宾语，即"满""热""湿"分别指向宾语"房间""整个屋子""床""枕头"。

五、结果补语指向述语动词

首先，很多语义虚化程度很高的结果补语，如"完、好、上、到、住"等，在语义上指向述语动词，表示动作完成、结束或者取得某一结果。例如：

（7）a. 说<u>完</u>话，他<u>关上</u>门就走了。

　　 b. 我们<u>约好</u>了明天见面。

　　 c. 我忽然<u>想到</u>早上树上打架的乌鸦，不禁大笑。

　　 d. 前面的车都在城门前<u>停住</u>了。

例（7）中的补语"上""好""到""住"分别指向动作"关""约""想""停"，它们是动作的结果，取得这一结果的同时，动作也完成、结束了。这些结果补语结构容易被看成复合词，有些教材把它们列入生词表中。

其次，某些结果补语具有实在的意义，但是是陈述述语动词的，对动作的早晚、快慢及进行方式进行补充说明。常见的补语有"早、晚、迟、久、快、慢、猛、轻、清、准、仔细、周到、细致、清楚、熟练"等。例如：

（8）a. 我劝架来<u>晚</u>了，很对不起。

　　 b. 他应接不暇，竟没看<u>仔细</u>是什么模样。

　　 c. 风太大了，他略微骑<u>慢</u>了些。

例（8）中的结果补语"晚""仔细""慢"从时间、方式、速度等方面对动作"来""看""骑"进行补充说明。

综上所述，结果补语的语义指向可以总结为图30-1（马婷婷，2017b）：

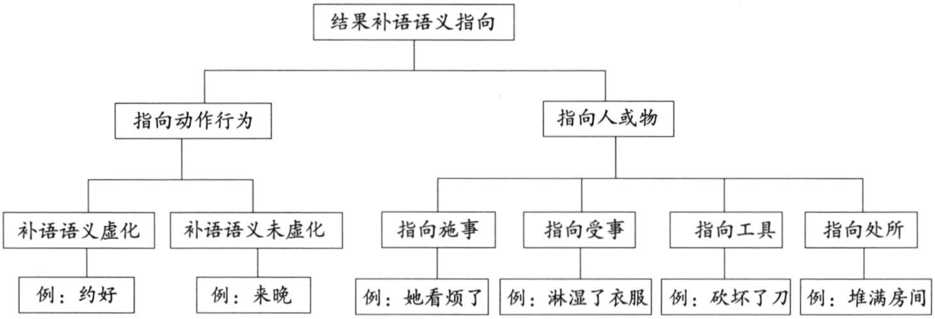

图 30-1   结果补语语义指向

对结果补语进行语义指向分析，有助于解释和说明不少有意思的相关语言现象。比如现代汉语中，"胜、败、输、赢"等动词在做结果补语时，虽处于相同的句式中，但往往会有很大的语义差别。（吴永荣，2014）例如：

（9）a. 我们打胜了。

b. 我们打败了。

c. 我们打胜了美国队。

d. 我们打败了美国队。

在"施事＋动词＋结果补语"结构中，例（9a）和例（9b）中的补语"胜""败"在语义上都指向施事主语，分别表示"我们胜了"和"我们败了"。在"施事＋动词＋结果补语＋受事"结构中，例（9c）表达"我们胜了"的意思，补语"胜"在语义上指向施事主语；例（9d）中的结果补语"败"在语义上指向受事宾语，整个句子还是表达"我们胜了"的意思，即"我们使美国队败了"，是一种使动表达。例（9）表明：结果补语"胜"在例（9a）和例（9c）中指向的都是施事主语；而结果补语"败"在例（9b）中指向的是施事主语，在例（9d）中指向的是受事宾语，也就是说，在有受事的情况下，"败"只指向受事，"输"也是如此。

对结果补语进行语义指向分析，还有助于解释和说明一些歧义现象。例如：

（10）a. 咬死了猎人的狗。

b. 他骑累了马。

例（10）中的歧义是补语的语义指向有两种解读而造成的。例（10a）中的结果补语"死"向后指向受事，但是受事有两种解读——"猎人"或者"狗"，因而造成了整个结构的歧义："（这只）狗咬死了猎人"或者"某动物咬死了狗，这只狗属于猎人"。例（10b）中的结果补语"累"可以前指施事主语"他"，也可以后指受事宾语"马"，意思分别为"他骑马，使得他累了"以及"他骑马，使得马累了"。

有些表层语法结构相同的表达，其中的补语的语义指向却不同，自有其原因与机制。例如：

（11）a. 张三喝醉了酒。

b. 张三灌醉了李四。

例（11）中，结果补语位置上的"醉"在例（11a）中指向施事"张三"，在例（11b）中指向受事"李四"。为什么"醉"会有不同的语义指向，如何解释呢？为什么"醉"可以指向施事或受事呢？这是因为"醉"既可以是一个自动词，也可以是一个他动词。它与不同的述语动词搭配时，表达不同的语义。当它与动词"喝"搭配时，为自动词，解读为"某人醉"；当它与动词"灌"搭配时，为他动词，整个结构是使动用法，解读为"致使某人醉"。

31. 为什么不说 "住美国的加拿大人" ？

在现代汉语中，"住在"组合中的结果补语"在"可以省略。例如：

（1）a. 最近几年他住在北京。

b. 最近几年他住北京。

但有些时候，省略"在"并不符合母语者语感。例如：

（2）a. 我是一个曾经住在美国的加拿大人。

b. *我是一个曾经住美国的加拿大人。

"住＋在＋处所宾语"是汉语中比较常见的一种结构，而"住＋处所宾语"结构也存在。两种结构对宾语的要求不同，语义上也有一定差别。例（2a）中定语部分"住在美国"主要强调处所，也就是"住"的地方，需要加上介词"在"，标明跟动作"住"有关的处所是"美国"。

动词"住"的常见语义是"居住、住宿"，"住"和"住在"后均可跟表示可居住场所的宾语，但语义上存在差别。"住+处所宾语"侧重强调"住"的类型（陈凡凡，2017），即居住方式。例如：

（3）a. 母亲要我陪她住酒店，不过我会留下来住宿舍。

b. 土屋可以住进10个人，我们可以为自愿住帐篷的人提供一些稻草。

c. 我是常住城市的人，到了这种空旷的地方，有莫名的喜悦！

d. 宠物最适宜于住别墅的人养，住小区的人不太适宜养。

例（3a）中，说话者对"住酒店"和"住宿舍"两种居住方式进行了选择；例（3b）中，"住帐篷的人"与前面住"土屋"的人相对比；例（3c）中，住"城市"与"空旷的地方"对比；例（3d）中，"住别墅的人"与"住小区的人"对比。这些都是对人们的居住方式的叙述或者评论。

此外，"住+宾语"结构常用来指称某种生活类型，后续句子通常会列举出该生活类型所具备的某些特征。例如：

（4）天天住酒店、下饭馆，日子过得那是滋润！

"住+在+宾语"侧重强调某人（群）居住的具体处所，即具体的特定的居住场所，句子中通常会有具体的描写居住处所或环境的成分。例如：

（5）a. 她住在村子尽头，从村边数起第三家。

b. 他生活贫苦，跟普通庄稼汉一样，住在一所不大的旧木房里。

c. 现在我已经平安到达北京，住在朋友开的星级酒店里，很舒服。

d. 盘房公司修建了一座沿江公园，使住在小区的人们可以走近大自然。

例（5a）～（5c）都是描述某个人的具体居住处所，例（5d）是指居住在特定小区的特定人群，这些句子中的"在"不能删除。

有时，同一个句子可以使用"住"和"住在"两种表达方式，语义稍有不同。如例（1）及例（6）：

（6）a. 现在，天佑老夫妇带着小顺儿住南屋。

　　　b. 现在，天佑老夫妇带着小顺儿住在南屋。

　　例（6a）侧重的是居住方式，比如"住南屋"还是"住东屋"；例（6b）侧重的是他们居住的特定地点"南屋"。

　　当宾语本身是一个具体的居住场所名词，如"宿舍"时，"住在"可以省略"在"，与"宿舍"直接搭配，进入"住＋宾语"结构中，如例（7）；但那些不是专指居住场所的处所意义相对较为宽泛的宾语，如"城里""农村"等，如果没有像例（3c）和例（3d）这样在句中指明对举对象，"在"通常不可省略，较难进入"住＋宾语"结构，如例（8）。

　　（7）a. 他是一个人住宿舍的吧？

　　　　b. 他是一个人住在宿舍的吧？

　　（8）a. *他们住城里。（没有隐含对举对象）

　　　　b. 他们现在住城里。（有隐含的对举对象，即以前住农村）

　　　　c. 他们住城里，我们住农村。（有明确的对举对象，双方居住方式对比）

　　再回来看例（2b）"我是一个曾经住美国的加拿大人"，此句侧重表达的是某人的居住场所而非居住方式。同时，"美国"属于范围比较宽泛的处所名词，并不是一个专门的居住场所名词，需要使用处所介词"在"介引，构成"住＋在＋宾语"结构。综上，应该将句中的"住"改为"住在"。

　　总之，指称处所的词语在语言结构中所表达的不一定是处所义，有些词语兼有空间性和事物性。（任鹰，2000）"住＋宾语"结构中宾语表示"住"的承载物，实现的是它的事物性，表示居住方式；而"住＋在＋宾语"结构中处所介词"在"实现的是宾语的处所义，表示具体居住场所。

32. 为什么不说"赚多些钱"，要说
"多赚些钱"？

　　"多"在句子中是做结果补语，还是做状语，是汉语学习者容易出错的地方。例如：

（1）a.＊希望毕业以后，找到一份好工作，赚多些钱，好好孝顺我的母亲。

　　b.＊母亲常常鼓励我参加多些课外活动，认识多些朋友。

　　c.＊还是在现在年轻的时候学多一些东西，将来肯定有好处的。

　　d.＊最近天气变化很大，小心身体，出去穿多一点儿衣服。

　　e.＊让父母明白多一些自己的想法，令父母能做出适当的教导。

　　f.＊自己喜欢的菜自己盒子里放多了一点，自己不爱吃的菜自己盒子里放少了一点。

　　例（1）中的"V＋多"都应该改为"多＋V"。"V＋多（＋了）"结构和"多＋V"结构在表义和用法上都存在区别。首先，在如例（1a）～（1e）所示的未然事件中，表达主观预期的、主观能动的量时，正常语序应为"多"用作状语的"多＋V"，而非是"多"用作结果补语的"V＋多（＋了）"；其次，例（1f）中的偏误涉及"多＋V＋了"和"V＋多＋了"的混用，其中，"V＋多＋了"除了表达达到一定的量这一语义之外，还可以表达过量的语义。

一、"多＋V"与预期量

　　在"多＋V"结构中，"多"代表的"量之多"，通常是说话人主观希冀的。如：

（2）a.怎么才能学好汉语？关键是多听多说。

　　b.真的要好好做到我告诉你的话啊，少喝酒，多睡觉，不抽烟！

　　c."多吃一点，这块你吃！"她把动也没动的蛋糕推给我。

　　例（2a）中说话者希望"听"和"说"达到一定的量，这样对"学好汉语"才有帮助，"多＋V"在这里实际上成为达到目的的条件；例（2b）中"多＋V"与"少＋V""不＋V"对比，隐含着说话者预期中的特定的量；例（2c）同样是期望听话者增加做某事的量。

　　"多＋V"结构是表示预期的，是能动的。"预期"是说在动作发生之前就已经打算要"多"做，"能动"是说"多＋V"是一种自觉努力的积极的活动（辛永芬，2006），如例（3）。

（3）a.每逢路过教堂，他便站住，多看一会儿。

　　b.即使脸皮再厚的人，假话说多了也要脸红。

例（3a）中"多看"是一种自觉努力的活动，而例（3b）中"说多了"是非预期、非自觉努力的活动。

"多＋V"除了可以表述说话者拟进行、应该进行的动作行为，即未然事件之外，还可以在其后加"了"，构成"多＋V＋了"表述说话者有意达成的已然事件。如例（4）：

（4）a. 昨天能<u>多睡了两三个小时的懒觉</u>，确实难得。

b. 明天能<u>多睡两三个小时的懒觉</u>，确实难得。

例（4）"多睡"后加"了"和不加"了"分别表述已然事件和未然事件。

二、"V＋多"与已然

"V＋多"通常与"了"共现，构成"V＋多＋了"结构，表述现实与非现实的已然事件，如例（5）：

（5）a. 下午<u>喝多了茶</u>，晚上就睡不着。

b. 一旦<u>吃多了甜食</u>，就吃不下其他食物了。

例（5a）中"喝多了茶"是现实生活中已发生的事件；例（5b）中"吃多了甜食"用于"一旦……，就……"这一假设复句，表明其为非现实的已然事件。

"VA 了"这类述补结构的语法意义分为"某种结果的实现"和"某种预期结果的偏离"两种（陆俭明，1990）。具体到"V＋多＋了"结构，它的语法意义也有两种，即达到一定的量和超过一定的量。例如：

（6）她至今仍住在母亲买下的小房子里，<u>钱赚多了</u>，也并没换房子。

例（6）中"钱赚多了"客观地表达"钱多"这一数量义，并没有过量之义。

三、"V＋多＋了"与过量

"V＋多＋了"结构的语义指向为受事时，通常表示过量，即超过了一定的量，隐含不是说话人所期望的结果的意思。例如：

（7）a. 是不是书<u>看多了</u>会头疼啊？

b. 饿肚子<u>饿多了</u>，睡觉<u>睡多了</u>，吃药<u>吃多了</u>，人变笨了。

c. 这么温暖的下午，我明显<u>穿多了</u>！

偏离说话人预期的通常是消极结果，如例（7）中的结果，它们都产生了或有可能产生不好的影响，依次为"头疼""人变笨""天气温暖，穿多了会太热"等。

四、"V＋多＋了""多＋V"与宾语的复杂性[①]

4.1 "V＋多＋了"与简单宾语

"V＋多＋了"形式上比较简单，通常不带受事宾语。如若有受事成分，在句中多实现为句子主语或者话题，位于动词前，如例（7）；少数时候实现为受事宾语，但也是结构简单的名词性宾语，其前不能有数量词，如例（5），再如例（8）：

（8）见多了绿色的、红色的、黄色的，甚至白色的彩椒，黑色的彩椒还真不多见。

如果有数量词"（一）点儿、一些"等出现在宾语中，则通常不再带中心名词，如例（9）：

（9）a. 刚刚冲的椰奶水加多了点儿，好淡！算了，当作是喝开水好了！

　　b. 最近他好像安静了一些，想多了一些。

无论表已然还是未然，"V＋多"后往往要带"了"，如例（7）～（9）；个别紧缩句中不带"了"，如例（10）：

（10）你一去玩就喝多，不是一次两次了，怎么就没点儿节制？

4.2 "多＋V"与复杂宾语

与"V＋多＋了"不同，"多＋V"后边带数量名短语不受限制，如例（11）：

（11）a. 每人每天多说一句好话，多做一件好事。

　　b. 昨天多睡了两三个小时的懒觉，确实难得。

　　c. 你以后写家信，应该多写一些生活的情况。

　　d. 以后跟着你师傅多练一下。

"多＋V"后常带数量名短语，例（11a）和例（11b）是表示具体数目的数

[①]　本部分参考黄晓红（2001）对"多＋V"和"V＋多"的考察。

量名宾语，前者是还没有发生的情况，动词后不带"了"，后者是已经发生的情况，动词后带"了"；例（11c）中是表示概数的数量名宾语；例（11d）中数量词后省略中心语。

五、小结

再来看本问题中的偏误例句（1），这里重写为例（12）：

（12）a. *希望毕业以后，找到一份好工作，赚多些钱，好好孝顺我的母亲。

b. *母亲常常鼓励我参加多些课外活动，认识多些朋友。

c. *还是在现在年轻的时候学多一些东西，将来肯定有好处的。

d. *最近天气变化很大，小心身体，出去穿多一点儿衣服。

e. *让父母明白多一些自己的想法，令父母能做出适当的教导。

f. *自己喜欢的菜自己盒子里放多了一点，自己不爱吃的菜自己盒子里放少了一点。

例（12a）～（12e）都是说话人打算做或者认为应该做的事情，都是还未发生的事件。此外，这些句子里"V＋多"后面都是数量名短语充当的复杂宾语，所以应该使用"多＋V"结构。

例（12f）中，根据"V＋多"表达过量、"多＋V"表达预期量的语义，如果侧重表述说话者有意地、主动地进行此动作，则应该使用"多＋V"结构；如果"菜放多了"是说话者无意达成的结果，则应该使用"V＋多"结构表达。根据此处表达的语义，应该使用"多＋V"结构。

六、余论

"V＋多（＋了）"与"多＋V"的差别也是"V＋形容词（＋了）"和"形容词＋V"的区别所在，常见的有："V晚"与"晚V"、"V早"与"早V"、"V少"与"少V"。前者描述的是一种客观结果，除了表达结果达到了一定的量之外，还可以表达过量结果、偏离说话者主观预期的结果；后者描述的是说话者有意进行的动作行为，动作的量是说话者希望达到的量。例如：

（13）a. 今天去晚了半小时，结果就没买到明虾。

b. 我打个电话，告诉他们晚去一会儿。

这样就可以解释例（14）的偏误：

（14）a. *对不起，我晚来了。

b. *这杯咖啡的味道不错，可是多放点儿糖了。

例（14a）要表达的是过量结果，"晚"偏离说话者预期，不是说话者有意而为的，而"晚来了"表示是说话者有意而为的，因此应改为"来晚了"；同样，例（14b）中"多放点儿糖了"也不是说话者有意使"糖"过量的，而是一种客观过量结果，应该改为"糖放多了点儿"。

33. 为什么"事情不做成"要改成"事情没做成"？

结果补语否定式的使用是汉语学习者，尤其是初级学习者经常出错的地方，主要问题有："不"和"没"混淆、结果补语否定式和可能补语否定式混用、结果补语否定式语序混乱。例如：

（1）a. *因为除了他自己以外，还有许多人可以做，这样互相推脱，终于事情不做成。（没做成）

b. *你说答案吧……恭喜你猜对了！我还以为你没猜对呢。（猜不对）

c. *对不起，老师，昨天的功课我还写没完。（没写完）

一、结果补语否定式"没 + V + 结果补语"

动词与结果补语之间有因果关系，先因后果；有时间顺序，表现的是以前的动作行为、状态变化是否完成、是否实现了某种结果。所以一般用"没（有）"来否定整个结果补语结构，表示客观上没有实现这个结果。（孟国，2011）例如：

（2）a. 哦，今儿立冬啊，那我没吃到饺子。

b. 每次我都还没讲完她就挂我电话了。

从例（2）可知，结果补语否定式"没 + V + 结果补语"表示的是过去或者直到说话时间还没有实现的某种结果。

回到例（1）的偏误用例，例（1a）中用"终于"叙述过去事件的结果，句中的"不做成"应改为"没做成"；例（1c）中用"还没"对直到说话时间还没有实现或达成的某种结果进行否定，语序应该是"没＋V＋结果补语"，因此，"写没完"应改为"没写完"。

二、"不＋V＋结果补语"的使用情况

现代汉语中还存在把"不"用于结果补语结构之前进行否定的用法。

首先，在紧缩复句"不/没……（就）不……"中，会出现"不＋V＋结果补语"结构。例如：

（3）a. 继续干活去！今天不做完就不睡觉了！

　　　b. 不看完不能睡觉。

但是，这里的"不＋V＋结果补语"并不是结果补语结构的否定式，而是紧缩复句"不……（就）不……"的关联形式。

"不＋V＋结果补语"结构还可以用于"不……怎么……""不……更……"等非现实句中，例如：

（4）a. 不吃饱怎么干活？

　　　b. 这股风不刹住怎么能行？

　　　c. 今天不做完更麻烦。

如例（3）、例（4），"不"用于结果补语结构前进行否定，指的是一种假设的、非现实的情况，在它后面需要出现一个假设结果，如果假设结果不出现，则让人感觉句子没有结束，句子不能成立。

如果以这两种句式进行表达，"事情不做成"后应该补充相应成分。比如：

（5）a. 事情不做成就不放弃。

　　　b. 事情不做成怎么能走呢？

除了用于非现实句、假设句之外，"不＋V＋结果补语"结构还可以用于一般陈述句中。例如：

（6）a. 从吃不饱到不吃饱，现代人如何节制饮食？

      b. <u>不吃饱</u>才是正确的，适当"挨饿"竟有7大好处！

      c. 宝宝老是<u>不吃饱</u>，怎么办？

    例（6）中的"不吃饱"表述的都是动作发出者主观上有意识地控制"吃"，进而不达到结果状态"饱"。例（6a）的意思是，以前的人"吃不饱"，食物不够，不可能吃饱，而现代人是"不吃饱"，食物充足，但有意识地控制"吃"，不吃够量，不让自己达到"饱"的结果状态；例（6b）和例（6c）皆是此意。

    因此说，例（6）中"不＋V＋结果补语"这类否定用法，指的是"有意识地控制动作行为，使不达到某种结果"这样的一种情况、一种状态。再如：

    （7）这件事被推来推去，我跑了三年，不下一万里路，可这件事谁也对我<u>不说清楚</u>。不是"说不清楚"，而是"<u>不说清楚</u>"。

    如果要表达"有意地不达到某种结果状态"这一语义，需要为"事情不做成"补充相关语境。例如：

    （8）事情做成之后，岂不是就没有兴致了吗？还是<u>不做成</u>的好。

三、结果补语否定式与可能补语否定式

    汉语中表示动作或行为实现的可能性的结构主要有两种形式：一种是在动词性词语前面加表示可能性的能愿动词"能、会、可以"等，即"能／不能＋动词性词语""会／不会＋动词性词语""可以／不可以＋动词性词语"；另一种是在结果补语或趋向补语和述语动词之间插入"得／不"，表示动作的结果、趋向实现的可能性，即"V＋得＋补语"和"V＋不＋补语"，后者称为可能补语否定式。如例（9）：

    （9）a. 我英语很不好，都<u>不能听懂</u>别人的话。

       b. 以前随便都能找百十个理由不去上课，现在却<u>找不到</u>任何理由不去上班。

    两种形式表示的意思也有一定的区别：当述语动词与补语间插入"得／不"时，主要表示补语部分实现的可能性；而能愿动词在动词前时，主要表示条件是否允许进行某动作。（李锦姬，1996）如例（10）：

    （10）a. 他<u>擦不掉</u>墙上的画儿。

       b. 他<u>不能擦掉</u>墙上的画儿。

例（10a）中"擦不掉"的表达重心在补语"掉"，"不"否定的是补语部分，可能补语表达的是"愿而不能"，即愿意"擦"，也"擦"了，但是达不成"擦掉"这一结果。例（10b）中"不能擦掉"的表达重心是后面整个"动词＋补语"部分，"不能"否定的是"擦"这个动作和"掉"这个结果。比如有规定说任何人都不能擦掉墙上的画儿，所以，"他"不能进行"擦"这个动作，进而不能实现"擦掉墙上的画儿"这一结果。

有些时候，结果补语否定式与可能补语否定式可以互换，而语义基本不变。如例（11）、例（12）：

（11）a. 我太笨<u>没看懂</u>，这位阿姨一讲我才明白。

　　　 b. 我太笨<u>看不懂</u>，这位阿姨一讲我才明白。

（12）a. 今天早上<u>没挤上</u>公交车，就走路去上学了。

　　　 b. 今天早上<u>挤不上</u>公交车，就走路去上学了。

例（11）、例（12）都是叙述过去的事件，叙述过去事件未达成某一客观结果。例（11a）和例（12a）使用的是结果补语否定式，例（11b）和例（12b）使用的是可能补语否定式，它们表达的语义分别是"我笨，不可能看懂"和"人太多了，没有办法挤上公交车"，即由于主、客观原因，某事件结果没有实现的可能性，这就决定了它们在客观上没有实现，即"没看懂""没挤上"。此时，结果补语否定式与可能补语否定式可以互换，而不影响表达。

从上文分析可以看出，两种否定形式虽然基本语义相同，但所凸显的语义并不相同。结果补语否定式"没＋动词＋补语"凸显的是客观上某结果没有实现；而可能补语否定式"动词＋不＋补语"凸显的是事件结果没有实现的可能性，进而导致其客观上没有实现。

从语义内涵上看，结果补语否定式一般用于叙述过去事件，即过去的现实事件，其后不再使用"了"。可能补语否定式则可以应用于过去、现在、将来等各种时间范畴内的事件，也可以应用于现实事件和虚拟事件。当用于现在、将来的现实事件以及各种虚拟事件句中时，可能补语否定式都不能替换为结果补语否定式。如例（13）：

（13）a. 他往往<u>找不到</u>合适的时机跟她说这件事。

b. 团里来接她时派糖，均是瑞士产的巧克力，铁盒、精装，国内根本见不到。

c. 以前总跟你说相信自己吧，现在我做不到了。

d. （影片）剪了之后真的很多东西感受不到了。

e. 从现在起，你必须跟着我，这样你就吃不到点心了，到了晚上，你就乖乖吃上两大碗饭。

f. 世上绝对找不到第二个那么爱你的人，你好好珍惜吧。

例（13）中的可能补语否定式均不能替换为结果补语否定式。具体来看，例（13a）、例（13b）表达的是惯常事件；例（13c）、例（13d）表达的是由于情况发生了变化，结果在当前不可能达成的事件；例（13e）、例（13f）都不是现实事件，而是虚拟事件，即某事件结果在现在或者将来没有实现的可能性。

在对已发生事件进行否定时，如果事件结果具有实现的可能性，但是客观环境、时间限制等导致事实上没有达成这一结果，那么结果补语否定式不能替换为可能补语可能式。如例（14）：

（14）a. 刚才那首歌你没唱完，现在接着唱吧。

b. 他衣服还没穿上，楼下的门就开了。

c. 好久没遇上个大晴天啦，刚才晨练回来，那天蓝的，清激激，水汪汪的。

例（14）各句中的结果补语否定式不能替换为可能补语否定式。它们所凸显的都不是事件结果没有实现的可能性，"唱完歌""穿上衣服"和"遇上个大晴天"在句中的语境下均具有实现的可能性，但由于客观因素打断、时间紧张、近期天气总是不好等，这些结果没有实现，此时只能使用结果补语否定式，不能替换为可能补语否定式。

四、小结

例（1）中的偏误，这里重写为例（15）：

（15）a. *因为除了他自己以外，还有许多人可以做，这样互相推脱，终于事情不做成。

　　b. *你说答案吧……恭喜你猜对了！我还以为你<u>没猜对</u>呢。

　　c. *对不起，老师，昨天的功课我还<u>写没完</u>。

　　例（15a）叙述过去事件未实现某种结果，最适合使用结果补语否定式"没＋动词＋补语"对之进行客观描述，即把"不做成"改为"没做成"；也可以使用可能补语否定式"动词＋不＋补语"，否定这一结果实现的可能性，进而否定这一结果，即把"不做成"改为"做不成"。

　　例（15b）表达的是"我"原以为"你"没有猜对的可能性，这一可能性是说话者主观认定的可能性，不具有现实性，是虚拟的可能性。因此，应该使用可能补语否定式"动词＋不＋补语"，即把"没猜对"改为"猜不对"。

　　例（15c）的意思是到目前为止，某过去开始的事件还未实现某种结果。最适合使用结果补语否定式"没＋动词＋补语"对之进行客观描述，而结果补语否定式中，"没"用于结果补语结构之前，对整个结果补语结构进行否定。因此，应把"写没完"改为"没写完"。

34. 为什么不说"得到病"？

汉语学习者会混淆"得"与"得到"的用法，造成如例（1）的偏误：

（1）a. *我的祖父在18年前就<u>得到</u>了一种绝症。

　　b. *父母抽烟的孩子会容易<u>得到</u>跟呼吸有关的病。

　　c. *我们都<u>得到</u>了一种现代病，可以叫它"要钱病"。

　　d. *水是在生活中不可缺少的东西，他们不能不喝水，因此开始想<u>得水</u>的办法。

　　e. *我经过这个留学，<u>得</u>了很多社会经验，对外国有了更深的了解。

　　f. *他们以为自己去抬水是很麻烦的，所以一直依赖别人去抬水，结果什么也<u>不能得</u>。

　　例（1a）～（1c）中"得"与疾病类宾语搭配，"得到"应该改为"得"；例（1d）～（1f）中"得"与物体、经验类宾语搭配，"得"应该改为"得到"。

动词"得、得到"的意思都是"get"，"得到"属于动补式构词，其内部结构是"V＋结果补语"。"得、得到"都蕴含着"得到某种结果"之义。根据《现代汉语词典》（第 7 版），"得"的意思是"得到"，与"失"相对。例如：

（2）这件事你也会<u>得</u>些好处。

"得到"则解释为：事物为自己所有，获得。例如：

（3）<u>得到</u>鼓励、<u>得到</u>一张奖状、<u>得到</u>一次学习的机会、<u>得不到</u>一点儿消息

仔细考察这两个词后可以发现，它们所带的宾语不一样。（郭晓麟，2010）

一、"得"所带的宾语

"得"所带的宾语可以是分数、疾病、名次、奖励、处罚、金钱等。例如：

（4）a. 考试时，他居然<u>得</u>了100分。

b. <u>得了流感</u>以后，要卧床休息，注意多饮水。

c. 那位少女在比赛中<u>得了第二名</u>。

d. 工作的第一年"儿童节活动"我<u>得了冠军</u>。

e. <u>得了红牌</u>之后，他就有一种不祥的预感。

f. <u>得了钱</u>，你请我喝杯酒就行。

除了例（4b）以外，上例中的"得"都能替换为"得到"，如例（5）：

（5）a. 考试时，他居然<u>得到</u>了100分。

b. *<u>得到了流感</u>以后，要卧床休息，注意多饮水。

c. 那位少女在比赛中<u>得到了第二名</u>。

d. 工作的第一年"儿童节活动"我<u>得到了冠军</u>。

e. <u>得到了红牌</u>之后，他就有一种不祥的预感。

f. <u>得到了钱</u>，你请我喝杯酒就行。

有些惯用语中，"得"也不能替换为"得到"，如例（6）：

（6）a. <u>得了便宜</u>还卖乖。

b. <u>得了一时</u>，能<u>得了一世</u>吗？

综上，除了惯用语和疾病类宾语必须位于"得"后之外，其他宾语，包括处罚类宾语，比如"红牌"等，都可以位于"得到"之后。

二、"得到"所带的宾语

"得到"所能带的宾语很多。一个人想要的东西都可以说"得到",比如某种具体事物、消息、夸奖、机会、经验等等。例如:

（7）a. 得到了答案,她又合上眼,轻缓的呼吸像是睡着了。

　　b. 得到了她亲笔签名的宣传海报,感觉很兴奋。

　　c. 得到了他们婚期的消息,这天,我带着一份礼物去祝贺他们。

　　d. 这家店服务良好,得到了人们的广泛赞扬。

　　e. 他的"表演"得到了上司的好评。

　　f. 他以这种付出不计收获的心态去付出努力,得到了杂志社的认可。

例（7a）～（7c）中的宾语为具体或者抽象的事物,其宾语中心语为名词;例（7d）～（7f）中的宾语为夸奖、赞扬类宾语,其结构形式为"某人的 V/N",如果去掉宾语前的修饰成分,则为"得到+动词"结构。如例（8）:

（8）a. 迄今为止,尚无一例转基因食品引起的不良反应得到证实。

　　b. 中国所扮演的"世界工厂"的角色,在更大程度上得到了发挥。

　　c. 每一件乐器的名称、音乐色彩在乐队中的作用,都在表演中一一得到了展现。

　　d. 事情可能并没有解决,但得到了缓解。

　　e. 得到了准许,那个两尺高的小偶人嘴巴咧开来,咔嗒咔嗒地站了起来。

　　f. 他的请求每次都——尽管不是每次都立即——得到了满足。

　　g. 错在我哥哥,为此他已得到惩罚。

例（7）、例（8）中"得到"后面的宾语中心语都是双音节名词或者动词,语体色彩偏向正式语体。宾语多为人们希望获得的东西,虽然例（8g）中宾语是惩罚类词语,不是被惩罚者希望得到的东西,但是是公正的人所期待的结果。这些句子中的"得到"不能替换为"得"。

三、小结

从上文分析可知,一般情况下,如例（5）所示,"得"和"得到"可以互换使用。

但是，"得到"后面的宾语倾向于是好的结果，而疾病是人所不希望的，所以，"得"可以与疾病类宾语搭配，"得到"却不能与之搭配。

此外，"得到"多与正式语体的双音节动词、名词搭配，这时，"得到"不能替换为"得"。

35. "算得上"和"算不上"是"算上"的扩展式吗?

结果补语结构的可能式为"V＋得／不＋结果补语"，表示能不能取得某结果，即取得某结果的可能性（详见问题9）。例如：

（1）打开——打得开、打不开

　　　打扫干净——打扫得干净、打扫不干净

从形式上看，"算得上"和"算不上"分别是在"算上"的中间插入可能式标记"得"和"不"，似乎是"算上"的可能式。例如：

（2）算上——算得上、算不上

但从语义上看，并非如此，因为"算得上"和"算不上"所表达的语义并非由"算上"扩展而来。例如：

（3）a. 打得开＝能打开　　　　　　打不开＝不能打开

　　　b. 打扫得干净＝能打扫干净　　打扫不干净＝不能打扫干净

　　　c.？算得上＝能算上　　　　　？算不上＝不能算上

一、"算上"

根据《现代汉语词典》（第7版），"算"有计算进去的意思。例如：

（4）a. 明天球赛算我一个。

　　　b. 不算他，总共八个人。

而"算上"并未收入《现代汉语词典》（第7版），所以"算上"是一个词组，是由动词"算"与趋向动词"上"组合而成的"V上"动补结构。《现代汉语八百词》（增订本）认为"算上"所表达的语义是"加上"。

根据这条定义，我们不妨看以下例句：

（5）a. 我的心事跟别人没说过，就连我兄弟算上。

　　 b. 算上项目负责的经理及合伙人，可能至少要出动四个人。

例（5）中的"算上"表示添加。"算"的本义是"计算进去"，"算上"合起来是"包括在内"的意思，也就是把"算上"所支配的对象加入一个更大的范围内，以计算出具体数量。例（5a）中是把"兄弟"加入"别人"这一范围内，例（5b）中则是把"项目负责的经理及合伙人"加入要出动的四个人之内。

"算得上"和"算不上"不是简单的能不能把某物或某人"计算在内"或"包括在内"以计算出数量的意思。

二、"算得上"与"算不上"

"算得上"与"算不上"从形式上看是可能补语。可能补语可分为三类（刘月华、潘文娱、故铧，2001）：

A 类可能补语由"V + 得 / 不 + 补语"构成，表示主客观条件是否容许实现动作的结果或趋向。例如"站得起来 / 站不起来""买得到 / 买不到"。

B 类可能补语由"V + 得 / 不 + 了"构成，表示主客观条件下动作或结果是否有进行或产生的可能性，主要用于口语。例如"跑得了和尚，跑不了庙"。

C 类可能补语由"V + 得 / 不得"构成，主要表示情理上是否许可。除了在疑问句中可以用肯定形式"V 得"外，其他情况下只能用否定形式，即"V 不得"。例如：

（6）这地方我来不得，那你就来得吗？

从形式上看，"算得上"与"算不上"是在"算"和"上"之间插入"得"与"不"形成的可能式。如果"算得上"是"算上"的可能式，那么"算得上"是"能够计算"的意思，但事实并非如此。例如：

（7）a. 他把那套房子卖了，去买了湖畔花园。这在当时算得上是一笔不小的投资了。

　　 b. 我的眼前一亮，面前是一个冰清玉洁的女人，算得上绝色美女。

例（7）的意思并不是要计算"投资"或者"绝色美女"的数量，而是说把"湖畔花园"和"一个冰清玉洁的女人"归入"一笔不小的投资"和"绝色美女"所表示的具有较高程度属性的范围。

"算不上"是"算得上"的否定形式。例如：

（8）a. 他们的产品固然算不上世界名牌，但质量不错，在国内也算小有名气了。

b. 他不擅言谈，自然算不上一个好推销员。

例（8a）表达的语义是主语"他们的产品"不能归入"世界名牌"这个范围之内，例（8b）表示"不擅言谈的他"不能归入"好推销员"的行列当中。其中，"世界名牌"和"好推销员"中的成员具有某种较高程度的属性。也就是说，"算不上"表达的语义是不能把某人或某物归入某个具有较高程度属性的范围。

所以"算上"和"算得上""算不上"的语义具有较大的差别。前者表示计算数量，后二者表示能不能把某人或某物归入某个具有较高程度属性的范围。"算上"不是可能补语"算得上"和"算不上"的基式。

三、"算得上"和"算不上"的基式是什么？

不是所有的可能补语都有基式。如果一定要找一个最接近的基式，"算得上"和"算不上"的基式应该是什么呢？"算得"是一个语义上最合适的答案。在《现代汉语词典》（第7版）中，"算得"的意思是：被认为是，算作。例如：

（9）他俩真算得一对好夫妻。

例（9）所表达的语义是"他俩"可以列入"好夫妻"这一具有某种较高程度属性的范围。"算得"及其否定式"算不得"属于可能补语中的"V＋得／不得"形式，表达的语义是"情理上是否许可"。

"算得"和"算不得"可以分别替换例（7）、例（8）中的"算得上"和"算不上"，同时，例（10）中的"算得"和"算不得"也可以分别替换为"算得上"和"算不上"：

（10）a. 白纸上写黑字，未必就算得文章。

b. 他在村里颇有田产，算得一位小地主。

c. 伤风咳嗽，在平常中国人看来，算不得一回事。

　　　d. 借力打力，<u>算不得</u>真功夫。

　　综上，与"算得上"和"算不上"的语义最为接近的基式是"算得"。但是"算得"是"算不得"的基式，似乎也不宜再看成"算得上"和"算不上"的基式。因此只能说，"算得上"和"算不上"的基式并不存在。

　　与"算得上"和"算不上"相类似，"看得上"和"看不上"也不是"看上"的扩展式，因为"看上"的意思是"爱上、喜欢上"，"看得上"和"看不上"表示是否感到合意，并不是表示有无"看上"的可能性。

　　在现代汉语中，有不少在动结式和动趋式中间插入"得"或"不"而形成的表达已经凝固为熟语，没有相应的不带"得/不"的基式。例如：

（11）a. 来得及、来不及

　　　 b. 靠得住、靠不住

　　　 c. 看得起、看不起

　　　 d. 对得起、对不起

　　例（11）中这些词语并没有基式，因为不存在"来及""靠住""看起""对起"之类的说法。

　　对这些渐已凝固的三音节表达，比较合适的处理方法是，不把它们看作某个动词或短语的可能式，而把它们看作三音节动词或者熟语，列入生词表。

第四部分　近义结构

36. "作业做好了"和"作业做完了"意思一样吗[①]?

"好"和"完"做结果补语都可以表达完成义。有时候，"好"与"完"可以互相替换。如例（1）：

（1）a. 办好了入学手续，你就在这里耐心等待。

　　　b. 办完了入学手续，你就在这里耐心等待。

有些情况下，"好"与"完"不能互相替换。如例（2）：

（2）a. 外墙涂料都刷好了，看着很漂亮。

　　　b. 外墙涂料都刷完了，得再去买一些。

例（2a）中"刷好"的意思是"刷墙"这一动作结束了，"好"指向"外墙"，表示"外墙"已经达到了"刷好"的状态；例（2b）中"刷完"的意思是随着"刷"的动作，"涂料"用完了，"完"指向"涂料"，是涂料用尽的意思。此时，"好"和"完"语义差别较大。

一、"完"的语义

结果补语"完"主要有两种语义：①动作结束义；②数量穷尽、没有剩余义。

首先，"完"表示动作行为持续过程的结束。通常暗示着动作行为作用于受事时在数量上的无遗漏、范围上的周遍和程序上的完备。如例（3）：

---

① 本部分参考关玲（2003）、丁萍（2009）和于珊珊（2017）关于"V完""V好"的研究。

（3）a. 这些书我都看完了。（每本书从第一页到最后一页都看了）

　　 b. 这本书我都看完三章了。（从第一章到第三章无遗漏）

　　 c. 大家都表演完了。（"大家表演"这一程序完备）

其次，"完"还表达没有剩余义。一种情况是"完"所指向的受事在数量上穷尽，没有剩余。如例（4）：

（4）a. 煤烧完了。

　　 b. 酒喝完了。

　　 c. 钱花完了。

例（4）中的受事"煤""酒""钱"在数量上都消耗殆尽，没有剩余。

另一种情况是指事物位置发生变化，从原有位置消失。如例（5）：

（5）a. 杯子里的水已全部漏完。

　　 b. 水钟是一些注满水的大碗，水通过一个小孔在 6 分钟内流完。

　　 c. 山头能摔的石头都扔完了。

例（5）中"完"所指向的事物分别是当事"水"和受事"石头"，它们都从原有位置移动到其他位置，在原有位置上没有剩余。

二、"好"的语义

"好"做结果补语，也可以表达两种含义：一是完成义，表示动作行为的完成和结束；二是完善义，是指与动作相关的事物的状态或动作本身达到了某一标准，到了完善的地步或令人满意的程度。分别如例（6）、例（7）：

（6）a. 大家坐好了没有？

　　 b. 计划已经订好了。

（7）a. 我朋友有间修车厂，他应该能修好你的车子。

　　 b. 明天降温，做好保暖措施啊！

在实际语言使用中，"好"表达哪种语义，需要通过语境来判别。如例（8）、例（9）：

（8）a. 这顿饭一定得吃好，不然，我就交不了差了。

　　　　b. 他第一个吃好晚餐。

（9）a. 做好"规定动作"，向管理要效益。

　　　　b. 风筝做好了，你们出去玩吧。

根据语境，例（8）、例（9）中，（a）句表达完善义，（b）句表达完成义。

三、"作业做好了"和"作业做完了"意思一样吗?

根据上述情况，若是强调"作业"没有剩余，全部完成，则需使用"作业做完了"；若是强调"作业"做得很好，即强调完善义，则只能用"作业做好了"来表达。

当所表达的意思是动作的完成时，"V好"和"V完"可以相互替换。一般来说，表示动作完成时，"作业做好了"和"作业做完了"的意思一样。这是因为，在与"做"搭配时，"好"基本上包含了动作完成义。也就是说，"作业做好了"意味着全部完成，即"作业做完了"。除了与"作业"搭配，"做"与其他受事搭配时也是如此。如例（10）、例（11）：

（10）a. 我又点了几个菜，让他做好了一起送上来。

　　　　b. 我又点了几个菜，让他做完了一起送上来。

（11）a. 这些活儿，我三天就能做好。

　　　　b. 这些活儿，我三天就能做完。

"做完"不一定"做好"。比如例（12a）可以说，例（12b）却不能说。

（12）a. 作业你虽然做完了，但是没做好。

　　　　b. *作业你虽然做好了，但是没做完。

总之，"作业做好了"中的"好"是只表达完成义，还是兼表完善义，需要通过具体语境来判断。当"好"只表达完成义时，"作业做好了"与"作业做完了"意思一样；当兼表完善义时，"作业做好了"与"作业做完了"意思不一样。

四、"V好"与"V完"

在与"作业"搭配时，"做好了"一般蕴含"做完了"这一语义。当"V"

为其他动词或与其他受事主宾语搭配时，"V 好"不一定蕴含着"V 完"的语义。例如：

（13）a. 你接住孩子，抱好了。

　　　b. *你接住孩子，抱完了。

（14）a. 每学期一定要为学生开好课。

　　　b. *每学期一定要为学生开完课。

例（13）、例（14）中的"抱好"和"开好"不能替换成"抱完"和"开完"，主要是因为句中结果补语表示的是一种完善的结果状态。"抱好"的意思是"抱住，别让孩子掉下来"，"抱完"并没有这个意思；"开好课"有认真上课、使学生有收获之意，至于是不是把一整个学期的课都上完了，并不在语义所指范围之内。

在与述语动词搭配时，"完"与"好"所能搭配的动词并不完全相同。具有［+自主］［+积极］［-消耗］［-去除］［-位移］等语义特征的动词倾向于与"好"搭配。如例（15）：

（15）a. 治好、修好、整理好、修缮好

　　　b. 说好、约好、准备好、商量好、计划好

　　　c. 卷好、系好、塞好、压好、拌好、泡好、记好、穿好

　　　d. 坐好、站好、躺好

例（15a）中"好"除了有完成义以外，还有"动作目标达成"的实现义，此时，其与"完"的语义区别很明显；例（15b）中"好"有定下来、确定好之义，此时，其与"完"的语义区别很明显；例（15c）中的动词为动作动词，"好"表达妥善处置义，这些动词一般不与"完"搭配；例（15d）中的"好"表示某身体动作达到完善的地步，其中的"好"不能替换为"完"。例句分别如下：

（16）a. 时间能够治好感情上的创伤。

　　　b. 这病刚治完一个疗程，后面还要吃药。（"好""完"语义区别明显）

（17）a. 他说好9点来的，结果11点半了还没来。

　　　b. 他刚说完"大家好！"，台下就响起一片掌声。（"好""完"语

义区别明显）

（18）a. 她把那幅画儿<u>卷好</u>放在一边。

b. 用茶杯<u>压好</u>了纸，就开始写字。

c. 放心吧，朋友的房间号码<u>记好</u>了。

d. 他急急地<u>穿好</u>衣服奔下楼去。（动词一般不能与"完"搭配）

（19）a. 她在前面迅速<u>坐好</u>，摘下黑框眼镜。

b. 医生说："你<u>躺好</u>，不要动。"（动词一般不能与"完"搭配）

具有［＋消极］［＋消耗］［＋去除］等语义特征的动词一般倾向于与"完"搭配。能和"完"搭配的动词中有很多具有贬义色彩或破坏特征，如例（20）：

（20）贬义色彩：骂、批评、讽刺、责备、惩罚、欺骗、欺负、折磨、威胁

破坏特征：破、摔、破坏、消灭、糟蹋、解散、清除、取缔、燃烧

综上，"好"和"完"所表达的语义有相同之处，又有不同之处，与它们搭配的动词也各有特点。只有述语动词能同时与"完"和"好"搭配且补语表达完成与结束语义时，"V好"和"V完"才可以换用。

37. "你想死我了"和"我想死你了"是谁想谁了？

语序是汉语的主要语法手段之一。一般来说，语序不同，表义也不同。例如：

（1）a. 你打了谁？

b. 谁打了你？

（2）a. 我想你了。

b. 你想我了。

一般来说，我们把主语位置上的词语理解为施事，宾语位置上的词语理解为受事或其他动作关涉的对象。因此，例（1）和例（2）中主语和宾语语序颠倒后语义也不同。

但有时候，语序不同的句子能表达相同的意思，如果在例（2）的动词"想"

后添加补语"死"，则两个句子能得到相同的语义解读。例如：

（3）a. 我<u>想死</u>你了。

　　　b. 你<u>想死</u>我了。

　　例（3）两个句子都能表达"我很想你"的意思。例（3a）中的主语是第一人称代词"我"，是动作的发出者，宾语是第二人称代词"你"，是动作的接受者。"我想死你了"显示出的语义指向是一种顺向的关系，"想"这一动作的发出者是"我"，结果补语"死"指向的也是动作发出者"我"，意思是"我"想"你"想得要死了。例（3b）"你想死我了"中的"你"却可以理解为致使者，"你"未做出实际的行动，并不具有施事的特征，但是"你"是"我"心理活动"想"的对象，致使"我"想"你"想得要死了。因此两句所表达的语义相同，都是"我很想你"的意思。

　　由于结果补语结构的致使义表达特征，即某动作行为致使产生了某种变化或结果，"动词＋死＋宾语"这一结构可以表示致使某人产生某种强烈的情感，补语"死"的前边多为心理动词，如"想、恨、讨厌"等，动补结构和宾语的语义关系是致使关系。例（3b）可以加上使动义词重新表述，凸显内部的语义关系。例如：

　　（4）你让我<u>想死</u>你了。

　　这就导致"NP_1＋心理动词＋死＋NP_2"结构中施事和受事的位置可以互换，主语既可以由 NP_1 充当，又可以由 NP_2 充当，宾语也是同样的情形。"NP_1＋心理动词＋死＋NP_2"与"NP_2＋心理动词＋死＋NP_1"所表达的语义是一样的，成立的条件是施事和受事的对立不明显。再如：

　　（5）a. 我<u>讨厌死</u>你了。

　　　　 b. 你<u>讨厌死</u>我了。

　　（6）a. 我<u>恨死</u>这个人了。

　　　　 b. 这个人<u>恨死</u>我了。

　　例（5）和例（6）中句子施受的对立（"我"和"你"、"我"和"这个人"）较为模糊，这主要是句中述语动词的语义特征导致的。句中述语动词表达的是心理活动，因此动作意义变得模糊不清，进而使得施事和受事不再分明，句中的几个名词性成分兼有施事与受事的双重语义角色。

综上，"NP₁＋心理动词＋死＋NP₂"结构具有以下几个特点：

第一，NP₁ 和 NP₂ 通常情况下都是有生命的名词，且具有一定的感知事物的能力。

第二，NP₁ 和 NP₂ 这两个有生名词都可以做主宾语，兼有施事和受事双重角色，位置可以互换，不影响语义的表达。

第三，结构中的动补式"心理动词＋死"具有致使意味，其中的动词和补语分别是句子结构和语义的中心，支配名词性成分，存在着两种关系："我想死你了"是"我"对"你"的作用，同时又必然存在着"你"对"我"做出某种行为的致使性作用或产生的某种影响，即"你"致使"我"想。

例（3b）、例（5b）和例（6b）在语义上既可以理解为致使义，又可以按照主语位置上的名词为施事、宾语位置上的名词为受事来理解，这时句子就不再表达致使义，仅表达一般陈述语义，与例（3a）、例（5a）和例（6a）的施受关系正好相反。也就是说，例（3b）、例（5b）和例（6b）可以有两种解读，由语境决定。例如：

（7）a. 我们孙先生输了不少钱，还要赌，恨死我了。

　　　b. 后来我问她，她那时是不是恨死我了，她摇摇头。

例（7a）的意思是"孙先生使得我恨死他了"，是致使义解读；例（7b）的意思是"她恨我"，是一般陈述义解读。

在与结果补语相关的表达中，语序不同，语义却基本一致的表达还有：

（8）a. 这种水果吃腻了。

　　　b. 吃腻了这种水果。

（9）a. 杯子装满了水。

　　　b. 水装满了杯子。

例（8）中，"受事＋吃腻了"与"吃腻了＋受事"语义相同，是因为"受事＋吃腻了"表达的是致使义，即"某人吃某种东西（过多）致使他 / 她觉得腻了"。即使"这种水果"位于通常由施事占据的主语位置，"吃"和"腻"指向的还是在句中未出现的施事"某人"，而非"水果"这一受事。也就是说，名词的句法位置不会影响述语动词和结果补语的语义指向。与"想、爱、恨"一样，"腻"也是表示心理变化的动词，这类动词还有"烦、惯、够"等，如"听烦、看惯、玩够"，这些句子中的主宾语可以换位，而基本不影响语义。

例（9）中两个句子的主语和宾语也可以换位，虽然具体的使用语境不同，但它们所表达的语义基本相同，这与"V满"的处所意义有关。"V满"表达"某处满是某物"的语义，不管"物体"或"处所"位于主语还是宾语位置，动词和结果补语"满"的语义指向都不会受到影响。例如：

（10）a. 图书馆坐满了学生。

　　　 b. 学生坐满了图书馆。

（11）a. 金黄色的阳光铺满了北面一带的山峰。

　　　 b. 北面一带的山峰铺满了金黄色的阳光。

（12）a. 小脸蛋儿沾满了泥巴。

　　　 b. 泥巴沾满了小脸蛋儿。

38. "用光""用完"和"用尽"一样吗？

一、"用光、用完、用尽"的相同点

"用光、用完、用尽" 这三个短语均属于结果补语结构，它们具有该结构的特点，即述语和结果补语之间存在致使性因果语义关系。

这三个短语都指"用"这个动作及其产生的结果——受事没有了，不存在了。在"用"的过程中，受事经历的是一个逐步地从有到无的过程，并不是瞬间就消失不见的。因此，受事应当是有"量"的存在的名词。这里所说的"量"，既指数量上的不单一，也指可以切分成不同的部分。例如：

（1）a. 大米用光 / 用完 / 用尽了。

　　　 b. 钱用光 / 用完 / 用尽了。

　　　 c. 汽油用光 / 用完 / 用尽了。

例（1）中的"大米""钱""汽油"均是不单一、可切分的名词。图 38-1
可以更好地说明这一点（朱希芳，2014）：

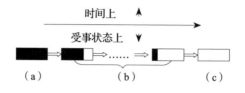

图 38-1   受事状态变化

图 38-1 中，事物最初处于（a）状态；经过"用"的消耗，慢慢地减少，即
（b）过程；最后导致"光、完、尽"，即（c）状态。

含有"用光、用完、用尽"的句子多采用一般的主动句形式，受事做句子的
主语，即无标记被动句："受事＋用光/用完/用尽＋其他成分"，如例（2）。
很少使用"把"字句和"被"字句，分别如例（3）、例（4）。不采用"把"字
句和"被"字句的原因主要有三点：一是语言的经济性原则使得人们倾向于使用
简单的主动句；二是"把"字句和"被"字句一般带有指令或责备的感情色彩，
人们出于礼貌而避免这种语言表达；三是"把"字句和"被"字句一般在说话者
强调处置义或责备义的时候才使用。

（2）a. 他们的资金用光了。

b. 口袋里的钱用完了。

c. 远行带的粮草和水也都用尽了。

（3）a. 小明不仅把原来的积蓄全部用光了，还欠下两千元的债。

b. 要把电池的电用尽后再充电，否则会影响电池寿命。

c. 约翰把这个月工资用完了。

（4）a. 人被累乏，堤被泡软，抗洪抢险物资一次又一次被用完。

b. 核电站发电使用的燃料叫乏燃料，乏燃料中含有未被用尽的铀和裂
变过程中产生的钚。

c. 李玖东拆西借弄来的钱，也很快被公司的下属用光了。

二、"用光、用完、用尽"的不同点

2.1 用光

检索北京大学 CCL 语料库可以发现，"用光"出现频率最低，运用最少，且多与"钱"有关；"用光"多跟具体名词搭配，与抽象名词搭配的例句仅占 9.0%。在语义上，"用光"强调结果状态为"一点儿也不剩"，一般指向受事。在语用上，"用光"多用于困境中，表示人物迫不得已，无能为力，或者事件危急、无望的处境。例如：

（5）不幸的是，危机频频降临：粮食告罄，药品用光，饥饿开始威胁这支三万多人的队伍。

（6）上星期所有的木头已经全部用光了，两天前最后的几根草绳也烧没了，现在再也没什么可烧了。

（7）因为燃料用光了，又遇风雨，能见度很低，找不到着陆点，情况十分危急。

2.2 用完

"用完"与"用光、用尽"不同，其有两种用法，分别如下例：

（8）他再三叮嘱用完洗衣机要拧紧水龙头，一是省得机器锈蚀受损，二是免得漏水。

（9）家里的煤气用完了，打个电话，就有人把煤气送上门。

例（8）中的"用完"并不表示真的将某事物消耗没了，而是指使用过程结束，例（8）中的"洗衣机"并不会随着使用次数和时间的增多而变少，它只是会慢慢变旧。此时"完"是指"使用"这一过程"结束、完毕"，强调的是使用过程结束。例（9）中的"用完"与"用光、用尽"语义相近，指"用没了"。

下文讨论的是与"用光、用尽"意义相近的"用完"。"用完"也多与具体词语搭配，在北京大学 CCL 语料库中，"用完"与抽象词汇搭配的例句仅占所有例句的 10.7%。"用完"常与餐点类词语相搭配，如"茶、甜点、早饭/餐、午饭/餐、晚饭/餐、夜宵"等，相关例句数量占例句总数的 10.2%，这是"用光"和"用尽"所不具有的特点。此时的"用完"既表示使用消耗，又表示使用完毕，至于受事所指最后是否"用没了"，要根据语境确定，如例（10）、例（11）和例（12）中用了"茶""菜"和"茶点"。但是它们究竟有没有剩余，我们不知道，也许只是吃了一点儿，也有可能全吃光了。

（10）用完茶，他们又从原路返回。

（11）如果没钱，可以把菜用完后一块儿结账。

（12）用完茶点，我们离开了房间。

在语义上，"用完"还可以表示仅用没了整体中的一部分，"用光"和"用尽"则不能，如例（13）和例（14）。

（13）一共50万元资金，他们已经用完35万了，剩下的打算用在其他项目上。

（14）*一共50万元资金，他们已经用光/用尽35万了，剩下的打算用在其他项目上。

2.3 用尽

"用尽"多与抽象名词搭配。这些抽象名词一般涉及人的内心和力气，如"心机、技巧、手段、方法、心血、赤心"等。正因如此，"用尽"多表达人的主观意识，指人主观上的努力，带有明显的感情色彩，褒贬义明确，而且往往达到了人或物的极限。例如：

（15）说不定他们会用尽心机来捣乱。

（16）他用尽所有的办法才把小王救出来。

例（15）中的"用尽心机"很容易让我们想到"他们"心术不正，不择手段，体现出说话者对"他们"的抵触心理，有很强的贬义色彩；例（16）中的"用尽所有的办法"表示"他"尽力而为，付出了自己的全部努力，体现出说话者对"他"的钦佩之情，有浓烈的褒义色彩。

而且"用尽"一词往往指"量"大，强调把所有的、全部的都用尽，在表示无法达到目的的时候，带有一定的无能为力、无可奈何的语气。如例（17）和例（18）中把能想到、用到的种种"方法"和"力气"都用了，但是无论怎么样，最后就是达不到目的。

（17）小李用尽各种方法想打开窗户，但就是打不开。

（18）有没有一个人，用尽一生的力气还舍不得将他遗忘。

39. "拿走"和"拿去"一样吗？

结果补语结构"拿走"和趋向补语结构"拿去"在某些方面有一定的相似之处，都能表示某件物品离开原来的地方。例如：

（1）a. 你把这本书拿走吧。

　　　b. 你把这本书拿去吧。

在语法方面，首先，二者都可以用在"把"字句和"被"字句中。例如：

（2）a. 他把我的帽子拿走了。

　　　b. 我的帽子被他拿走了。

（3）a. 我把你的钱拿去用了。

　　　b. 你的钱被我拿去用了。

其次，"拿走"和"拿去"后面都可以带宾语，而且都可以带数量词或短语。例如：

（4）a. 拿走一些资料、拿走10%的利润、拿走了三个

　　　b. 拿去四千元钱、拿去一件毛衣、拿去了两瓶

但是二者在语义、语用和句法搭配中的其他方面还是有不一样的地方。

在语义、语用方面，"拿走"可以表示不经别人同意而移动或使用所有权归属于别人的物品，"拿去"则没有这种含义。例如：

（5）a. 他拿走了我的钱包。

　　　b. *他拿去了我的钱包。

（6）a. 他拿走了我的钥匙。

　　　b. *他拿去了我的钥匙。

"拿走"和"拿去"的侧重点也有所不同。"拿走"侧重于被移动的物品，而"拿去"侧重于物品被移动后的处理方法，而不是被移动的物品本身。例如：

（7）鸡被他拿走了，然后拿去卖了。

从例（7）可以看出，"拿走"的侧重点在于"鸡"，而"拿去"的关注点在于"鸡"被移动后的处理方法，即"卖"。

在语法组合方面，首先，"拿走"后面可以跟与人生经历有关的抽象名词，而"拿去"后面不可以。例如：

（8）a. 拿走了我的幸福

　　　b. *拿去了我的幸福

（9）a. 拿走了她的青春

　　　b. *拿去了她的青春

其次，"拿走"后面不可以跟动词，而"拿去"后面是可以直接跟动词的。例如：

（10）a. *拿走用、*拿走吃、*拿走穿

　　　b. 拿去用、拿去吃、拿去穿

因此，"拿走"和"拿去"在语义、语用和语法方面都有不同之处，但是在某些方面又存在着一些相似的地方。

"拿走"和"拿去"的区别反映的其实是"V 走"和"V 去"的区别（曾传禄，2013）。

从认知上看，"V 走"和"V 去"都表离开、位移，但它们的路径图式不同，语义特征也不同，具体可分为三个类别（范立珂，2012），如（11）所示，例句分别如例（12）。

（11）a. 处理义的"V去₁"：［＋离开］［＋位移］［－动程］［－目标］

　　　b. 无目标义的"V走"：［＋离开］［＋位移］［＋动程］［－目标］

　　　c. 给予义的"V去₂"［＋离开］［＋位移］［＋动程］［＋目标］

（12）a. 他站起来把书包抱在胸前，擦去上面的尘土。

　　　b. 深秋带来的黄叶，赶走了夏日的蝴蝶。

　　　c. 她想问问小夏调去哪儿了。

例（12a）中的"擦去"为处理义，不凸显动作过程，也不凸显"去"的目标；例（12b）中的"赶走"凸显动作过程，但是并不凸显"走"的位移终点；例（12c）中的"调去"既凸显动作过程，又凸显"去"的目标"哪儿"。

上述语义特征的异同造成了"V 走"和"V 去"两类表达之间复杂的异同关系，有些情况下，它们具有替换关系。例如：

（13）a. 洪水夺走了5000人的生命。　　　a′. 洪水夺去了5000人的生命。

　　　b. 车小王开走了。　　　　　　　　b′. 车小王开去了。

　　　c. 姐姐把衣服穿走了。　　　　　　c′. 姐姐把衣服穿去了。

　　　d. 他被老板叫走了。　　　　　　　d′. 他被老板叫去了。

例（13）中的"V走"替换为"V去"后虽然意义有一定差异，但都可以成立。

然而例（14）中使用"V走"的句子，将"V走"替换为"V去"后，句子的合格度很低，尽管有些在一定语境下也成立：

（14）a. 车开走了！　　　　　　　　　a′. *车开去了！

　　　b. 王老师调走了。　　　　　　　　b′. *王老师调去了。

　　　c. 老板要把他赶走。　　　　　　　c′. *老板要把他赶去。

　　　d. 衣服被风刮走了。　　　　　　　d′. *衣服被风刮去了。

若适当补充一些表处所意义的成分，则"V走""V去"互换后句子的合格度情况就与上例相反了：

（15）a. *车开西边走了！　　　　　　　a′. 车开西边去了！

　　　b. *王老师调北京大学走了。　　　　b′. 王老师调北京大学去了。

　　　c. *老板要把他赶回走。　　　　　　c′. 老板要把他赶回去。

　　　d. *衣服被风刮树上走了。　　　　　d′. 衣服被风刮树上去了。

这是因为"V走"具有［-目标］语义特征，而"V去"具有［+目标］语义特征。当目标成分不出现时，如例（14），应使用"V走"；当目标成分，即例（15）中的"西边""北京大学""回""树上"出现时，应使用"V去"。

当"V去"表达处理义，即"V去₁"时，不能用"V走"替换"V去"。例如：

（16）a. *黑板上的字擦走了。　　　　　a′. 黑板上的字擦去了。

　　　b. *刮走脸上的胡子。　　　　　　　b′. 刮去脸上的胡子。

　　　c. *把错误的地方删走。　　　　　　c′. 把错误的地方删去。

　　　d. *他被免走职务。　　　　　　　d′. 他被免去职务。

例（16）中的结果补语结构，只能用"V去"，不能用"V走"。语料表明，可进入"V去₁"式的都是有消减、去除义的动词，如"擦、死、删、抹、拭、拂、洗、刷、剃、除、减、拆、逝、舍"等等。能进入"V去₁"的动词不能进入"V

走"，因为"V去₁"没有［＋动程］特征。

有的情况下，"V走"和"V去"都合格，但是意义相差较大，不能互换：

（17）a. 他带走了我的心。　　　　a′. 他带去了我的心。

　　　b. 刚刚送走了一个客人。　　　b′. 刚刚送去了一个客人。

　　　c. 培训班调走了一位老师。　　c′. 培训班调去了一位老师。

　　　d. 货物运走了。　　　　　　　d′. 货物运去了。

例（17）中，"V走"组表达的意思是"某人或者某物走了，不在说话者所说的处所了"，"V去"组的意思是"某人或某物去了说话者所说的地方"。如例（17b）的意思是"一位客人离开了这里"，例（17b′）的意思是"把客人送到那里去了"；例（17c）的意思是"一位老师从培训班调走了"，例（17c′）的意思是"一位老师被调去培训班了"。

40. "写上名字"和"写下名字"一样吗？

对于同一事件，说话者的观察对象和观察视角不同，所形成的句法表达形式也会因此而不同。具体到结果补语表达来看，说话者在进行言语表达时，选择使用哪个结果补语具有一定的主观自由性。（孟艳华，2016）例如：

（1）a. 我在白纸上蘸墨挥毫写下龙飞凤舞的两个大字。

　　　b. 我在白纸上蘸墨挥毫写上龙飞凤舞的两个大字。

例（1a）、例（1b）两句的观察对象为"写"这一动作，例（1a）采取自上而下的观察方向，凸显由"笔下"到"纸上"这一从上而下的运动路径及其所产生的存在结果；例（1b）说话者的观察视点为"白纸"，凸显"字"从不存在到附着于"白纸上"这一附着结果。

一般来说，对于进入注意范围的某一客体，说话者可从不同的视角进行观察，观察视角不同，所选用的表达也就不同。

具体分析例（1）中的句子可知，其中的"写"为图形创造动词，激活图形创造场景，即用某种工具（如"笔"）作用于某种物体表面，致使此物体表面产生某种图形、花纹等，这类动词语义如（2）。

（2）a. 写：用笔在纸上或其他东西上做字。（结果事物：字）

　　　b. 签：写上自己的姓名或画上记号。（结果事物：字或记号）

其他此类动词有"点、标、打（勾）、盖（印）、画（线）、雕（图案）、刻、绣（图形）"等。

当"上"与图形创造动词搭配时，其意义为使某种结果图形或结果颜色依附存在于某空间物体表面。例如：

（3）他在石狮子的背面刻上了"八卦太极图"。

（4）有的不时拿出笔记本写上几句，与身旁的伙伴轻声讨论着学术课题。

例（3）、例（4）这类表达中，结果所依附存在的空间物体在句子中多为充当状语的处所名词或处所短语。例（3）"刻上了'八卦太极图'"中的结果"八卦太极图"所存在的空间处所为"石狮子的背面"，例（4）"写上几句"中的结果"几句"所依附存在的空间处所为"笔记本"。"八卦太极图"和"几句"附着、覆盖在特定的空间处所之上，因此句中使用结果补语"上"。

当"下"与图形创造动词搭配时，其多与表处所的名词或名词性短语共现，表示动作完结，动作所产生的结果图形由无到有，留存于某空间处所。例如：

（5）康伟业在信纸上一遍又一遍地写下"请你不要再回信了"这句话。

（6）映入眼帘的是后人在陡峭石壁上雕下的"嫦娥奔月"石刻，线条粗犷，青苔缠绕。

例（5）中的结果"这句话"所存在的空间处所为"信纸上"，例（6）中的结果"'嫦娥奔月'石刻"所存在的空间处所为"陡峭石壁上"。从动作与结果所依附的空间处所的关系这一角度来观察，如果把结果事物所依附的空间处所看作动作的终点，动作开始时工具等参与者所处空间处所视为起点，那么从起点到终点这一过程中，动作经历了自"上"而"下"的运动，再如：

（7）虽经多次违避，最后笔头一抖，还是写下了这个俗不可耐的题目。

（8）在墙上，偶尔也会读到用小刀或瓦砾写下的句子，如某某人在此一宿之类。

例（7）中动作所用的工具"笔头"在动作作用下向"下"运动，例（8）中动作所用工具"小刀"或"瓦砾"也在动作作用下经历相同的运动。

"上"与"下"都能与图形创造动词搭配,都凸显动作结束时结果图形所依附的空间处所,在一定条件下可换用。选用"上"或"下"体现出说话者在建构事件进行语言表达时的不同观察方向,如例(9)中的"打上""写下"可变换为例(10)中的"打下""写上":

(9)他在报纸上《不依规矩 不成方圆》一文的<u>标题处打上"√"</u>,颤抖着<u>写下一个"留"字</u>,推荐给我们看。

(10)他在报纸上《不依规矩 不成方圆》一文的<u>标题处打下"√"</u>,颤抖着写上一个"留"字,推荐给我们看。

总之,"上"与"下"表示说话者的观察视点,"上"是从结果与结果所存在的空间处所之间的关系来看,结果存在于另一空间处所之"上";"下"是从动作及动作所用的工具与结果图形所依附存在的空间处所之间的关系来看,动作的路径为从起点到终点自"上"而"下"。它们的共同参照点为结果事物所依附存在的空间处所,凸显空间参照。

这样就回答了本节的问题,在不影响句子合法性与基本语义表达的基础上,"写上名字"和"写下名字"可以互换而基本不影响语义。例如:

(11)他在纸上<u>写上的第一个名字</u>,是"钳工王"的名字。

(12)他睁开眼,一横心,在纸上写下了最后一个名字。

观察视角不同而造成的"V上"与"V下"的同义现象还有不少。例如:

(13)a. 摆上酒席　　　　摆下酒席

　　　b. 布上棋子　　　　布下棋子

　　　c. 拿上冠军　　　　拿下冠军

　　　d. 存上几千块钱　　存下几千块钱

由于"上"和"下"的结果语义有着不同的来源,"V上"和"V下"其实是从不同的角度来说明同一事件,它们的表义功能和实际用法是有区别的:"V上"着眼于动作对象到达并依附于某处所这一过程;而"V下"还是从起点的角度来说的,着眼于动作对象脱离原点并留存下来这一过程。

在同一动词后使用不同的结果补语,却可以表达相似的语义,这类现象除了

"V上、V下"外，还有"V出、V成"等（参见问题41）。例如：

（14）a. 他<u>画出</u>了一幅山水画。

　　　b. 他<u>画成</u>了一幅山水画。

（15）a. 这只小猪外面用黑布缝制，头部用艳丽的丝线<u>绣出</u>精美的花纹。

　　　b. 这只小猪外面用黑布缝制，头部用艳丽的丝线<u>绣成</u>精美的花纹。

41. "画上" "画出" 还是 "画成"[①]?

在实际语言使用中，很多时候结果补语的选用具有强制性，不同句子中的同个一动词后所需要使用的补语也可能不同。例如：

（1）a. 给那一页<u>画上</u>了句号。

　　　b. 把家乡美景<u>画成</u>了这一幅幅山水画。

　　　c. 他找来笔墨，打算<u>画出</u>她的模样。

例（1）中动词"画"后分别使用了结果补语"上""成"和"出"，且三个补语不可互换。是什么原因导致了这些补语选用的不同？

这是因为三个句子所激活的场景不同，它们分别激活了图形创造场景、加工制造场景和创造场景。这三个场景的典型补语分别为"上""成"和"出"。

一、图形创造场景

动词"点、标、打（勾）、盖（印）、画（线）、签（字）、雕（图案）、刻、绣（图形）"等所激活的事件场景为图形创造场景，即用某种工具（如"笔"）作用于某种物体表面，致使此物体表面产生某种图形、花纹等。场景参与者包括：施事、工具、存在处所、图形。这一场景中的动词为图形创造动词，其语义可表示为：

（2）图形创造动词：某动作致使某新图形／花纹存在。

[①]　本部分参考孟艳华（2012）关于结果动词与补语共现的认知选择机制的研究。

在句法结构中，施事实现为主语，存在处所实现为处所状语，图形实现为宾语，这时，"V＋N"结构为动宾结构，如例（3）：

（3）a. 这个电灯泡存在在这里，就像在一面大黑板上画了一个大问号。

　　　b. 在新生儿的脸上刻画几道花纹，改变孩子的面孔，以求平安地生活下去。

例（3a）中的"大问号"为某种图形，是动作"画"的结果，这一结果存在的处所为"一面大黑板上"；例（3b）中的结果图形为"几道花纹"，它所存在的处所为"新生儿的脸上"。

图形创造动词所表达的语义为动词所表示的动作行为致使物体表面产生某种图形或形状，这些图形或形状仅占据二维空间，通常依附存在于某种三维物体的表面，因此多与补语"上"或"下"共现，表示动作与结果事物的空间位置关系，如例（4）：

（4）a. 他订了许多杂志报纸，在那些文章上用朱笔画上圈交给我们读。

　　　b. 羊群走在哪里都像给无边的绿毯绣上了白色的大花。

　　　c. 潮汐上来，在沙滩上刻下一道道细密的波纹，像少女迤逦摇曳的百褶裙。

这类句子可以转换为"处所＋V＋着＋N"静态存在句，如例（4）的相应部分可以转换为例（5）：

（5）a. 文章上用朱笔画着圈

　　　b. 绿毯上绣着白色的大花

　　　c. 沙滩上刻着一道道细密的波纹

二、加工制造场景

这类事件场景具体为：使用某种工具，按照某种方式对某种原料进行加工，通过加工产生某种客观可触知的、具有形体且占有一定三维空间的新事物，如建筑物、服饰物品、食品饮料、商品、艺术品等。事件参与者包括：施事、工具、原料、方式、产品等，其中原料与产品通常是被凸显的参与者。在句法结构中，施事、工具、原料可实现为主语，原料、工具、方式可实现为介词短语，原料、方式、产品可实现为宾语。如例（6）：

（6）a. 村里盖了许多俗气摆阔的新楼房。

b. 高兴呢，给她裁件花布大衫，块儿多钱的事。

c. 王老三正煮排骨汤呢！

d. 门口用白梨木刻了个横额"醉寝斋"。

这类场景中的动词为加工制造动词，具体包括五个小类：①建筑动词，可与补语"起""开"等搭配，如"盖起楼房""凿开一个小窗"；②服饰加工动词；③烹调动词；④商品制造动词；⑤艺术品加工动词。分别如（7a）～（7e）：

（7）a. 建筑动词：建、筑、盖、搭、打（坝）、铺、砌、修、掏、挖、凿

b. 服饰加工动词：裁、缝、织、打（草鞋）、编（草帽）、滚（花边）、接、拼锁（花边）、弹（被套）、套（丝扣）、穿（门帘）、剪

c. 烹调动词：做（饭）、煮、烤、炒、煎、炸、腌、切、泡、沏、冲、酿

d. 商品制造动词：制造、生产、加工

e. 艺术品加工动词：雕、刻、塑、雕塑、雕刻、画

其语义可概括为（8）：

（8）加工制造动词：某动作致使某种新物体存在。

当动词与事件场景中的原料这一参与者共现时，要求补语"成"与动词搭配，表示原料与结果事物的转换关系，如"生米煮成了熟饭"等。这时原料与结果事物同时被凸显，结果事物实现为宾语，原料可实现为无标记被动句的主语、有标记被动句的主语、介词"用"的宾语、介词"把"（即"把"字句）的宾语，分别如例（9a）～（9d）：

（9）a. 那块布裁（成）了一件大衫。

b. 那块布被裁成了一件大衫。

c. 用那块布裁（成）了一件大衫。

d. 把那块布裁成了一件大衫。

例（9）表明，动词与结果宾语之间的补语"成"在无标记被动句、"用"字句中为非强制使用，在有标记被动句、"把"字句中为强制使用。

三、创造场景

这类事件场景可定义为：施事者通过特定脑力劳动，创造出某种气氛、想法、文学作品、音乐作品等智力成果。其特点是通过脑力活动创造出某种抽象事物。

这类场景中的事件参与者包括：施事、创作内容、结果事物。在句法结构中，施事实现为主语，创作内容、结果事物可实现为宾语。当结果事物实现为宾语时，"V＋N"结构为动宾结构，如例（10）：

（10）a. 色彩艳丽的物件制造幸福气氛。

　　　　b. 有客人来访，弹了一曲《广陵散》，弹完便把这个曲子传授给了嵇康。

例（10a）中动词"制造"为创造动词，例（10b）中动词"弹"为表演动词。

这一场景中的动词为创造动词，主要包括创作、表演类动词，如（11a），以及其他抽象成果创造动词，如（11b）：

（11）a. 创作、表演类动词：谱、唱、演、奏、弹、拉、吹、画、写

　　　　b. 其他抽象成果创造动词：设计、发明、想（办法）、创造、制造、营造、塑造

其语义可表示为（12）：

（12）创造动词：某动作致使某新抽象事物存在。

补语"出"多与创造场景共现，用以表达抽象成果从无到有的产生过程，如例（13）：

（13）a. 我这稿子还没写出来呢。

　　　　b. 想了一夜，没想出好办法。

例（13a）中智力成果"稿子"做主语，述语动词后的补语为"出来"；例（13b）中由"没＋V＋出"否定抽象成果"好办法"的产生。

创造场景与加工制造场景的不同在于：加工制造动词表示对某种原料进行加工从而产生某物品，原料是事件中不可或缺的参与者，并且是被凸显的两个参与

者之一；而创造动词中创造结果是唯一被凸显的参与者，事件中或者不存在原料，或者存在某种原料，但未得到凸显。

如果把创作内容或对象看作某种抽象的创作原料，与智力产品同时被凸显，就需要使用补语"成"，如例（14）：

（14）a. 他只是想把<u>这张动人的脸</u>画<u>成</u>一幅幅画像。

b. 把<u>这一段经历</u>写<u>成</u>了一篇小说。

例（14a）把"画"的对象作为原料，与结果"一幅幅画像"同现；例（14b）把"这一段经历"当作创作的原料，与创作结果"一篇小说"同现。这时，动词后使用补语"成"。

四、结论

从上文分析可知，不同的场景要求不同的补语与述语动词共现，动词与句子中出现的其他事件参与者构成的事件场景不同，与动词共现的补语就不同。

再来看本问题开头的例句，这里重写为例（15）：

（15）a. 给那一页画<u>上</u>了句号。

b. 把家乡美景画<u>成</u>了这一幅幅山水画。

c. 他找来笔墨，打算画<u>出</u>她的模样。

例（15a）中的宾语"句号"为形状结果，句子所建构的场景为"图形创造场景"，这一场景中需要使用补语"上"；例（15b）中"家乡美景"为原料参与者，与动词"画"、结果"山水画"建构了"加工制造场景"，对这一场景进行表述，需要使用补语"成"；例（15c）中动作"画"与工具"笔墨"和结果"她的模样"，建构了"创造场景"，在这一创作事件中，原料未知，创作结果被凸显，这时需要使用补语"出"。

"画"这一动作产生的结果可以是图形、客观物品和抽象成果，能相应地激活图形创造场景、加工制造场景、创造场景等不同场景，因此需要与不同的补语搭配。可以说，同一个动词与不同的参与者搭配时，所激活的事件场景类型越多，在实际语言中与该动词搭配的补语就越多。

42. "放在桌子上"和"放到桌子上"一样吗？

结果补语结构"V 到 NP"表示动作行为的结果，其中的 NP 表示动作行为结束时的处所，是人或事物位移的终点，具有动态性；而由介词短语"在 NP"充当补语的述补结构"V 在 NP"表示动作行为的方式或状态，其中的 NP 表示动作行为发生的位置，是人或事物所存在的位置，具有静态性。但是，有些情况下二者并没有严格的区别，可以互换。例如：

（1）a. 教室前排空着两个座位，于是我把我的书都<u>放在</u>那里了。

b. 奶奶随手捡了一块山楂糕<u>放到</u>孩子口里。

（2）a. 二姐的孩子也会看连环画册，也会画了关公<u>贴在</u>大门上。

b. 他脸红了，头低得几乎<u>贴到</u>柜台上。

（3）a. 妻子买了一对芙蓉鸟来，<u>挂在</u>廊前，叫得很好听。

b. 他将一面大鼓<u>挂到</u>了自己的脖子上。

例（1）中"放在"和"放到"、例（2）中"贴在"和"贴到"、例（3）中"挂在"和"挂到"可以互换，而不影响句子意思。

"V 到"与"V 在"两种表达能够互换，与其中的动词"放、贴、挂"等密切相关。这些动词能用于静态存现句中，描述某处存在某物。例如：

（4）我的书在座位上<u>放</u>着。

（5）大门上<u>贴</u>着关公。

（6）廊前<u>挂</u>着一对芙蓉鸟。

例（4）～（6）表明，动作动词"放""贴""挂"等出现在存现句中时，其动态性减弱，而凸显动作结束后受事的存在状态"放着""贴着""挂着"，即某处存在某物。这时，介引动作位移终点的"到"可以替换为凸显存在状态的"在"。

细究起来，二者还是存在一些差别："在"表示人或事物存在于某处；而"到"在表示存在意义的同时，又表示某处所是人或事物位移的终点，兼具移动过程义。举例来说，"放在桌子上"凸显的是"在桌子上"这一存在状态，而"放到桌子上"则可以凸显从某处位移到"桌子上"这一动态过程。

当"V 到"后使用"来、去"等表示位移方向的趋向补语，或者"V 到"前面使用"从、由"等表示位移起点的词，或者使用其他手段凸显位移过程时，不能用"在"替换"到"。例如：

（7）他夹过菜，<u>放到</u>自己碗里<u>来</u>了。

（8）深色的天，好像广大的帘子<u>从</u>桥头<u>挂到</u>小良子的门前。

（9）身体拉成了一条直线，肚皮几乎<u>贴到</u>了雪面。

例（7）中有表示位移过程的趋向补语"来"；例（8）中有表示位移起点的"从"；例（9）描述的场景是一个动态场景，即随着身体拉直，"肚皮"不断向"雪面"靠近这一过程。例（7）～（9）中的"到"均不能替换为"在"。

当在句子中使用存现句结构表述存在状态，或者句子中所表述的存在状态并非动作行为所造成的位移结果时，只能使用"V 在"，而不能使用"V 到"。例如：

（10）一盏油灯<u>放在</u>桌上，不断地冒起烟，火光很昏暗。

（11）我们看到美丽的晚霞<u>挂在</u>西边的山上。

例（10）中使用存现句结构"某物存在于某处"描述"油灯"的存在处所，例（11）中"晚霞挂在西边的山上"并非某个施事者实施"挂"这一动作所造成的位移结果。句中的"放在"和"挂在"不能替换为"放到"和"挂到"。

总之，虽然"放到桌子上"和"放在桌子上"能表达相同的语义，但是"到"凸显动态位移过程，"在"凸显事物存在状态。一般情况下，"V 到"和"V 在"可以互换。但当句子具有动态性时，只能使用"V 到"；当明确只描述存在状态时，只能使用"V 在"。再如：

（12）你把这本书<u>放到</u>桌子上去吧。

（13）那本书<u>放在</u>桌子上，你一眼就能看到它。

除了"放、挂、贴"等放置类动词之外，可与"到"和"在"搭配的动词还有人体动作类动词、丢落类动词、涂画类动词，分别如例（14a）～（14d）：

（14）a.放置类：放、挂、贴、摆、插、铺、搁、藏、罩、安置

  b. 人体动作类：坐、站、蹲、躺、卧、跪、戴、穿、蜷缩

  c. 丢落类：落、掉、丢、摔、倒、扔、陷、散落、遗失

  d. 涂画类：写、画、涂、刻、刷、敷

  例（14）中的这些动词一般都能用于存现句，如例（15）；它们在使用时，"V 到"和"V 在"可以互换，如例（16）、例（17）：

  （15）院子里掉着一只断线的风筝。

  （16）杯子掉到地上，碎了。

  （17）华先生的笔脱手掉在地上，他低头满地爬找。

  当动词本身包含"位移"这一语义特征时，一般只能使用"V 到"结构，而不能使用"V 在"。比如"搬、抬、寄、送"等，根据《现代汉语词典》（第 7 版），它们的语义如下：

  （18）搬：移动物体的位置（多指笨重的或较大的）；迁移。

    抬：往上托；共同用手或肩膀搬东西。

    寄：原指托人递送，现在专指通过邮局递送。

    送：把东西送去或拿去给人；陪着离去的人走一段路或到某处去。

  与这些动词搭配时，"到"占绝对优势，极少使用"在"。例如：

  （19）天一亮，我就搬到朋友家。

  （20）母亲把小饭桌抬到屋外，在一片蝉声中吃着面条儿。

  （21）父亲写了一篇文章寄到晚报。

  （22）男孩儿接过花来便送到鼻子下嗅着。

  此类动词很多，再如：

  （23）插、传、闯、刮、换、交、拉、拢、捏、抛、塞、爬、拖、抬、推、移、运、转、逃、落、升、滚、派、打发

43. "看""看见""见"还是"见到"？

  初级阶段，甚至中高级阶段的汉语学习者对"看""看见""见""见到"

这样的具有部分相同或相近语素的动词，难以区分，并且常常在使用中混淆。
例如：

（1）a. *我看她妹妹时，我觉得她那么瘦，个子也不高，跟我的朋友差不多。
（看见）

b. *但这次我看父亲的眼泪的时候，我才知道他那么大的爱放在心上。
（看见）

c. *他们一般是受到了电影的影响，青少年看他们喜欢的明星抽烟，觉
得如果自己抽烟会像这个演员。（见 / 看见）

d. *这样一去旅游就能见很多东西、很多事情。（见到）

e. *我恨不得马上见他。（见到）

f. *在我们的生活中，我们常见代沟问题。（见到）

概括来说，例（1a）和例（1b）中的"看"应改为"看见"，例（1c）中的
"看"应改为"见"或"看见"，例（1d）～（1f）中的"见"应改为"见到"。

"看、看见、见、见到"这些词语之间的区别是什么呢？"见"已经表示结果，
为什么还要添加结果补语"到"呢？

一、"看"

"看"为动词，表示视线跟人或物的接触过程，是一个视线始终相接触的过
程，即视线不离开人或事物（卢福波，2000），如例（2）：

（2）a. 他坐在沙发上看报。

b. 观众们正在看杂技表演。

其语义特征为［＋意图］［＋动作 / 状态］［－结果］，当要表达结果义时，
需使用结果补语"见"或者"到"，如例（3）：

（3）a. 你快看门外面！

b. 我看了半天什么也没看见呀！

例（3a）带有动作性和目的性，但是并不能准确表示"看"这一动作是否达
到目的；例（3b）"我看了半天什么也没看见"表明动作"看"与述补结构"看
见"的语义是不一样的，前者仅表动作，而后者表示"动作＋结果"。

　　从句法上看，"看"有重叠形式，如"看看、看一看、看了看"，"看"后面可以加"着、了、过"；而"看见"后面只能带"了"和"过"，不能带"着"。分别如例（4）和例（5）：

　　（4）a. 小王看着一对情侣从眼前走过。

　　　　　b. 小张看了那部刚上映的电影。

　　　　　c. 这本书我看过三遍了。

　　（5）a. 你看见了几个人？

　　　　　b. 老周在街上看见过她。

　　"看"后面可以跟多种补语，如结果补语、趋向补语、时量补语、动量补语等。例如：

　　（6）a. 我看懂了这段话。（结果补语）

　　　　　b. 他今天看上去很累。（趋向补语）

　　　　　c. 他看了一小时电视。（时量补语）

　　"看见"后不能跟补语，其本身就是述补结构，中间可以加"得"或"不"构成可能补语。结果补语结构相当于一个动词，其后通常可以带"了"或"过"。例如：

　　（7）a. 我看得 / 不见那幢楼。

　　　　　b. 我看见过那人把垃圾扔到地上。

　　"看"既可以带名词性宾语，也可以带谓词性宾语；而"看见"只能带名词性宾语，不能带谓词性宾语。例如：

　　（8）a. 大卫在看电视。

　　　　　b. 他喜欢看大爷下棋。

　　（9）a. 他在门外看见了安娜的自行车。

　　　　　b. *他看见下棋。

　　从语用功能上看，"看"和"看见"都可用于主动句，但单音节动词"看"不能用于被动句。例如：

　　（10）a. 她看了自行车。

　　　　　 b. 她看见了自行车。

c. 自行车被她<u>看见</u>了。

d. *自行车被她<u>看</u>了。

此外，"看"还有"访问、探望"的意思，此时表示的是一个有始有终的事件。当表达此语义时，例（1a）"我看她妹妹时"中的"看"应该改为"去看"。

二、"看见""看到"

"看见"中的"见"用作结果补语，此时，"见"的基本意义是"看而有结果、看到"（刘月华、潘文娱、故韡，2001）。它不是视线跟人或物始终相接的过程，而是一经接触，"看见"的动作就完成了（卢福波，2000）。例如：

（11）我<u>看见</u>小王上楼了。

例（11）中，"我"的视线并没有一直跟"小王"接触，而是"小王上楼"这件事一反映到视觉中，"看见"的动作就结束了。同样，例（1a）、例（1b）中，"我看她妹妹时""我看父亲的眼泪的时候"中"她妹妹""父亲的眼泪"反映到视觉中时，"见"的结果就达成了，因此应该在"看"后添加结果补语"见"或"到"。

"见"强调动作的瞬时性，即动作在一个时间点完成；"到"强调动作的渐进性，即动作在一段时间内完成。一般来说，"看见"和"看到"可以互换。如例（12）：

（12）自从上次分别后，好长时间都没<u>看见</u>你，我早就想见你一面，一直没有机会，今天终于<u>看到</u>你了，你还是一点儿没变。

"看见"的对象一般指具体的事物或行为；"看到"的宾语有不少是抽象的概念，而且"看到"可以与表示地点或表示发展程度的名词搭配。（萧红，2011）如例（13）：

（13）a. 昨天我<u>看见</u>他在公园跑步。（可换用为"看到"）

b. 辩论场上，我们<u>看到</u>的是思想的火花在迸发。（不可换用为"看见"）

c. 才<u>看到</u>电影的三分之一处，我就不想看了。（不可换用为"看见"）

此外，"看到"还可以表达"观察到""认识到""得出……样的结论"这样的语义，体现一种获取信息、形成认知的过程，此时"看到"不能替换为"看见"。例如：

（14）这次考试让我<u>看到</u>了同学们对我满满的关怀和爱。

三、"见"

"见"用作主要动词时，易混淆的义项包括：①看到、看见；②遇到；③会见、会面；④存在、出现；⑤接触。其中前两个义项能表达结果义，语义与"看见"或"看到"相当，可换用；后三个义项表达动作义，没有结果义，不能与"看见"换用。（符淮青，1993）如例（15）：

（15）a. 他抬头一看，才<u>见</u>哥哥始终没动筷子。

　　　b. 好像在哪儿<u>见</u>过你。

　　　c. 半月后，朋友高兴地跑来<u>见</u>我，说他弟弟从广州回来了。

　　　d. 他的球不<u>见</u>了。

　　　e. 冰<u>见</u>热就化。

此外，"见"表达"看到、看见"这一语义时，其本身能表达结果义，常用于"见……，（就）……"结构，如例（16）：

（16）a. 小儿子和媳妇站在小院里，<u>见</u>老人回来了，就放心地往回走。

　　　b. 一扭头，<u>见</u>身旁的桌子上堆满厚厚的书，不禁喜出望外。

　　　c. <u>见</u>我也正直盯盯地朝着门边看，他又低下头去。

例（1c）中"青少年看他们喜欢的明星抽烟，觉得如果自己抽烟会像这个演员"即为这类用法，句中的"看"可改为"见"。

"见"表达结果义时的自主性比较弱，有研究者认为此时"见"为非自主动词，表达的是一种被动的看见义，即人或物进入施事视线，而非施事主动实施某动作，因此，"常见"的主语通常并非施事，而是某处所或者某现象。如例（17）：

（17）a. 家家的饭桌上常<u>见</u>各种时令蔬菜。

　　　b. 杭州桂花遍地，但桂花结果还真不常<u>见</u>。

鉴于此，例（1f）中"常见代沟问题"应改为"常见到代沟问题"或者"代沟问题很常见"。

"见"表达"会见、会面"这一语义时,是一个自主性动作动词,不表达结果义。而"恨不得"表达强烈而急切地希望做成某事或出现某种情况,此时,应该给"见"添加开始或结果状态,这样,例(1e)"恨不得马上见他"中的"见"可改为"去见"或者"见到"。

四、"见到"

与"见"的前三个语义相应,"见到"作为"动词+结果补语"结构,表达的语义主要有三个:①看到;②遇到;③见到面。

当表达"看到"义时,"见到"与"见"的区别在于前者表达的是"动作开始"和"动作结果"两个语义的组合,而后者仅表达结果义。当句子表述施事主动做出某动作时,需要使用"见到"而非"见"。因此,例(1d)"这样一去旅游就能见很多东西"中的"见"应该改为"见到"。

当表达"见面"义时,"见"和"见到"的区别明显,前者表示动作,后者表达"动作+结果"这一语义。例如:

(18)我去他工作的地方想要见他,但是去了三次都没见到他。

五、小结

综上可知,首先,"看"为自主动词,表达"视线接触"这一动作义。"看"表示动作本身,"看见"表示动作结果,二者不能互换,如"他看了半天,什么也没看见"。

其次,当表达"看"的结果时,可以使用三种形式:看见、看到、见到。它们很多时候可互换,但表达"见到面"这一语义时,只能使用"见到"。分别如下例:

(19)a. 小说中那位主角看到大海时感叹地说:"大海,我终于见到了你!"

　　　b. 黄厂长握了手久不放下,说:"庄先生的大名如雷贯耳,今天总算见到了!"

再次,"看"和"见"除了表达"视线接触"相关的语义外,分别具有其他自主动词义,例如:

（20）a. 我打算明天去看你。

　　　b. 我打算明天去见你。

例（20a）"看"的语义是"看望"，例（20b）"见"的语义是"会见、会面"。

最后，"见"还能表达"看见"这一结果义，通常表示的是一种非主动控制的结果，多构成"见……，（就）……""常见"等结构或短语使用。"常见"的主语通常不是施事者，这与"见到"不同。例如：

（21）a. 大家见董老走来，就立刻站起身来向他迎上去。

　　　b. 河边常见有人钓鱼。

　　　c. 我常见到导师面对它们长久注视，直到脸色变得铁青。

第五部分　多义结构

44. "张三追累了李四"是谁追累了谁?

根据动作"追"和结果"累"指向的是主语"张三"还是宾语"李四","张三追累了李四"这个句子从逻辑上说可以有四种解读（沈家煊，2004）：

（1）张三追累了李四。

  A. 张三追李四，张三累了。

  B. 张三追李四，李四累了。

  C. 李四追张三，李四累了。

  D. 李四追张三，张三累了。

但从语义事实看，D 类解读并不存在。

A 类解读中，主语"张三"既是动作"追"的发出者，又是"累"指向的对象，意思是"张三追李四，致使张三累了"。其中，"追"和"累"都前指主语，这种解读也被称为"主语解读"，如图 44-1 所示。

图 44-1　主语解读

B 类解读中，主语"张三"是动作"追"的发出者，但"累"指向"李四"，意思是"张三追李四，致使李四累了"，也就是说，"追"前指主语，"累"后指宾语，"追"和"累"指向不同的对象，如图 44-2 所示。

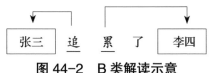

图 44-2   B 类解读示意

C 类解读中，主语"张三"是致使性成分，动作"追"的发出者是"李四"，"累"指向的也是"李四"，意思是"追张三这件事，致使李四累了"。其中，"追"和"累"都后指宾语，这种解读也被称为"宾语解读"，如图 44-3 所示。

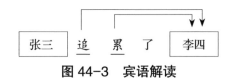

图 44-3   宾语解读

D 类解读如果存在，则动作"追"的发出者是宾语"李四"，"累"指向主语"张三"，即动作后指宾语，而结果前指主语，如图 44-4 所示。

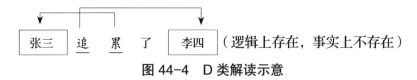

图 44-4   D 类解读示意

为什么图 44-4 所示的 D 类解读在汉语中并不存在呢？这是"语义靠近原则"（陆丙甫，1993）在起作用。根据这一原则，语义距离近的成分在句法上的距离也近。结果补语结构"追累"作为一个整体，可以前指主语，如图 44-1，也可后指宾语，如图 44-3。如果把"追累"分解开，"追"的句法位置在"累"之前，那么根据"语义靠近原则"，唯一可能的解读是"追"前指主语，"累"后指宾语，如图 44-2。而在图 44-4 的解读中，"追"指向距离更远的宾语"李四"，"累"指向距离更远的主语"张三"，这种情况是不存在的。

"张三追累了李四"有多种解读跟主语、宾语的生命度有关。"张三"和"李四"都是有自主能力、能发出动作行为的高生命度的"人"，他们都可能主动实施"追"这个动作，都可能产生"累"这种身体或心理感觉。如果主语或宾语的生命度降低，则可以消除部分歧义。以降低宾语的生命度为例：

（2）张三追累了小鸡。

　　　　A. 张三追小鸡，张三累了。

　　　　B. 张三追小鸡，小鸡累了。

　　　　C. *小鸡追张三，小鸡累了。

　　　　D. *小鸡追张三，张三累了。

（3）张三追累了那辆车。

　　　　A. 张三追那辆车，张三累了。

　　　　B. *张三追那辆车，那辆车累了。

　　　　C. *那辆车追张三，那辆车累了。

　　　　D. *那辆车追张三，张三累了。

　　例（2）中的宾语为动物"小鸡"，它能产生"累"这种身体或心理感觉，却不可能主动有意识地发出"追人"这一动作（童话故事等除外），因此这个句子有 A、B 两种解读；例（3）中的宾语为非生命体"那辆车"，它不具有"累"这种身体或心理感觉，也不能主动有意识地发出"追人"这一动作，因此这个句子只有 A 这一种解读。

　　根据述语动词和结果补语的语义指向，可以概括出动结式的三种常见语义解读方式[①]：

　　第一，主体同指：动词和结果补语的主体论元所指相同，即指向动作发出者，如图 44-1，再如：

　　（4）张三喝醉了酒。（张三喝酒 + 张三醉了）

　　第二，主体异指：动词和结果补语的主体论元所指相异。如图 44-2，再如：

　　（5）李四哭湿了枕头。（李四哭 + 枕头湿了）

　　第三，客主同指：述语动词的接受者（即客体论元）与补语动词的主体论元所指相同。如图 44-3，再如：

　　（6）我忘掉了这件事。［我忘了这件事 + 这件事（从我的脑海中）掉了］

　　因此说，"张三喝醉了酒"是"张三醉了"的意思；而在"李四哭湿了枕头"中，"湿"的不是"李四"，而是"枕头"；"我忘掉了这件事"是说"这件事

---

① 参见施春宏（2018），书中还提到了客主异指、客体同指、客体异指等。

被我忘掉了"。

再回到"张三追累了李四"这个句子，在实际语言使用中，句子所在的语境可以帮助消除歧义，听话者能从上下文中知道"追"和"累"的具体指向对象。但为了表达准确，人们更常用的消除歧义的办法是变换句式。例如：

（7）a. 他不是不够喜欢你，而是因为<u>追累</u>了。

　　　 b. 追星<u>追累</u>了，想放弃了。

例（7）中"追累"后没有宾语，例（7a）中"追"和"累"均指向主语"他"，例（7b）中"追累"用于重动句，"追"和"累"均指向未出现的施事，两个句子都不存在歧义。

45. "拉上窗帘""戴上眼镜""考上大学"中的"上"是什么意思？

"拉上窗帘""戴上眼镜"和"考上大学"都属于"V 上"结构。

"V 上"结构是一个多义结构，它既可以表趋向义，又可以表结果义，还可以与"了"搭配表体貌义。（常娜，2018a、2018b、2019）例如：

（1）a. 他们爬<u>上</u>11 000英尺高的山顶。（趋向义）

　　　 b. 把眼睛闭<u>上</u>。（结果义）

　　　 c. 王珂一放学就飞奔回家，坐在电脑前玩<u>上</u>了。（体貌义）

"拉上窗帘""戴上眼镜"和"考上大学"中的"V 上"都表达结果义，分属于实义结果义和虚化结果义两大类别。

一、"拉上窗帘"中的"上"

"拉上窗帘"中的"V 上"表达实义结果义——接触。此时的"接触"为闭合类接触。

能进入该结构的动词主要有：

（2）a. 闭合类动词，如：关、闭、合、扣、锁、掩、眯、插（门）、闩、拉

b. 身体动作动词，如：推、摔、踢

例句分别如：

（3）a. 大明关上了门。

b. 慧芳掉头而去，把门"哐"地摔上。

例（3）表示门与门框的现实接触，物体发生了空间上的变化。例（3a）中"上"前的动词为闭合类动词，例（3b）中"上"前的动词为身体动作动词。

闭合类动词是接触义"V 上"中"V"的典型类型。此时，"V 上"与"V 开"意义相对。可分开的客体具有开合两种状态，"合"表示接触，"开"表示分离。"开"的基本结果义是"分裂、分离"，与之搭配的动词是可使物体分离、分裂的动作动词，如"分、睁、解"等，"V 开"可以与表"合"（接触）的"V 上"构成反义组合。例如：

（4）关上城门——打开城门

闭上眼睛——睁开眼睛

锁上车——打开车

拉上窗帘——拉开窗帘

合上书——打开书

二、"戴上眼镜"中的"上"

"戴上眼镜"中的"V 上"表达实义结果义——附着。

穿戴类动词是附着义"V 上"中"V"的典型类型，此时的"附着"为覆盖类附着，即施事通过动作行为使某物 A 向某处所 B 运动，最终覆盖并附着在 B 上。能进入该结构的动词都具有［＋覆盖］［＋附着］的语义特征，主要有：

（5）a. 覆盖类动词，如：盖、蒙、埋、包、裹、铺、罩、挡、捂、笼（阴影）、覆盖、笼罩、附着

b. 穿戴类动词，如：穿、戴、套、披、穿戴、围（围巾）、佩戴、佩、配（首饰）、蹬（靴子）

具体例句如：

（6）a. 张明敷上了药膏。

    b. 铜表面<u>镀上</u>了一层金。

    c. 他用手掌<u>捂上</u>眼睛停了一刻，才开始看下去。

（7）他穿上香客的袍子，<u>戴上</u>香客的帽子，又跟他情人亲吻了一下。

例（6a）中"药膏"通过"敷"的动作，附着在了张明身上；例（6b）中"金"通过"镀"到了"铜"的表面。同理，"戴上眼镜"中"眼镜"通过动作到了人的身上，并且持续存在。

如果附着客体与附着主体在空间上是可分离的，"V 上"表示客体附着在主体上，"V 下"表示客体脱离主体。这时"V 上"与"V 下"语义相对。例如：

（8）穿上衣服——脱下衣服

    戴上耳环——摘下耳环

    系上腰带——解下腰带

    钉上钉子——拔下钉子

但是附着义"V 上"中，附着客体附着到主体上后往往构成一个不可分开的整体，所以大部分都没有与之对立的"V 下"，这时附着义"V 上"和"V 下"在语义上是中立的。例如：

（9）写上名字——写下名字

    刻上汉字——刻下汉字

    记上日记——记下日记

    绣上鸳鸯——绣下鸳鸯

"V 上"和"V 下"语义中立的情况中，"V"多为写画类动词，例（9）中的"V 上"与"V 下"是同义的，但二者的侧重点不同。"写上""刻上"等表示通过"写""刻"等动作，使文字、图画等附着于某个处所；而"V 下"侧重于写画下来的事物，"写下""刻下"等是依照某一原型进行的，着眼于这种事物是要保存、流传下来的。

三、"考上大学"中的"上"

"考上大学"中的"V 上"表达虚化结果义——实现或者达到了一定目的，表示事件状态发生由未实现到实现的改变。例如：

（10）你一定要争口气，以后考上一个正儿八经的大学！

（11）好多老百姓开上了自己的私家车，人民过上了幸福的生活。

（12）"老钻"的儿子娶上了漂亮的城市姑娘。

这类"V上＋NP"多处于句末，宾语多为言者所期望达到的目标，是语义表达的重心，常会被凸显。在形式上一般是通过在该结构前添加"好不容易、才、终于、总算、能、第一次"等成分来凸显。例如：

（13）盼了一整年，终于在春节前穿上了新衣服。

与这类"上"搭配的动词也多与宾语的目标性相呼应。主要有以下几类：

1. 选考类动词。主要有"考、当、选、聘、评、录取"等，其本身的语义特征决定了其后的宾语是一种社会公认的目标，如例（10）。

2. 吃住类动词。主要有"吃、喝、住、用、过、睡、洗、看"等，如例（11）。

3. 取得类动词。该类动词都具有取得义，动作的完成就意味着目标的实现，包括"娶、挣、取、挑、卖（价钱）、帮（忙）、交（朋友）、分（房子）、找（对象）、读（书）"等，如例（12）。

4. 企及类动词。主要有"比、够、及、称、算、顶、配"等。它们与"上"搭配时，一般构成可能式，表示能否达到说话者心中的目标或标准，如"比得／不上、够得／不上、及得／不上、称得／不上、算得／不上、顶得／不上、配得／不上"等。这类可能式的否定式比肯定式的使用频率要高得多。例如：

（14）遍观当今起义群雄，没有一个人能及得上他。

（15）上阵跟敌人交锋，我比不上你；要说坐在帐篷里出个计策，你就比不上我了。

（16）苏小姐有头脑，有身份，态度相貌上算得上大家闺秀。

5. 言说类动词。主要有"说、谈、答、回答、叫、洽谈"等。"上"与言说类动词组合，一般表示成功地实现。例如：

（17）也就是说铁路局没有一个人能和他说上话了。

（18）这个问题我就回答不上了。

综上，"拉上窗帘""戴上眼镜"和"考上大学"中"上"的语义分别为：实义结果义"接触"、实义结果义"附着"、虚化结果义"实现"。

46. "V上"中的动词和语义都有哪些类别?

"V上"结构是一个多义结构,它既可以表趋向义,又可以表结果义,还可以与"了"一起表体貌义。从"V上"的语义变化历程看,其语义可以分为四类,由实到虚依次为:①趋向义——上向位移;②实义结果义——接触、附着;③虚化结果义——实现;④体貌义——开始并持续。各类语义之间的关系如图46-1所示(常娜,2016)。

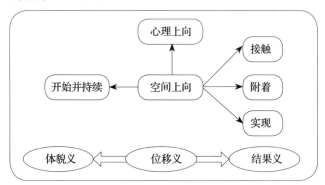

图 46-1   "V 上"的语义

一、趋向义:上向位移 [①]

趋向动词"上"在动趋式"V上"中为趋向补语,表示方向,可以和不同的动词组合,与不同的句法成分搭配,表述不同的位移事件。例如:

（1）她的飞机升上蓝天,向南一路飞去。

（2）只见她从容镇定地走上讲台,微笑地环视四周。

（3）有一天一股莫名其妙的恐慌感涌上心头。

（4）两支乐队奏上了一场精彩的军乐交响乐。

例(1)"升上蓝天"中"上"的方向为接近垂直,例(2)"走上讲台"中"上"的方向则为接近水平,这说明"V上"的趋向义是一个连续统。就其表述的事件

---

① 本部分参考常娜(2018a)关于"V上"的语义与位移事件表达的研究。

来说，例（1）、例（2）中的位移发生在物理空间，例（3）、例（4）中的位移发生在心理等虚拟空间。

例（1）～（4）中的位移终点，如"蓝天""讲台"等，是动趋式"V 上"凸显的信息。"V 上"常带处所宾语，可以和表示移动到某一处所的"V 到……上"相互替换。例如：

（5）走上山——走到山上

爬上楼——爬到楼上

搬上车——搬到车上

抬上床——抬到床上

"V 上"凸显位移终点这一特征也可从其与"V 起来"的比较中看出。二者都可以表示自下而上的上向位移，但"V 起来"后面不能出现表示位移终点的处所词，而"V 上"表示的是指向终点的位移，其后可带处所宾语。例如：

（6）a. 他把一个大木箱搬上了车。

b. 他把一个大木箱搬起来。

"搬上了车"有位移终点"车"；而"搬起来"没有位移终点，只表示自下而上的位移。

动趋式"V 上"中的动词主要有位移动词和心理向上动词，前者又包括自移和他移两类。所谓自移动词是表示物体自主运动或身体动作的动词，同时也是不及物动词，表示位移的方式或使因。他移动词是使宾语位置改变的动作行为动词，具有致使性。心理空间的向上是一种抽象的位移，"上"以隐喻的方式从表达物理空间的趋向义引申为表达社会心理层面的趋向义。各类动词见表 46-1：

表 46-1　趋向义"V 上"中的动词

动词类型	动词举例
自移动词	走、登、踏、爬、迈、涌、跳、冲、跑、飞、迎、攀、浮、挤、奔、升、扑
他移动词	送、搬、摊、拥、提、押、抬、引、逼、扶、请、抱、拉、救、装、抛、运、扔
心理向上动词	摆、递、端、交、呈、捧、敬、供、奉献、致、祭祀、敬献、奏、献、祭、奉

二、实义结果义：接触、附着

接触义的典型类型是"拉上窗帘"这类闭合类接触（详见本书问题45）。接触义包括以下类型：

1.跟靠类接触。表示施事通过动作行为使某物体向某处所位移并最终与之接触。能够进入该结构的动词主要有：（1）追赶类动词，如"跟、追、攀、赶、追赶、跟踪"等；（2）挨靠类动词，如"挨、靠、捱、触、接触"等；（3）身体动作动词，如"踩、摸、吻、亲"等。例如：

（7）他追上了正朝家中走着的文枝。

（8）窗外那棵杨树已经变粗，枝干快挨上窗台了。

2.逢遇类接触。主体A与客体B相向位移，它们在位移过程中的某一点接触。能够进入该结构的动词主要为逢遇类动词，如"碰、遇、撞、逢、遭遇、碰撞"等。例如：

（9）东北人并不害怕碰见东北虎，而是担心遇上吃人的狼。

（10）张继青生在一个好地方，逢上一个好时期。

3.闭合类接触。详见本书问题45"拉上窗帘"部分。

4.连接类接触。表示施事通过动作行为把分开的或没有关联的客体连接在一起，"上"表示连接的直接结果。能够进入该结构的动词大多为连接类动词，如"接、通、系、扯、连接、联系、联络、嫁接、勾搭、勾引、勾结、牵扯、拉扯、结合"等。例如：

（11）据称通上电流，放在身上，能消除过量的脂肪。

（12）她系上围裙下厨去了。

此外，一些动作动词也可把主体和客体或客体的两个部分连接起来，如"别上别针、挂上电话"等。

附着义的典型类型是"戴上眼镜"这类覆盖类附着（详见本书问题45）。附着义包括以下类型：

1.粘连类附着。施事通过动作行为使某物体向某处所运动，进而与之粘连且最终附着于该处所。能够进入该结构的动词主要有：（1）写画类动词，如"写、记、画、圈、贴、绘、划、描、签、抄、印、烙、列、编、标、赋、题、改写、描画、登记、打印、标注、盖（章）、冠（标签）、戳（记号）、刺（字）、注（英文）、勾（脸谱）"等；（2）镶嵌类动词，如"镀、刻、缝、雕、嵌、焊、绣、镶、钉、裱、镌、镶嵌、雕刻、打（烙印）、绷（羊皮）"等；（3）涂抹类动词，如"涂、抹、擦、搽、刷、蘸、敷、搓、糊、喷、吐、扮（靓装）、染（颜色）、蹭（油）、抿（水）、浸（漆）"等；（4）沾染类动词，如"沾、染、迸、溅、传染、感染、侵染、沾染"等。例如：

（13）他在电话边的小本子上写上了号码，撕下那一页交给了她。（写画类动词）

（14）石狮子的背面刻上了"八卦太极图"。（镶嵌类动词）

（15）她在那块旧的匾额上面，重重地抹上了一层糨糊。（涂抹类动词）

（16）由于劳累过度和气候变化无常，他染上了肺炎。（沾染类动词）

2. 覆盖类附着。详见本书问题45"戴上眼镜"部分。

3. 添加类附着。表示施事通过动作行为使物体到某处所的上面或里面并附着于处所上。能够进入该结构的动词都具有［＋添加］［＋附着］的语义特征，主要有：（1）增添类动词，如"添、加、掺、算、拌、补、蓄、夹、垫、挟、混、缀、调、添置、添加、附加、补充、增补、增添、掺杂、点缀、附赠、夹杂、调配、充（电）、衬（报纸）"等；（2）放置类动词，如"安、放、装、盛、挂、摆、搁、插、坠（石头）、安装、安插、悬挂"等；（3）浇灌类动词，如"撒、洒、泼、滴、浇、灌、泡、淋、斟"等；（4）配合类动词，如"配（音乐）、伴（舞蹈）、谱（曲子）"等。例如：

（17）食用时掺上少许面粉，加上水和成面团。（增添类动词）

（18）另一盘摆放着点心，点心上面放上糖果和奶酪。（放置类动词）

4. 固定类附着。能够进入该结构的动词都具有［＋固定］［＋附着］的语义特征，主要有：（1）捆绑类动词，如"捆、绑、箍、勒、缠、束、扎、拢、拴、编（辫子）、捆绑、固定、纠缠"等；（2）携带类动词，如"背、负、带、拿、领、牵、捎、揣、搬、扛、担、掂、挎、拎、拉、提、驮、捎带"等；（3）凝固类动词，如"凝、冻、结"等。例如：

（19）片刻以后，他的两只手都<u>缠</u>上纱布，裹得厚厚的。（捆绑类动词）

（20）什刹海刚刚<u>冻</u>上一层薄冰，他们便勇敢地冲到冰上。（凝固类动词）

5. 填充类附着。能够进入该结构的动词都具有［＋填充］［＋附着］的语义特征，主要是填充类动词，如"塞、填、封、堵、封堵、补（空白）、垒（石头）、弥补"等。例如：

（21）饼干商也在饼干包装里<u>塞</u>上了士兵和装甲车的小模型，以吸引顾客。

6. 感知类附着。表示主体 A 通过动作行为使自己的情感或感知附着于对象 B 上。这是一种抽象的附着关系，是心理空间上的情感附着。能够进入该结构的动词都是表示心理附着的动词，主要是感知类动词，如"爱、看、瞧、盯、恨、迷、喜欢、喜爱、恋爱、沉湎、暗恋、迷恋"等。例如：

（22）他<u>喜欢</u>上一个女同学，是城里一个木匠的女儿。

在感知类附着中，"上"的意义更为抽象，由使具体事物附着于具体处所引申为使自己的情感附着于某物或某人身上，是从具体到抽象的变化。同时，这类感知类动词与"上"的结合也更为紧密，语义也有所引申，有些已经词汇化了，如"看上、瞧上"等。

三、虚化结果义：实现

实现义的"V上"主要指"考上大学"这类用法，详见本书问题45，此处不再赘述。

四、体貌义：开始并持续

"V上"可以和"了"搭配以表达体貌义——开始并持续，句中往往有"就、又"等形式标记。例如：

（23）宝山的婚事早几年就<u>张罗</u>上了。

（24）夜袭队突然一来，甄友新就又<u>提防</u>上了。

47. "走到学校""睡到12点""买到车票"中的"到"表达什么语义?

"走到学校""睡到 12 点""买到车票"这三个短语都是"V 到 NP"结构,简称"V 到"结构,根据动词和 NP 的不同类别,"V 到"结构的用法和语义可分为五类,"走到学校""睡到 12 点""买到车票"代表了其中的三类用法。

一、"走到学校"与"V 到 + 处所宾语"

在"走到学校"中,"走"是具有停止或者进行两种可能的动词,表示一种运动方式;"学校"是地点名词,表示到达的终点;"走到学校"表示人或者物随着"走"这一运动方式到达终点"学校"。因此,这里"V 到 NP"结构表示人或者物随着动作到达某处,"到"的意思是"抵达、到达",该结构后面可以加上"来 / 去"。例如:

(1)他沿着人行道,一步一步<u>走到</u>学校来。

(2)好吧,今天又去了初中,没敢<u>走到</u>学校去。

根据"V"和"到"是否指向同一对象,可将"V 到 + 处所宾语"分为两种情况。(崔应贤,2013)一种是二者指向同一对象,如"走到学校"中,"走"和"到"指向同一对象,此时的动词"走"表示"到"的方式。这类组合中的 V 虽然动作性强,但多不是及物动词,在语句里边也多不反映主要信息,它们作为"到"的方式出现,可以省略。结构的焦点信息为"到"。这一类的组合如:

(3)撤到、冲到、飞到、翻到、攻到、滚到、滑到、回到、进到、嫁到、跨到、流到、爬到、跑到、骑到、绕到、升到、跳到、通到、退到、来到、坐到、调动到、检查到、流窜到、逃窜到、转悠到、转移到

另一种是二者指向不同对象,如"放到桌子上"中,"放"和"到"不指向同一对象。这种组合中,"V"成为语句表述的焦点信息,"到"语义弱化比较明显,容易省略。这一类的组合如:

（4）搬到、插到、传到、放到、刮到、换到、交到、拉到、拢到、捏到、抛到、塞到、送到、拖到、抬到、推到、移到、运到、转到

二、"睡到12点"与"V到+时间宾语"

在"睡到12点"中，"睡"是持续性动词，"12点"是时间词。"睡到12点"表示"睡"这一动作行为持续到某一时间点，即"12点"。"到"表示动作或状态持续到何时，也就是"V"停止的时间。例如：

（5）等到黄昏，来了一只邮船。

（6）我们四个一直玩到天亮。

"到"与时间宾语的搭配非常常见。一般来说，能表示持续性动作或状态、具有动作终点的动词都可以用于此类结构，这一类的组合如：

（7）吵到、唱到、吃到、等到、喝到、哭到、骂到、闹到、睡到、笑到、打到、干到

三、"买到车票"与"V到+受事宾语"

在"买到车票"中，"买"是具有取得义的及物动词，"车票"是受事名词，"买到车票"表示"买"这一动作行为发出后的结果是获得了"车票"。此时"V到NP"表示动作发出后有了结果，这里的"到"表达获得结果义。

"到"表达获得结果义时，可搭配的动词类别非常多，除了与获得义动词搭配外，还可以与接触义动词、感官动词、影响类动词、心理感知动词、言语行为动词等搭配。各类与"到"的组合分别如：

（8）a. 获得义动词：找到、借到、买到、学到、分到、搞到、得到、赚到

　　　b. 接触义动词：遇到、撞到、碰到、摸到、抓到、接到、捞到、拿到

　　　c. 感官动词：看到、见到、听到、闻到、尝到、感到

　　　d. 影响类动词：受到、遭到、影响到、关系到、牵扯到

　　　e. 心理感知动词：感受到、感觉到、意识到、认识到、考虑到、觉察到、体会到、领悟到、回味到、了解到、注意到、猜到、想到、料到、猜想到、预计到、想象到、领略到

　　f. 言语行为动词：说到、谈到、讲到、聊到、论到、提到、问到

　　例（8a）中的"V到"表示施事者获得了"到"后宾语所表示的结果；例（8b）中的"V到"表示施事者接触到了"到"后宾语所表示的人或物；例（8c）中的"V到"表示动作有了结果；例（8d）和例（8e）中的动词在汉语二语习得中最容易被遗漏；例（8f）中的"V到"能充当话题标记，引入新话题，具有语篇连接功能。例如：

　　（9）说到印章，我还有一个故事。

　　（10）谈到这位作家，大家赞不绝口。

四、V到 + 数量等级宾语[①]

　　"V到"可以表示结果或终点的等级，即动作程度达到某一个量。"V到"后通常接数量短语，表示动作结果或状态的等级、范围。例如：

　　（11）这里的冬天可以冷到零下二十度。

　　（12）米价从七八十元涨到二三百元。

五、V到 + 程度宾语

　　"V到"可以表示结果或终点的程度，即动作变化达到某一程度或某一状态。这类宾语通常为谓词性短语，"到"的作用相当于情态补语"得"，多数可以用"得"替换。（吕叔湘，1999）例如：

　　（13）她的职务高到令人目眩。

　　（14）气不顺他就喝酒，直喝到人事不省。

　　综上，"V到"结构根据动词"V"以及"V到"所接宾语的不同，具有五大类意义。"走到学校"表示位移终点，"睡到12点"表示时间终点，"买到车票"表示结果。其中，"买到车票"这类表达结果义的"V到"结构是最为典型的结果补语结构。

---

① 本部分参考杜轶（2012）和沈灿淑（2003）关于"V到"语义的研究。

48. "当成朋友""翻译成中文""办成了"中的 "成"是什么意思?

动词"成"最主要的用法并不是在句中充当述语动词,而是紧接在其他动词之后,构成"V成"结构。(邵敬敏,1988、1990)一般认为,"成"做动结式中的补语时,主要表达两种语义:第一,表示成功、完成;第二,表示变成、变为。本问题的三个例子中"成"的语义可以细分为三类,例如:

(1)我把她当成我最好的朋友。(当作、认为)

(2)这莎士比亚的诗翻译成中文我还真不大熟。(成为、变为)

(3)这件事办成了,得感谢政府。(成功、完成)

一、"当作、认为"义与"把她当成朋友"

"把她当成朋友"这类"把+A+当成+B"结构中的"当成"表示一种主观认定:把A认定是B或认为A是B。A和B是在同一范畴、具有同一性质的事物,或者至少具有相似点;"成"表示等同,具有"当作、认为"义。

也有研究者把"当成"看作一个复合词,其他近义的结构还有"看成、当作"。例如:

(4)她把自己看成了那一朵花。

(5)小时候,总把生日当作快乐的日子。

这一结构中的动词含有"认定"意义,即将A认定为B。事实上,由A到B,A无论形式上还是结果上都没有发生根本变化。只是施事对A的认定发生变化,是一种主观性很强的心理活动。这类动词还有"算、想象、概括、理解"等。例如:

(6)a. 从今天起,把我算成十六岁吧。

　　b. 专业作者把自己的读者想象成十六岁的男孩子。

"成"还可以与言说理解类动词"听、说、喊、读、念、唱、写、抄、理解、误解"等搭配,表达"错误地把A表达/理解成了B"之义。例如:

(7)a. 我把1听成了7。

b. 山西人把声母x的字读成h母。

c. 本来想说"我先来联系一下"，竟说成了"我联络联络"。

这些动词与"成"搭配，表示的也是一种主观判断，这种判断客观上已经造成某种影响或结果。如在例（7a）中，"我"是动作的发出者，因为"我"发出了这个动作才导致数字发生了变化，但真实的情况是数字的状态并没有改变，这句话中的"V成"有"认定、当成"的含义。"我把1听成了7"表述了一个完整的变化过程，有起点有终点，起点为"1"，在"听成"的左边，终点也即变化的结果为"7"。该句中的"V成"表示施事发出的动作使受事发生了认定上的变化。

这种言语动作的发出有时是无意行为，有时可能是有意行为。表言语行为的双音节动词，如"嘱咐、告诉、责备、夸奖、鼓励"等，一般很难进入"V成"结构。

二、"成为、变为"义与"翻译成中文"[①]

"把莎士比亚的诗翻译成中文"表示通过外力"翻译"的作用，使受事"莎士比亚的诗"发生某种形态上的变化或产生某种结果，即"（成为）中文"。这类动词的语义特征是［+致使］［+形态变化］，这类动词的动作性特别强，数量也多。例如：

（8）a. 请帮我把美元换成人民币。

b. 牛大姐把桌上的发言稿撕成一条一条。

c. 没想到用这些石头能造成这么大一座桥。

d. 不要让小错发展成大错。

更多动词与"成"的搭配有：

（9）a. 撕成、切成、围成、盘成、绑成、包成、摆成、吃成、穿成

b. 造成、画成、织成、编成、刻成、雕成、熬成、煮成、炸成

c. 组建成、发展成、整理成、组织成、编辑成、引发成、集结成、交织成、缩小成

---

① 本部分参考赵贤德（2007）对常规性"V成"结构中"V"的入句考察。

例（9a）为一般动作动词与"成"的搭配；例（9b）为制作类动词与"成"的搭配，"V 成"有时能由"V 出"替换，其后的宾语为结果宾语；例（9c）为双音节动词与"成"的搭配。

一些动作性不强的动词也能进入"V 成"结构。其一是自变动词。这类动词只要有一定的环境、合适的场合、成熟的条件，客体自己会发生某种变化，从而产生某种状态或结果，这类动词可以称之为自变动词，语义特征是［＋自变］。例如：

（10）a. 河里连一滴水也没有，河中心的泥土也裂成乌龟壳似的。

b. 那片野花，在蓝色的水面上浮成斑斓的一层。

c. 若那姑娘回头，我们就接着说："你长成这样，还让不让我们这种相貌的人活了？"

例（10）中的"裂""浮""长"等都是在一定环境下的自变行为，没有来自外界的明显的动作行为的影响，这种自变动词与"成"搭配的频率较高，单音节自变动词、双音节自变动词都易与"成"搭配。这一类动词还有：

（11）a. 抽缩、破裂、修炼、进化、散漫、演化、陶冶、蜕化、培育

b. 晕、皱、养、闹、变、凝、合、养、碎、散、漾、病

其二是身体部位活动动词，其后的结果通常为某种形状或颜色。例如：

（12）a. 他一听这话眼睛就眯成两条缝，嘿嘿笑了。

b. 两手紧紧地握成拳头，半天没说出话来。

c. 她不肯讲话，脸都涨成紫色。

d. 这个女人平躺下来，两手平摊，躺成一个"大"字形。

其三是心理活动动词，其后的结果通常为某种形态或状态，例如：

（13）a. 书里写的什么，把你气成这样？

b. 飞行成功，大家都乐成一团。

c. 这两天你不知道我累成狗了。

总之，这类"V 成"结构所表达的语义包括以下三部分：（1）存在着发生变化的对象 A 和变化结果 B；（2）动作 V；（3）通过动作 V，使 A 成为 B。只有在上述三个条件都得到满足的前提下，才能构成"V 成"结构，并用于相关

句子。从句法上看，"成为、变为"义"V成"必须带宾语，"V"与"成"之间不能插入"得/不"构成可能式。

三、"成功、完成"义与"事办成了"

"事办成了"中的"成"表达"成功、完成"义。此时，"V成"主要有两种类型（胡建锋、郭文国，2001），第一类能变换为"把"字句和"被"字句，第二类不能变换为"把"字句或"被"字句。例如：

（14）a. 事情办成了。

　　　　b. 事情办得成。

　　　　c. 事情办不成。

　　　　d. 他把那件事办成了。

　　　　e. 那件事被他办成了。

（15）a. 那场电影我看成了。

　　　　b. 那场电影我看得成。

　　　　c. 那场电影我看不成。

　　　　d. *我把那场电影看成了。

　　　　e. *那场电影被我看成了。

能进入第一类和第二类的动词有区别。有的动词只能进入第一类，如"折、写、建"等具有使成义的动词；有的只能进入第二类，如"参观、测验、偿还"等。

两类"V成"结构句法表现存在差异的原因在于：在第一类中，"成"指向动词支配的对象，如例（14）中，"成"指向"那件事"；而在第二类中，"成"指向动词本身，如例（15）中"成"指向"看"，意为"是否能去看"。

"成功、完成"义"V成"结构是指经过一段时间的发展，事情达到了预期效果，强调的是该事件的成功完成，即成功了。从句法结构上看，它与"翻译成中文"这类"成为、变为"义结构最大的不同是，在"成功、完成"义"V成"结构中，宾语的有无已经不影响语义的表达和语句的完整性，一般情况下不用加宾语。

有几种动词与"成"的搭配不能用于肯定句，但能用于否定句。

第一，具有贬义语义的动词。例如：

（16）a.*他俩吵架<u>吵成</u>了。

　　　b.他俩吵架没<u>吵成</u>。

（17）a.*老师批评他<u>批评成</u>了。

　　　b.老师批评他没<u>批评成</u>。

"吵、批评、骗、罚"等动词与"成"的搭配不能用于肯定句，但在否定句中是成立的。这类动词具有责罚义或遭受义。

第二，具有非持续性语义的动词。例如：

（18）a.*他<u>死成</u>了。

　　　b.他没<u>死成</u>。

（19）a.*这封信<u>寄成</u>了。

　　　b.这封信没<u>寄成</u>。

"死""寄"这两个动词都不具有持续性，是瞬间动词。"成功、完成"义"V成"结构表示经过一段时间以后成功完成了什么，因此，"死成""寄成"不能用于肯定句，但是可以出现在否定句中。

四、"V成"语义解读

一般来说，根据"把"字句等句式标志、宾语的语义类别，以及是否带宾语等，"成"所表达的"当作、认为"义、"成为、变为"义和"成功、完成"义这三种语义在句子中能得到明确的解读。例如：

（20）a.我把她<u>当成</u>朋友。（当作、认为）

　　　b.我没有<u>当成</u>画家，因为我色盲。（成功、完成）

　　　c.我相信您真是想把这件事<u>办成</u>一件好事。（成为、变为）

　　　d.她<u>学成</u>了一名厨师。（成为、变为）

　　　e.她<u>学成</u>了一门技术。（成功、完成）

但有时候也会产生歧义。例如：

（21）她<u>培养成</u>了一名歌唱家。

例（21）有两种解读。第一，"她"成为一名歌唱家；第二，"她"成功培养了一名歌唱家。

49. "停住""粘住""抓住""迷住""禁不住" 中的"住"是什么意思?

"住"做动词时,在《现代汉语词典》(第7版)中解释为"居住、住宿"以及"停住、止住"。做动词的补语时,"住"有两种基本语义:第一种是表示停止行进或静止,第二种是表示附着牢固或稳当。后者是从前者引申而来的,可以说它是停止后的持续状态,它的虚化程度比前者高。(曹晋,2014)这两种基本语义进一步引申出结果补语常见的"获得、取得"义,以及某些搭配所具有的思想感情被控制义。此外,不少"V住"的可能式"V得/不住"词汇化为三音节词,表达能否承受之义。(王晓红,2009)分别如下例:

(1)前面的马车在城门前停住了。(停止行进、静止)

(2)它的头和两只前翅被蜘蛛网粘住了。(附着牢固、稳当)

(3)他抓住了点儿头绪,知道这位老上级在操什么心。(获得、取得)

(4)她被这幅画儿迷住了。(思想感情被控制)

(5)我和朋友不等她说完,就禁不住大笑起来。(能否承受)

一、"停止行进、静止"义与"停住"

"停住"中的"住"表达的是"停止行进、静止"义,表示一个正在进行的动作停止,动作主体处于静止状态。例如:

(6)a. 万一遇到停电,电梯就会选择最近的楼层停住。

b. 他的话讲到一半突然停住了。

例(6a)表示电梯由运动状态变为静止状态,而且这一状态具有持续性;例(6b)表示"讲话"这个动作停止,由进行状态变为静止状态。

更多此类动词有:

(7)a. 停、站、止、立、定、怔、愣、呆

b. 拦、挡、绊、截、阻拦、阻止、制止、遏止、防止

c. 叫、喊、喝、唤、吼

例（7a）中的动词本身具有停止义。例（7b）中的动词有"不让通过或不让进行"的意义，其基本语义特征是［＋述人］［＋使不通过或使停止］，其中大部分动词具有附着义，通过接触受事、施加阻力使受事停止或不能通过。例（7c）中的动词都表示通过大声叫喊引起目标对象的注意，使移动中的人或物停止。整个过程为：施事发出声音，引起受事注意，导致受事停止运动。这类动词所表示的动作行为可以在一个特定的空间内使受事不经过与施事的直接接触而停止，具有抽象的致使力。（范丽芳，2008）

上述三类动词与"住"的搭配用例分别如例（8）～（10）：

（8）a. 我在门边站住了。

　　　b. 夜来的雨，已经完全止住了。

　　　c. 他的问题使她呆住了，半天才回答。

（9）a. 他伸手拦住后面的那辆车。

　　　b. 妈妈飞快地往他头上敲了一下，制止住他吵死人的叫声。

（10）a. 叶芸喊住了大家。

　　　b. 后面有个女的还准备搭升降梯下去，直接被那个女警察吼住!

二、"附着牢固、稳当"义与"粘住"

"粘住"中的"住"表示物体接触或者附着于另一物体上后处于稳定状态。例如：

（11）a. 半路上，她的鞋被泥粘住了。

　　　b. 树上的一片叶子随风落下，飘到她肩上粘住了。

例（11a）中，"泥"附着在"鞋"上后"粘住"，"住"有"两个物体附着后稳固"的意义；例（11b）中，"树上的一片叶子"与"她肩"接触后"粘住"，并处于稳定状态。

此类搭配非常多，如：

（12）a. 握住、拿住、接住、抓住、夹住、捏住、揪住、搂住、扭住、抱住、
　　　　咬住

　　　b. 捆住、绑住、绊住、系住、缚住、绕住、缠住、牵住、拴住、钉住、

束住

c. 压住、盖住、封住、塞住、堵住、掩住、蒙住、遮住、守住、关住

d. 稳定住、稳住、愁住

例（12a）中的动词多为手部等身体部位动作，表示用手、身体、牙齿等接触某物，使之固定于相应的身体部位；例（12b）中的动词也是手部动作，但是是使用某种工具，如绳子、钉子等，使某个有运动能力的物体固定于某处；例（12c）中的动词为封闭覆盖类动词，指通过这些动作，使物体被覆盖或阻挡于某个封闭空间；例（12d）中的动词为"控制、情绪"类动词。各小类例句分别如下：

（13）a. 新娘抛出一束玫瑰花，让一位女士接住。

b. 小狗绕着拴住它的木桩子，一圈一圈地转圈。

c. 一大片乌云遮住了太阳，看样子要下雨了。

d. 他愣了一下，稳住自己，将她扶了起来。

这些动词多是表示具体行为的动词，通过具体行为使事物达到稳固、牢固的状态，从而达到自己的目的。

三、"获得、取得"义与"抓住"

"抓住"中的"住"表示动作发出后产生了某结果，即达到了某种目的或者获得了某种东西，具有"获得、取得"义。例如：

（14）a. 我伸手去抓，抓住了一个什么东西。

b. 去年一年，民警在商城共抓住了15人。

c. 我心里一动，我觉得抓住了点儿什么，可是怎么也想不起来，呆呆地看着笑兰发愣。

d. 无风尚有三尺浪，给人抓住了一点儿影子，就能渲染得满天风雨。

例（14）中的"抓住"都是表示达到了某种目的或者获得了某种东西。例（14a）中的"抓"是为了得到"什么东西"，"抓住"表示这一目的实现；例（14b）中"民警"去"抓"坏人，最终"获得"了"15人"；例（14c）、例（14d）中的"抓住"表示获得某种抽象事物。"获得、取得"义是结果补语常见的引申义。

这里说获得义是引申义，是因为"抓住"中的"住"在具体语境中，还可以表达"牢固、稳当"义，此时"抓住"的语义更具体、实在，更接近本义。例如：

（15）抓住我的手，别松开！（牢固、稳当）

四、思想感情被控制义与"迷住"

"迷住"表示思想活动或感情活动不能正常进行，失去判断能力。这里的"住"表达"思想感情受客体或主体控制"的语义。例如：

（16）a. 她被这幅画儿迷住了。

b. 她的表演迷住了很多观众。

更多此类动词有"吸引"等。例如：

（17）老猎人意外地被一行足印吸引住了。

例（16）和例（17）中的"住"表示思想感情附着在外界客体"画儿""表演""足印"之上，被外界客体所控制。

五、能否承受义与"禁不住"

"禁不住"的意思是承受不住，"禁得住"的意思是承受得住。"V得/不住"作为一个整体，表达能否承受之义。例如：

（18）a. 我和朋友不等她说完，就禁不住大笑起来。

b. 一只小鸟禁不住寒风，倒在地上冻死了。

《现代汉语三音词词典》（增订本）中的"V不C"形式有108个，其中"V+得/不+住"频率最高。（奇唯美，2013）如下：

（19）a. 保不住、靠不住、备不住、打不住、挂不住、闷不住

b. 吃得/不住、架得/不住、搁得/不住、禁得/不住、经得/不住、

对得/不住

例（19a）中为否定式，例（19b）中为肯定式和否定式。例如：

（20）a. 我心里觉得很对不住，烟是她亲自替我买的，送给我我又不接受。

b. 承包这项工程，3个月是打不住的。

c. 我们也觉得脸上挂不住，只好强忍住泪水。

d. 男人虽然力气大，架不住妇女会找窍门。

e. 她还是美丽的，男人靠不住，钱也靠不住，还是自己可靠。

例（20）中的"V+得/不+住"已经词汇化了。以例（20a）为例，"对不住"是"对不起"的意思，可以受"很"的修饰，已经词汇化，成为一个形容词了。

更多与"住"搭配表达此类语义的动词有：

（21）坚持、抑制、控制、承受、支持、支撑、经受、把握、操纵、抵制、顶

例（21）都是表示"抽象力"的词，具有［-接触］的语义特征，施力者和受力者没有直接接触。例如：

（22）a. 我顶住了强大的冲力，在浪头背后露出。

b. 飞机的机身必须能承受住巨大的压力。

六、余论

从上文例句可以看出，"住"的语义与其语义指向有所关联。

当"住"指向施事时，"住"表示施事由动态变为静态，或者是动作发生后施事一直保持一种相对静止状态，语义是"停止行进、静止"。例如：

（23）a. 灰暗的瞳仁凝住了，愤恨地仰望着苍天。

b. 走到枣树下面，她立住了。

c. 他话不多，在办公桌前一坐就是十几个小时，他就能坐住。

例（23）中"住"指向施事。例（23a）、例（23b）中的"住"表示施事由动态转为静态，例（23c）中的"住"表示施事在"坐"这一动作行为发生后一直保持着"坐"的状态。

当"住"指向受事时，根据动词的不同，"住"有三种语义：（1）使移动着的人或物停止；（2）物体接触或者附着于另一物体后处于稳定状态；（3）"获得、取得"义。分别如下例：

（24）a. 我叫住他。

    b. 圄于一时一技，只会捆<u>住</u>自己的手脚。

    c. 他成功的原因是因为抓<u>住</u>了商机。

当"住"指向动词时，可以表示动作持续的状态，如例（22）：

（25）a. 喀秋莎也加快脚步跟<u>住火车</u>，可是火车越开越快。

    b. 华茜瞄<u>住朋友</u>，心里是沾沾自喜。

例（25）中，"住"与"跟""瞄"搭配，表示这些动作的持续。

50. "打破了脑袋"和"想破了脑袋"中"破"的意思一样吗？

    "打破了脑袋"和"想破了脑袋"中的"破"虽然都是在动词后面充当结果补语，但是意思并不一样。例如：

（1）打破了脑袋：打脑袋 + 脑袋破了

（2）想破了脑袋：想（问题）+ *脑袋破了

    例（1）"打破了脑袋"中，"脑袋"真的"破"了；例（2）"想破了脑袋"中，"脑袋"并没有"破"，只是用"破"来表示"想"得很努力，"想"这个过程很长、很艰难。此时，"破"是一种夸张用法，表达程度高之义，即几乎把脑袋想破了。这类"破"紧附于动词之后，动词和"破"之间不能插入"得/不"，"想得破脑袋""想不破脑袋"都不能说。

    在"V破"结构中，"破"的语义主要有三类（石慧敏，2010），具体如下：

（3）一道彩虹划<u>破</u>了蔚蓝的晚空。（受损伤、不完整）

（4）这些思考突<u>破</u>了思维定式。（突破、破除某传统、思想等）

（5）他们终会识<u>破</u>她的谎言。（使真相显露）

    "打破了脑袋"和"想破了脑袋"都属于第一类语义，只是前者表述客观真实结果，后者表述非现实夸张结果。

一、V 破 ₁：完整的东西受到损伤变得不完整

根据《现代汉语词典》（第 7 版），动词"破"的本义是"完整的东西受到损伤变得不完整"，"V 破₁"中"破"为其本义。如例（3）及例（6）：

（6）a. 他用砖敲门，<u>敲破</u>了好几块砖。

　　b. 有一次去看花，被狗<u>咬破</u>了裤子。

　　c. 那件衬衫的肩头<u>穿破</u>了，他缝好接着穿。

例（6a）和例（6b）中的"敲""咬"都具有强致使性、强动作性和破坏性，其直接导致"砖"和"裤子"破了；例（6c）中的"穿"具有延续性，长时间地"穿"导致"衬衫的肩头"破了。能进入该类结构的动词很多，例如：

（7）a. 捣、揭、戳、挤、撞、抓、咬、攻、击、刺、扎、打、烧、冲、踩、

　　　划、震、挑、啄、摔、碰、砸

　　b. 用、读、写、坐、洗、磨

（7a）类动词产生的是"即时致使结果"，（7b）类动词产生的是"延时致使结果"。（邓亮、姜灿中，2016；文旭、姜灿中，2018）这两种语义都是指动作致使具象事物由完整变得不完整。

"V 破₁"还包括"想破了脑袋"这类夸张类比用法。更多用例如：

（8）a. 这些怪话，几乎把我的肚子都<u>笑破</u>了。

　　b. 孩子们在一起<u>吵破</u>了屋顶。

　　c. <u>喊破</u>了嗓子也没有人来。

不及物动词能进入此类结构，如"喊、叫、笑、哭、吼、气、咳、吵、闹、嚷、忙、饿"等；一些表示思维和心理活动、言语行为之类的及物动词也能进入此类结构，如"劝、骂、教、吃、唱、喝、想、说"等。

二、V 破 ₂：突破、破除（某种思想、习惯、规定等）

此语义是"破"本义的引申义，"V 破"表示破除某思想、习惯、规定等，表达抽象结果义。例如：

（9）a. 不满于现实，要求<u>突破</u>现实。

　　b. 父亲决心打破传统习惯，把孩子送进学校。

　　c. 他的话冲破了大家心里的恐惧，带来了乐观和信心。

此类用法的"V破"词汇化程度较高，比如"突破、打破、冲破"等都已收入《现代汉语词典》（第7版）。

三、V破₃：使真相显露

此语义也是"破"本义的引申义，"V破"表达使真相显露之义，表示的也是抽象结果。例如：

　　（10）a. 他明白这都是为了她，但是并不说破。

　　　　b. 她不想让人看破自己的秘密。

　　　　c. 冯老师一语道破了其中的危险。

更多此类表达有：

　　（11）说破、点破、猜破、道破、揭破、看破、识破

这些"V"为无接触类动词，和表达具体破坏义的"破"相关度较低，它们通过语义的拓展而相互关联，即破除表象，使真相显露，表示的是隐喻结果。此类用法的"V破"词汇化程度比较高，比如"识破、说破"已收入《现代汉语词典》（第7版）。

四、结语

　　"破"原本是动词，在"V破"动结式中，"破"的动词性减弱，描述结果状态的语义增强，变为非典型的动词或者说形容词。（徐丹，2005）

　　最典型、使用频率最高的是"V破₁"类，包括"打破了脑袋"这种具体结果和"想破了脑袋"这种类比夸张结果；"V破₂"（破除某思想、传统等）和"V破₃"（使真相显露）中的"破"是本义的引用用法。

　　有些"V破"结构的词汇化程度较高，《现代汉语词典》（第7版）中"破"充当补语构成的词有"爆破、冲破、打破、道破、点破、跌破、攻破、击破、揭破、看破、识破、说破、突破"等。

51. "扔掉""走掉""关掉"中的"掉"
表达什么语义？

现代汉语中，动词"掉"的本义为"落"（刘炎，2007），可以单独充当谓语。例如：

（1）一夜之间，银杏叶全掉了。

"掉"是一个有起点、有终点的位移过程。起点之前的状态的语义特征是［+附着］，客体附着于某一基体；起点状态的语义特征是［+脱离］，客体脱离其基体；过程的语义特征是［+下落］，下落的方向默认为自上而下；"掉"的终点的语义特征是［+停止］，其状态的语义特征仍为［+附着］，附着于另一基体。"掉"的全过程可以概括为"附着—脱离—下落—附着"。

例（1）中，"掉"开始前，客体"银杏叶"附着于基体"银杏树"之上；"掉"时，"银杏叶"脱离了"银杏树"，"掉"这一动作行为的进行是叶子下落的过程；"掉"结束后，叶子到达终点，重新附着于另一基体（默认为地面）。

动词"掉"发生的致使力主要是自然力（如地球引力、气候变化等），其语义可以描写为：

（2）动词"掉"：［+自然力］［+空间位移］［+确定的方向］

"V 掉"动结式中的动词多为表达"移动、去除、变化"等意义的动词（陈洪磊，2009），"掉"的语法意义主要包括三类，即客体脱离、客体消失及事件完成/状态实现。本问题中的"扔掉""走掉""关掉"分属于这三类。

一、"扔掉"与客体脱离义

"扔掉"表达客体脱离义，即在某一外力作用下，客体脱离其原本附着的基体并下落。例如：

（3）a. 他把桌子擦干净，扔掉一些碎纸。

　　b. 熬到半夜时，他扔掉了手里的笔，一头倒在床上。

例（3）中"碎纸"和"笔"分别脱离所附着的处所"桌子"和"手"，"掉"

到新的附着处所。

"掉"表达脱离义时，与之搭配的动词均为强动作性、强致使性动词，包括以下四类（王连盛、吴春相，2019）：

（4）a. 拍打类：拍、打、挤、扔、摘

　　 b. 剥脱类：剥、脱、扯、拽、挣

　　 c. 切割类：切、割、锯、砍、剁

　　 d. 擦洗类：擦、洗、抹、刷

（4a）类示例如例（3），其他三类示例如下：

（5）a. 他脱掉大衣，挂在衣架上。

　　 b. 祖父挥挥手说把树砍掉。

　　 c. 金秀擦掉眼泪，走进屋里。

例（5a）中，"大衣"脱离身体；例（5b）中，"树"脱离生长的土地；例（5c）中，"眼泪"脱离脸。

这类"V掉"结构中，述语和补语在语义上具有很强的相关性，补语"掉"为述语所表示的动作行为产生的结果。如例（5a）中补语"掉"是述语动作"脱（衣服）"产生的结果。句法上，"V"和"掉"之间可以插入"得/不"进行扩展，"V"和"掉"能够进入"因……而……""一……就……"结构。如：

（6）脱得掉、脱不掉、因脱而掉、一脱就掉

二、"走掉"与客体消失义 [1]

"走掉"表达客体消失义，即动作主体（施事）实施某一动作而致使自身从某一处所消失，或者是客体因某一外力的作用而消失。例如：

（7）a. 那位同学默默走掉。

　　 b. 这座楼烧掉过几次。

例（7）中"那位同学"因自己的动作"走"、"这座楼"因外力"烧"而从所存在的处所消失。此时，"掉"的意义已经虚化。"掉"只有起点，其位移

---

[1]   本部分参考朴奎容（2000）谈"V掉"中"掉"的意义。

义基本消失，终点也不出现。

"掉"表达消失义时，与之搭配的动词具有［－位移］［＋消失］或［＋破坏］的语义特征（周磊磊，1999），包括以下类别：

（8）a. 位移离开类：走、飞、跑、逃、溜、散

　　　b. 毁坏致死类：烧、拆、毁、删、除、砸、杀、毙、干

　　　c. 吃喝消耗类：吃、喝、吸、抽（烟）、用、花

　　　d. 抽象消耗类：睡、躺、坐、站、等、考

上述（8a）类和（8b）类示例如例（7），（8c）类和（8d）类示例如下：

（9）a. 村里人鸡蛋也舍不得吃掉。

　　　b. 整个早晨就在床上躺掉了。

（8a）类动词具有离开义，此时"V掉"结构中的"掉"可替换为"走"（述语动词为"走"时除外）；（8b）类和（8c）类动词具有去除义，此时"V掉"中的"掉"可删除，或者替换为"了"。例如：

（10）a. 小鸟一下子都飞走了。（飞掉）

　　　b. 这座楼被烧了几次。（烧掉）

　　　c. 村里人鸡蛋也舍不得吃。（吃掉）

消失类"V掉"结构中的"V"和"掉"一般不能进入"因……而……""一……就……"结构。

三、"关掉"与事件完成/状态实现义

"关掉"表示"关"这一动作结束，事件完成。例如：

（11）a. 把电视关掉。

　　　b. 他关掉了所有的灯。

例（11）中"掉"作为"关"这个动作的补语，表示的是事物的状态通过"关"这个动作发生了变化，由开或者运行的状态转变为关闭或者闭合的状态。在这里，"掉"是"关"的结果，表示事物状态变化的完成，可替换为"关上"。

在"V掉"的新兴用法中，就有表示动作结束、事件完成的，这类用法带有处理义。例如：

（12）他答应母亲2006年一定把房子<u>买掉</u>，把婚<u>结掉</u>，把孩子<u>生掉</u>。

（13）我前有丹麦学弟学妹的旅程要<u>安排掉</u>，后有四十页《安徒生自传》要<u>翻译掉</u>。

例（12）和例（13）中的"掉"表示事件完成，即随着某一动作的结束，相应的事件得以完成。例（12）中"V掉"的意思是把"买房子""结婚""生孩子"这些事情完成；例（13）中的"安排掉旅程"表示"安排旅程"这一事件结束，"翻译掉《安徒生自传》"的意思是翻译完成。这里的"掉"只有终点，没有起点，事件在动作结束后才得以完成。该类"掉"表示的是动作或事件的消极完成。

此外，"掉"可以用于某些消极的不及物动词以及性质形容词之后，表示一种坏的、反常的或不如意的状态的达成。例如：

（14）假如我<u>疯掉</u>了，一定会以为自己没有疯。

（15）过生日时收到变质的蛋糕会让你<u>脸绿掉</u>，收到爱情是不是一定要让你<u>脸红掉</u>呢？

上例中"掉"表示坏的或不如意的状态的达成。例（14）中，"疯掉"是说"疯"的状态的达成，疯癫义动词如"疯、傻、呆、死"等可以有此用法；例（15）中，"绿掉"和"红掉"是"脸"变色状态的达成。该结构中，"掉"也只有终点，没有起点，最终状态在变化完成后出现。

综上，"扔掉"中的"掉"表达客体脱离义，"走掉"中的"掉"表达客体消失义，"关掉"中的"掉"表达事件完成/状态实现义。"掉"从"脱离"到"消极处理"和"不如意的变化完成"，语义不断虚化和主观化，是由客观向主观的延伸。

第六部分　教学指导

52. 教学中要教哪些结果补语？

按照 2021 年发布的《国际中文教育中文水平等级标准》，与结果补语相关的教学内容见表 52-1：

表 52-1　《国际中文教育中文水平等级标准》中结果补语相关教学内容

水平	项目	例句
二级水平	结果补语 1： 动词 + 错 / 懂 / 干净 / 好 / 会 / 清楚 / 完	你写错了两个汉字。 这个句子我没看懂。 衣服我洗干净了。 这道题我没学会。 你听清楚老师的话了吗？
三级水平	动补式离合词： 打开、看见、离开、完成	你的文件我打不开，你能再给我发一下儿吗？ 黑板上的字很小，我们都看不见。 放心吧，孩子这么大，离得开妈妈了。 我们完不成这个任务。
	结果补语 2： 动词 + 到 / 住 / 走	他终于买到火车票了。 我把球传给他，可他没接住。 那本书他取走了吗？
	特殊句型："把"字句 1 表处置 主语 + 把 + 宾语 + 动词 + 结果补语	你把书架上的书放整齐。

续表

水平	项目	例句
四级水平	趋向补语表达结果意义（引申用法） V+ 上 / 出 / 起 / 下	请同学们离开时<u>关上</u>窗户。 他向父母<u>说出</u>了自己的愿望。 他终于<u>想起</u>了当时的情况。 他们<u>建立起</u>了亲密的朋友关系。 请<u>留下</u>你的地址和手机号。
四级水平	特殊句型：存现句2 表示出现、消失 处所词＋动词＋结果补语＋动态助词 "了"＋数量短语＋人 / 物	我们班里<u>转走</u>了一个学生。 阳台上<u>吹跑</u>了一条裙子。 院子里<u>搬走</u>了两家人。 公司<u>调走</u>了几名员工。

2014 年《国际汉语教学通用课程大纲》规定的教学内容见表 52-2。

表 52-2　《国际汉语教学通用课程大纲》中结果补语相关教学内容

水平	项目	举例
三级	结果补语 1： 动词＋完 / 好 / 在 / 到 / 给 / 懂 / 干净 / 会	吃完、准备好、放在、寄到、送给、听懂、洗干净、学会
四级	结果补语的可能形式： 动词＋得 / 不＋结果	吃得完、学不会

从表 52-1、表 52-2 可知，结果补语这一语言项目的教学主要集中在汉语水平二级和三级，即初级水平，它所在的特殊句型及其引申意义、可能形式等的教学会出现在四级水平，即中级水平。

最先学习的是最常见的动词与形容词补语的组合，紧接着学习动词和动词补语的组合，集中于补语的基本语义，不涉及引申与虚化后的语义。随后涉及结果补语的语言点项目是结果补语的可能式及动补式离合词。随着学习者汉语水平的提高，接着学习的是虚化义结果补语，充当补语的一般是虚化义动词，包括"住、到、走"，以及由趋向动词虚化而来的"上、下、起、出"等。此外，在讲解特殊句型"把"字句和存现句时，结果补语是这两个句型的重要组成成分，对这两个句型的讲解，不可避免地会涉及结果补语。

从教学实践看，一般汉语教材中的结果补语教学内容远远多于水平等级类大纲中所规定的。以《发展汉语·初级综合Ⅰ》和《初级汉语精读教程》（下文分别简称为《发展汉语》与《精读教程》）两部教材为例（洪炜、黄天妮，2020）：

（1）两部教材语法讲解中明确讲解的显性结果补语有：

　　《发展汉语》：V＋好／上／见／开／完／给／到／在／走／满

　　《精读教程》：V＋对／错／懂／见／完／干净／清楚／好／着（zháo）／
　　　　　　　　　会／到

（2）两部教材课文和练习中出现的隐性结果补语有：

　　《发展汉语》：V＋住／清楚／会／成

　　　　　　　　　V＋对／错／懂／够／掉／坏／干净

　　《精读教程》：V＋住／在／给／成

　　　　　　　　　V＋满／整齐／乱／上／破／脏／坏／开／碎／醒／走／掉

　　由（1）（2）可知，汉语教材中涉及的结果补语非常丰富，既包括了基本结构、基本语义、基本述语动词和形容词补语搭配，也涵盖了几乎所有常见的虚化义动词充当的结果补语，如"V＋住／成／掉／上／开／走／在／到／完／破／碎"等等。

53. 结果补语的教学目标与重难点有哪些?

一、教学目标与重点

1.1 掌握结果补语的基本结构与语义特点

　　根据我们的统计，结果补语偏误按数量由多到少排列依次是：遗漏、误加、误代、错序。遗漏和误加偏误数量最多，说明汉语学习者不能把握结果补语的使用时机。因此，要重视对结果补语的句法条件、句法环境及语义表达功能的讲解，使学生体会到用不用结果补语以及用哪个结果补语的语义差异。例如：

（1）a. 我<u>听</u>着呢，但是没<u>听见</u>。

　　　b. 作业我<u>做</u>了，还没<u>做完</u>呢。

　　　c. 黑板上的字我能<u>看见</u>，可是<u>看不清楚</u>。

1.2 掌握结果补语句的基本语序与基本句式

掌握结果补语与宾语、"了"等成分共现时的语序，掌握结果补语否定式与可能式中"没"和"不"与其他成分的语序，等等。结果补语结构连接紧密，在句法中的表现更像复合词，不能被其他成分分开，初学者容易产生偏误。例如：

（2）a. *我<u>看</u>了这本书<u>完</u>。（我<u>看完</u>这本书了。）

　　　b. *我<u>听</u>老师的话<u>懂</u>了。（我<u>听懂</u>老师的话了。）

　　　c. *我<u>听</u>今天的语法<u>不懂</u>。（我<u>没听懂</u>今天的语法。/ 我<u>听不懂</u>今天的语法。）

在教学中，让学生把结果补语结构当成一个整体来理解和记忆，能较好地解决相关语序问题。

1.3 掌握述语动词与结果补语的规约性联系

汉语学习者在表达中，由于缺乏语感，常常不知道哪些动词或形容词可以用作哪些动词的结果补语，也不知道自己组成的结果补语结构是否妥当，因此应该用结果补语的时候，或因搭配不当而用错，或者干脆回避使用。（赵金铭，2016）

述语动词与结果补语之间有多种可能搭配，什么样的动词与某一个结果补语搭配，既受到结果补语的制约，也与动词的语义类别相关。例如能与结果补语"到"搭配的动词中有相当一部分是感官、知觉类动词，如例（3），到了中高级教学阶段，教师就可以将它们归类，让学生了解这种搭配的理据性，形成并掌握动词与结果补语的双向组合网络。

（3）可与"到"搭配的常见感官、知觉类动词：

　　　感官动词：看、见、注意（视觉）、听（听觉）、闻（嗅觉）、吃、尝、喝（味觉）

　　　感知动词：想、猜、体会、感觉、认识、了解、考虑

其他动词：遇、碰、找、查（视觉器官）

谈、说、讲、提、议论、讨论（言语器官）

摸、买、抓、做、采集、收集（触觉器官）

二、难点

2.1 虚化义结果补语

不同结果补语的习得难度并不相同，教学难点是那些难以掌握的项目。

汉语教师和汉语学习者对结果补语的难度进行了排序（洪炜、黄天妮，2020），如（4）：

（4）汉语教师对结果补语难度的排序（由高到低）：

着（zháo）＞到＞走＞上＞满＞好＞给＞见＞会＞在/开＞完/清楚＞干净＞懂＞对/错

汉语学习者对结果补语难度的排序（由高到低）：

着（zháo）＞满＞上＞到＞好/见＞走/开＞给/在＞清楚/干净＞会＞完＞懂＞对/错

从（4）可知，教学难点是"着、到、走、上、开、见"等虚化义结果补语以及动补搭配中语义不透明（朱旻文，2017）的形容词结果补语"满"。

2.2 近义结果补语

同一动词可以带不同的结果补语，不同的结果补语之间或多或少地存在着语义差异。通过对比分析，帮助学习者建立动词与补语的语义关联，加深学习者对动补成分之间语义的理解，可以降低结果补语的学习难度，有利于结果补语的习得。比如，"V＋完"与"V＋好"是常见的结果补语结构，二者在很多时候可以互换：

（5）a. 我吃完了饭就去做作业。

　　b. 我吃好了饭就去做作业。

但二者还是存在差异的，"完"仅仅是强调动作的结束，"好"除了表示动作的结束之外，还强调预期的理想状态的实现（参见本书问题36），所以可以与"完"搭配的动词的数量要远远超过"好"。更重要的是，"好"不能与具有贬义语义特征的动词构成结果补语结构，而"完"做结果补语不受此限制。例如例（6）中，A组动词既可跟"完"搭配，也可跟"好"搭配；B组动词只能跟"完"搭配，不能跟"好"搭配，如例（7）、例（8）。

（6）A组：洗、吃、喝、做、看

B组：批评、挨、骗、吵架

（7）a. 骗完爸爸骗妈妈。

b. *骗好爸爸骗妈妈。

（8）a. 两个人吵完了架就离开了。

b. *两个人吵好了架就离开了。

2.3 特殊结果补语句式

有些特殊结果补语句式的语义并不能从字面上的组合推导出来，需要作为整体单独讲解。以受事做主语的致使句式和结果偏离义句式为例：

（9）a. 我看烦了这本书。

b. 这本书看烦了我。

（10）a. 这个手机买贵了。

b. 那件衣服买大了。

例（9b）是受事"这本书"做主语，其语义是"这本书让我看烦了"；例（10）表达的意思是结果跟预期的不一样，有"过于"的意思，例（10a）是说"手机"买得过贵，例（10b）是说"衣服"买得过大。

54. 结果补语教学如何分层次进行?

结果补语是一个复杂的系统，涉及很多句法、语义、语用现象，其教学也应该是一个循序渐进、分层级进行的过程。下文从词汇教学与语法教学层次、结果补语的语义层次、动词与结果补语的搭配层次、句式层次、教学编排层次这五个方面进行说明。

一、词汇教学与语法教学层次

动结式属于"短语词"（吴中伟，2016），与此相应，结果补语教学可以分成词汇教学和语法教学两个层次。

词汇教学是指，某些结果补语搭配具有惯常性与规约性，语义也不甚透明，可以把它们当成复合词，放在生词部分进行教学；语法教学是指，某些常见结果补语，尤其是形容词补语、动词补语"上、住、着（zháo）、见、走、掉、成、到"等与动词搭配时，生成性比较强，可以把它们放在语法部分进行教学。

长期以来，对外汉语语法教学体系都是将结果补语作为句法项目来对待，也就是说把结果补语作为一个语法项目放在某一阶段统一进行教学，然后让学习者自行记忆与运用。教学实践表明，结果补语结构也需要词汇层次的教学，因为其具有"词块"和复合词性质。（赵金铭，2016；胡清国、张雪，2017）

由一个动词与另一个动词或形容词直接组合而成的结果补语结构是汉语句法系统中颇具特色的句法结构之一。动词与结果补语的搭配具有难度和独特性，从其来源与学习者的常见偏误出发，在教材的生词编排上、教师的课堂讲授中以及练习的设置上可以有意识地将其作为一个整体来编排、讲授与考查，让形式与意义构成一对一的关系，以方便学习者理解、记忆与使用。

在现行教材中，有些教材已经将部分结果补语结构或者结果补语可能式收入生词表，如初级汉语教材《成功之路·顺利篇》收入生词表的结果补语结构和结果补语可能式（可能补语）有：

（1）看见、听见、遇到、碰上、打开

（2）赶得上、赶不上、看得起、看不起

有些结果补语结构虽然未收入词典和教材生词表，但是由于常用或者偏误率高，教师在教学中可以将其放在生词部分进行讲解和练习。例如：

（3）记住、迷上、爱上、摔倒、溜走、偷走、倒掉、死掉、意识到、感受到、认识到、考虑到

把结果补语结构处理为词，充分考虑到了学习者的习得特点，不仅能够解决遗漏偏误（郝琳，2019），也能针对性地解决"宾补式"的错序偏误。然而，把

结果补语结构都纳入词汇教学也不可行。因为结果补语结构组合十分灵活、高产，又可以扩展，与一般的动补复合词存在明显的区别。如果都处理为"词"，那么词典以及教材里的生词表将不堪重负。而且，从学习者角度考虑，整体认知策略也会带来如下偏误：

（4）a. *我们听见完了这个报告。

b. *黑板上的字我看见得很清楚了。

出现这类偏误的原因主要是学习者不了解这些动词的内部构造是动补结构，而动补结构后面一般不能再有补充成分。所以，对结果补语的教学要把握好词汇教学层次和语法教学层次两个层次上的度。

二、结果补语的语义层次

在教结果补语的时候，教师先讲解结果补语的基本形式、基本语义，了解意义比较具体的结果补语。在此基础之上，讲解一些语义虚化的结果补语，从实到虚，虚实结合，循序渐进。

理论上，词语的习得遵守以下顺序（高顺全，2002）：（1）实词的意义比虚词的意义容易习得；（2）具体的意义比抽象的意义容易习得；（3）词汇意义比语法意义容易习得。

常见虚化义结果补语"上、住、着（zháo）、见、走、掉、成、到、破"等的语义复杂，对它们的教学必须考虑到虚化问题。在教学和教材编写中也应该遵循"先实后虚"的原则，即先教实义用法，再教相应的虚化义用法。这些常见补语的动词意义在现行词汇大纲的初级阶段都已出现，但教学中对其作为结果补语的意义的教学重视程度不够，学习者很难弄清楚它们在什么情况下表达实义，什么情况下表达虚化意义，什么时候表达趋向意义，什么时候表达时体意义。

在教学中，教师应该把握语义类别和不同语义之间引申、虚化的关系，把不同的语义分开进行教学。每次在带领学习者复习已学语义和搭配的基础上，讲授一种新的语义，集中进行这种语义的操练，启发学生体会新旧语义间的联系与区别，有针对性地培养学生在具体的语境中辨别该动词是实义还是虚化义，以及是哪种虚化义的语感和能力。

三、动词与结果补语的搭配层次

不同的结果补语可以与不同的动词搭配，这些结果补语和动词可以分为不同的义类，每个义类又包括不同的具体词语，教师可以将这些义类和词语分出层次，常见的层次有：常用与非常用、典型与非典型、词汇本身的难度级别。常用的、典型的、词汇难度级别低的动补搭配先教，非常用的、非典型的、词汇难度级别高的动补搭配随着学习者水平的提高，逐步、适时进行教学。例如：

（5）a. 衣服洗干净了。

　　　b. 这个汉字写错了。

　　　c. 酒杯倒满了。

　　　d. 杯子摔破了。

　　　e. 出门时我摔倒了。

（6）a. 他扔掉了一些碎纸。

　　　b. 小鸟一下子都飞掉了。

　　　c. 他关掉了所有的灯。

　　　d. 我还有四十页《安徒生自传》要翻译掉。

例（5）中结果补语结构"洗干净""写错""倒满""摔破""摔倒"都是常用的、典型的搭配，但词汇本身的难度级别不同（教育部中外语言交流合作中心，2021）：例（5a）和例（5b）中的"洗""干净""写""错"都是一级词汇；例（5c）中的"倒"和"满"都是二级词汇；例（5d）中的"摔"是五级词汇，"破"是三级词汇；例（5e）中的"摔倒"是五级词汇。因此，对上述结果补语的教学可按照从例（5a）到例（5e）的顺序进行，其中例（5a）和例（5b）顺序可调换。

例（6）中结果补语结构为"V掉"搭配。其中例（6a）~（6c）都是典型用法：例（6a）中，"扔掉"是典型、常用用法；例（6b）和例（6c）中，"飞掉""关掉"不如"飞走""关上"常用，可以说是非常用用法，应该在例（6a）之后进行教学。而例（6d）中"翻译掉"是新兴用法，既不典型又不常用，可以有选择地安排教学，或不安排教学。因此说，对"V掉"的教学应按照从例（6a）到例（6d）的顺序进行。

四、句式层次

4.1 语义指向层次

结果补语的习得难度与补语的语义指向有密切关系，对母语为英语的汉语学习者来说，结果补语习得难度等级可以概括为：语义上指向主语的补语最易习得，其次为指向述语动词的，最后是指向宾语的。（朱永平，2009）例如：

（7）a. 他喝醉了。（语义指向主语）

b. 他做完了功课。（语义指向述语动词）

c. 他吃坏肚子了。（语义指向宾语）

对英语母语者来说，例（7）中结果补语的习得难度依次增加。不同母语背景学习者的习得顺序也许不同，但语义指向不同的句式习得难度不同，这一点毋庸置疑。在教学中要合理安排含有结果补语的句式，注意句式的层次性。

4.2 基本句式—特殊句式层次

基本句式指一般的"主语＋动词＋结果补语＋宾语"句式，特殊句式指"把"字句、被动句、重动句、存在句等。例如：

（8）a. 我把冰箱里的牛奶喝完了。

b. 玻璃被打碎了。

c. 他吃这个菜都吃腻了。

d. 院子里开满了鲜花。

特殊句式的教学应该在完成基本句式的教学之后进行。

4.3 题元关系层次

若句式成分间的语义关系不同，特别是主语、宾语的语义角色不同，则句式语义不同，也就是题元关系不同，由此形成的结果补语句难度也不同。（冯丽娟，2017；袁博平，2010）例如：

（9）a. 张三哭湿了手绢。

b. 张三推倒了椅子。

　　c. 张三打哭了李四。

　　d. 张三哭烦了李四。

　　e. 张三听烦了那首歌。

　　例（9）为致使性结果补语句式。其中，例（9a）中的宾语"手绢"为"哭"的系事、"湿"的受事；例（9b）中的宾语"椅子"为"推"和"倒"的受事；例（9c）中的宾语"李四"为"打"的受事、"哭"的施事；例（9d）中的宾语"李四"为"烦"的施事，主语"张三"为"哭"的施事；例（9e）中的宾语"那首歌"是"听"的受事，同时是使"张三"烦的原因。主宾语语义角色不同，句式语义不同，习得难度也不同。

　　对于例（9）中各类语义关系不同的句式，教学中也应该分层次进行讲解。

五、教学编排层次

　　教学编排指教学内容的排序，分为系统外排序和系统内排序。系统外排序指结果补语与其他语言点的编排顺序，常见汉语教材中结果补语与其他相关语法项目的排序见表 54-1（周聪，2012）。

表 54-1　常见汉语教材中结果补语与相关语法项目的排序情况

教材	教学排序
《初级汉语教程》	结果补语—趋向补语—"把"字句—可能补语
《新汉语教程》	趋向补语—结果补语—"把"字句—可能补语
《新实用汉语课本》	趋向补语—"把"字句—结果补语—可能补语

　　系统内排序指结果补语内部教学内容的排序。结合本节第一至四部分来看，结果补语在教材和教学中应按以下顺序排列和进行：

　　5.1 基本结果补语和基本句式

　　指"完、见、懂、在、开、对、错、清楚、干净"等基本结果补语与动词的搭配，例如"我听懂了"。教师在讲解语义的基础上，教授基本结果补语句式，给出这类结果补语的否定形式和疑问形式。否定形式是在动词前面加"没（有）"，并且在否定句中，要去掉补语后面的"了"，例如"我没（有）听懂"。疑问形式可以是一般疑问句，即直接在句子末尾加上疑问词"吗"，例如"你看见了吗？"；也可以是正反问，即在句子末尾加上"没有"，例如"你看见了没有？"。

对于一些动词后面同时有结果补语和宾语的情况，在教学的时候，教师应该强调要将宾语放在补语的后面。同时也应该强调在这种情况下动态助词"了"的位置，即在结果补语的后面、宾语的前面，例如"我看懂了这个电影"。

5.2 虚化义结果补语

如"上、成、到、着（zháo）、出、住、破、掉"等。这些结果补语的意义和它们的本义并不完全一样，有些可能会有两个及以上的意义。教师在教学过程中应将这些结果补语的不同义项分开，逐个进行教学，可以根据课文内容逐步引入这些结果补语的不同义项。

5.3 结果补语的可能式

结果补语的可能式，即可能补语，与结果补语关系密切，一般来说，应该在结果补语之后进行教学。

结果补语结构、可能补语结构与情态补语结构三种结构是动补结构的典型形式（张旺熹，1999），其中结果补语结构是基础形式，其他两种都是扩展形式，这三种句法形式是动词所引发的结果范畴投射在未然、或然和已然三个表达层面的结果。结果补语结构是一个以预期目标为参照的原型范畴系统，其扩展形式"VC了"体现的是动作行为结果的现实性范畴，"V得（很）C"是结果范畴的程度式，"V得/不C"则是结果范畴的评估式。

5.4 特殊句式中的结果补语

一些特殊句式中常见结果补语，比如"我把衣服洗完了""牛奶被我喝完了""吃饭吃坏了肚子"等。鉴于这种情况，应该将"把"字句、"被"字句、重动句的教学安排在基本意义的结果补语的教学之后。在学习基本意义的结果补语之后再学习"把"字句或者"被"字句可以让学习者理解起来更加容易。

5.5 近义结果补语辨析

不宜把多个近义结果补语安排到同一课，这样学习者很容易混淆。在教学中，当遇到常见易混淆的结果补语或者结果补语的不同义项时，要对近义补语进行辨析。这种辨析一般是在中高级阶段随机进行的。

5.6 近义句式辨析

一些比较特殊、理解起来很困难的句子，例如"杯子装满了水"和"水装满了杯子"、"水果吃腻了"和"吃腻了水果"、"你想死我了"和"我想死你了"、"张三追累了李四"以及"红队打赢了蓝队"和"红队打败了蓝队"等，涉及语义指向，句子语义理解难度比较大，宜将它们安排在中级阶段进行教学。在教学过程中，注意近义句式辨析，根据课文情况，随机进行教学。

总之，结果补语教学是一个长期的、渐进的过程，同时又是一个复杂的过程。教师应该给予足够的重视，根据具体教材，采取显性教学、隐性教学等各种教学方式，分层次进行教学，使学生逐步掌握这一句法现象。

55. 结果补语有哪些讲解方法？

在课堂教学中，结果补语的基本教学程序是：（1）导入具体的结果补语，使学生理解此结果补语的语义；（2）导入结果补语的形式表达方式；（3）通过更多例句和句式，学习或推导语法规则；（4）通过机械练习和拓展应用练习进行巩固。其中，程序（1）～程序（3）属于讲解环节，程序（4）属于练习环节。

语法讲解可分为教材语法讲解和课堂教学语法讲解。其中，教材语法讲解应做到（赵金铭，1998）：（1）少用概念和术语；（2）注释简明、扼要；（3）外文翻译准确；（4）注重用法和使用条件的说明；（5）例句精当。本问题主要回答课堂教学中结果补语的讲解方法问题。

首先，从宏观层面看，语法讲解方法有形式导向法和意义导向法两类，教师和学生对不同的教学方法存在个人偏好。据个案研究，学生对不同讲解方法的偏好见表 55-1（徐晶凝，2019）：

表 55-1　学生对不同语法讲解方法的偏好

讲解方法		喜欢	不喜欢
形式导向法	老师直接讲授语法规则，然后练习	88%	12%
	老师给出格式或句型，然后练习		
	先看例句，在老师帮助下，讨论并推导语法规律		
	读短文，理解语法		
意义导向法	通过英语和汉语的比较，理解汉语语法	80%	20%
	通过不同语法点的对比，理解语法（如：状语和补语）		

其次，从微观层面看，具体到结果补语的讲解方法，常见的有实物法、图片模象法、情景表演法、交际法、公式法、翻译法、汉外对比法等。下文结合具体的教学案例进行说明。

一、实物法

运用实物讲解结果补语，通过让学生直接感知实际事物而进行的一种直观的教学方式。例如："V＋完"教学。

案例一：喝＋完

教师可直接展示没有吃完的面包、没有喝完的水。

教师可以开门见山，直接导入。

教师：面包没有吃完，水喝完了吗？（教师板书画线部分）

学生回答：＊水不喝完。

教师纠错并重复：水没有喝完。（教师板书画线部分）

案例二：写＋完

教师可直接展示一份写完的作业。

教师：作业写完了没有？／作业写完了吗？（教师板书画线部分）

学生回答：作业写完了。（教师板书画线部分）

教师可再带领学生重复板书内容并请学生观察，归纳总结结果补语结构的不同形式的特点。通过观察实物的方式，让学生直观地体会"V＋完"的意义。把常用词组"喝完了""没喝完""吃完了""没吃完""写完了""没写完"当作原型教给学生，教师也可在这个基础上拓展，教授其他的结果补语。

实物的优点是给人以真实感、亲切感，所得到的感性知识与实际事物间的联系比较紧密，因此有利于激发学生的学习兴趣，调动其学习的积极性，在实际生活中能很快地发挥作用。在上述教学中，通过实物讲解"吃、喝、写"这些常用的动词和"完"的搭配，让学生十分直观地感受到结果补语的结构及其意义。

二、图片模象法

模象即事物的模拟性形象。图片模象法指通过直接感知事物的模拟性形象而进行的一种直观的教学方式。常使用图片、动画视频等进行教学。

首先，采取图片展示方式进行教学，是一种常见的教学方法。

案例三：洗＋干净

先给学生看一件脏衣服的图片。

教师：这件衣服怎么样，干净吗？

学生回答：不干净，很脏。

第二张是洗衣服的图片，问学生：

他在干什么？

图 55-1　衣服洗干净了

学生回答：洗衣服。

第三张是一张干净衣服的图片，问学生：现在衣服怎么样了？

学生可能会回答：很干净。

此时，教师适时给出句子：对，衣服洗干净了。

其中，第二张"洗衣服"的图片可用汉字"洗"替代，如图55-1。

案例四：打破了

教师依次给出图片：完好的玻璃杯、破碎的杯子、睡觉的小男孩儿、看电视的爸爸、跳来跳去的小花猫。

教师：这是什么？（图片为一个完好的玻璃杯）

学生：杯子。

教师：啊，杯子怎么了？（图片为破碎的杯子）

学生：坏了。

教师：杯子破了。谁打破了杯子？（如果学过"把"字句，则说"谁把杯子打破了？"）

教师：<u>弟弟打破了杯子吗</u>？（教师板书画线部分）（图片为睡觉的小男孩儿）

学生：<u>弟弟没有打破杯子</u>。（教师板书画线部分）

教师：爸爸打破了杯子吗？（图片为正在看电视的爸爸）

学生：爸爸没有打破杯子。

教师：（故作疑惑）是谁打破了杯子呢？（图片为一只跳来跳去的小花猫）

学生：<u>小猫打破了杯子</u>！（教师板书画线部分）

教师带领学生读板书中的例句，并归纳总结结果补语结构的肯定形式、否定形式和疑问形式：

打破了。	V + 破（ + 了）	肯定形式
没有打破。	没（有）+ V + 破	否定形式
打破了吗？	V + 破 + 了 + 吗？	疑问形式

相较于案例三采取一组图片进行结果补语结构基本形式和基本语义的教学，案例四采用多组有联系的图片对同一语言点进行层层深入的教学，教学过程具有连贯性、趣味性、互动性和创造性，更适合已经具有一定结果补语基础的学习者。

其次，借助短视频进行结果补语教学，也是一种常见的教学方法。如案例五。

案例五：V + 懂

教师先给学生们放一段视频（视频内容可以是京剧或者黄梅戏选段，第一遍静音）。

教师向学生进行提问：大家<u>看懂了吗</u>？/大家<u>看懂了没有</u>？（教师板书画线部分）

部分学生：我<u>看懂了</u>。

部分学生：*我没有看懂了。

教师纠错并重复：<u>我没有看懂</u>。（教师板书画线部分）

教师再次播放该视频并把声音外放。

再次问学生：<u>大家听懂了吗</u>？/ <u>大家听懂了没有</u>？（教师板书画线部分）

部分学生：<u>我听懂了</u>。

部分学生：<u>我没有听懂</u>。（教师板书画线部分）

教师带领学生复习一遍板书内容并引导学生观察总结结果补语结构的肯定形式、否定形式及疑问形式。

通过图片、视频等模象直观地讲解结果补语，优点是可以人为地排除一些无关因素，并可以根据需要，通过大小变化、动静结合、虚实互换、色彩对比等方式扩大观察范围，避免了实物教学的局限，有助于提升学习效果。通过视听等多方位的感知讲解结果补语，不仅可以加深学生对语法点的印象，还能调动课堂氛围。如果再适当地引入文化教学，则更能提高学生学习的积极性。模象法已成为现代化教学的重要手段。

三、情景表演法

教师（自己或找学生配合）在课堂上通过现场表演展示语言情景，进行语言点导入和讲解。其特点是灵活自由、随性自然。

案例六：喝 + 完

教师带来半瓶矿泉水，然后演示喝水的动作。

问学生：老师在做什么？

学生回答：老师在喝水。

然后教师将剩下的水喝完，问学生：水还有吗？

学生回答：没有了。

教师适时说出句子：水喝完了。

案例七：V + 错 / 对

教师故意在黑板上写一个错字，让学生发现，然后说出句子：啊，我写错了。

教师在黑板上依次写下几个最近刚刚学过且学生极易出错的词，比如："见"

写成"贝"，"旅"写成"派"，"裙"的"衤"写成"礻"。

教师：你们认识这些字吗？老师写对了吗？（教师板书画线部分）

学生：写对了。／没有写对。／写错了。（教师板书画线部分）

教师：老师写对了几个字？

学生：老师写对了一个字。（教师板书画线部分）

教师：老师写错了几个字？

学生：老师写错了两个字。（教师板书画线部分）

教师：哪个字写错了？安娜。

安娜："看见"的"见"和"旅（*lǚ）游"的"旅"。

教师：（指着这两个词）安娜读对了没有？（教师板书画线部分）

学生：*没有读对了。

教师：注意，不用"了"。安娜没有读对。／安娜读错了。（教师重复两次，并板书画线部分）谁知道这个词怎么读？马克你来读。

马克：旅游。

教师：马克读对了。（教师板书画线部分，之后让学生在黑板上改错别字）

教师带领学生读一遍板书内容，并带领学生归纳总结结果补语结构的肯定形式、否定形式和疑问形式。在归纳结果补语结构的否定形式时，应着重强调在否定形式后面不加"了"，因为学生经常会出现此类偏误，教师应提醒学生注意。

案例八："V＋上"（关上门、关上窗户、关上灯）

教师：天气真冷，门开着吗？

学生：开着。

教师：大卫，请你关上门。（教师模拟关门的动作以提示学生，之后板书画线部分）

大卫关门。

教师：现在门关上了吗？（教师板书画线部分）

学生：门关上了。

教师：（打开窗户）窗户关上了没有？（教师板书画线部分）

学生：（可能会说）*窗户不关上。

教师：对不对？应该怎么说？<u>窗户没关上</u>。（教师重复两次，并板书画线部分）

教师带领学生读板书内容，并归纳总结结果补语结构的肯定形式、疑问形式和否定形式。

情景表演法也是一种直观教学法。教师结合形象化的语言和动作演示来讲解语法点，学生通过对情景的感知及对语义的理解进行语法形式的学习。

四、交际法

交际是课堂活动的重要组成部分。教师可以设计一个交际对话，以问答的方式导入、讲解和练习结果补语句。

案例九：V ＋ 错

（1）打错电话（刘平，2012）

教师：喂，你好！是张英吗？

学生 A：对不起，我不是张英。

学生 B：对不起，这不是我的电话号码。

学生 C：对不起，你<u>打错</u>了。

接着，教师可以给出更多交际情景，进行"V ＋ 错"的教学。例如：

（2）教师：我今年17岁，不是11岁。

学生：对不起，我<u>听错</u>了。

（3）教师：我的座位是9号，你的座位是6号。

学生：哎呀，我<u>看错</u>号码了，<u>坐错</u>了座位。

（4）教师：你有一个哥哥，是吗？

学生：老师你<u>记错</u>了，他有一个哥哥，我有一个弟弟。

五、公式法

在教学中可以通过公式呈现结果补语结构的特征，不使用过多的概念和术语。如《精读教程》中用公式描述基本句式：

案例十：结果补语结构公式

V + 结果补语（+ O）（基本结构）

没 + V + 结果补语（+ O）（否定式）

V + 结果补语 + 了 + 没有（疑问式）

教师可以跟学生一起推导这些公式，写在板书的例句上面，加深学生对结构的理解和掌握。

六、翻译法

教材通常会对结果补语的句法、语义功能进行简明扼要的解释，并翻译为外文。课堂教学时，教师也可以在 PPT 中对这些内容进行翻译。如下列两部教材对结果补语用法和使用条件的讲解。

案例十一： 对结果补语的解释和翻译

1.《发展汉语》第 I 册第19课对结果补语的解释：

动词或形容词用在动词后，表示动作的结果。（A verb coming after another verb or an adjective after a verb indicates the result of an action.）

2.《精读教程》第 II 册第1课对结果补语的解释：

结果补语用在动词后面，表示动作行为的结果。（A complement of result is used after the verb to indicate the result of the action.）

对于初级学习者，教材有必要对某些语义较抽象、复杂的结果补语项目进行单独解释说明，教师在教学时，也可以借助 PPT 呈现这些语法项目的英文或其他语言翻译（根据学习者的母语背景而定）。翻译法是一种帮助学习者正确理解的手段。

七、汉外对比法

第二语言习得的过程总是伴随着目的语与母语的比较，二语学习者会自觉或不自觉地在自己的母语中寻找与目的语相对应的语言形式。

以英语中汉语动结式的替代方式为例，见表 55-2（郝琳，2019）：

表 55-2　汉语动结式在英语中的替代方式及与其相关联的偏误类型

汉语	动结式 例：找到、加宽、学会、用光、打破、喝醉、洗干净				
英语	以词对应结构	单纯式	一个词涵盖"动＋补"意义： find（找到）、meet（碰到）	遗漏	负迁移
		词根式	一个词对应于"动＋补"意义，该词的词根意义对应于动词或补语的意义： （1）动词：learnt（学会）、broke（打破） （2）形容词：widen（"使宽"表示"加宽"）		
	以结构对应结构	动宾式	动词＋宾语： finish＋n./doing（做完某事）	错序、误代	负迁移
		宾补式	动词＋宾语＋补足语： dye sth. red（把某物染红）		
		动介式	使用表时间先后、逻辑因果的介词连接动作与结果： tired after running（跑以后累了）		
			使用表结果的介词连接动作与结果： beat to death（打死）		
		状动式 （后置状语）	hear clearly（听清楚）、hold tightly（握紧）	正迁移	
		固定短语	动词＋副词小品词/介词： use up（用光）、hold on（抓住）		

由表 55-2 可知，英语中，汉语动结式的替代方式主要有"以词对应结构"和"以结构对应结构"两种。"以词对应结构"是指英语中只用一个词就能对应汉语中相应动结式整体的意义和功能的情况，其中又包括"单纯式"和"词根式"两种类型。"单纯式"指一个词对应于"动＋补"这个结构，这个词作为一个不能进一步切分的整体，不能与动结式中的动词和补语——对应。"词根式"也是一个词对应于"动＋补"这个结构，但其词根意义主要对应于动词或补语中某一个的意义。

"以结构对应结构"是指用某个非动补结构来对应汉语中相应动结式的意义和功能，包括以下几种情况：

1. 动宾式。如"finish＋n./doing"，可以直译为"完成某事"。从结构上看，其为"动词＋宾语"结构，语义与汉语动结式的语义相近。

2. 宾补式。这是一种很常见的结构，语言形式为"动词＋宾语＋补足语"，其语义与汉语动结式的语义基本一致，只是在述语动词和结果补语中间插入了名词，与汉语动结式在语序上存在差异。

3.动介式。动介式在形式上一般是"动词 / 形容词＋介词＋名词 / 动名词"，其标志性的介词分为两类，一是表时间先后、逻辑因果的介词，如"after、because of"，另一类是引向结果的介词"to"。使用包含第一类介词的动介式的句子分别陈述两个事件，然后用"after、because of"等词语将两个事件联系起来，以时间先后关系、逻辑因果关系来替代汉语动结式的语义关系。使用包含第二类介词的动介式的句子中用"to"所引出的名词表示动词的结果，整个结构的意义与动结式相当。

4.状动式。在普通语言学中，凡修饰、限制动词的成分，无论出现在动词前还是出现在动词后，都称为状语。而汉语把动词后起补充说明作用的成分称为补语，因此在其他语言中，以状语来替代补语就是很自然的了。

5.固定短语。动词与其后副词小品词或介词的组合已趋于固化，整个结构成为一种固定短语。其内部构成和整体意义都与动结式非常相近，对动结式的习得具有正迁移作用。

教师可以合理利用表 55-2 中的汉外对比内容进行结果补语教学，有针对性地纠正常见偏误，加深学生对结果补语结构与语义的理解。

56.如何选择结果补语教学的例句？

所有语言项目的教学例句的选择都应该遵守一定的原则，结果补语也不例外。比如在例句的常用度方面，例句应符合学生汉语水平，选取使用频率高的、直观的、具象的句子；在词汇难度方面，教师应确保所选例句中的词汇难度等级与学生水平一致。在对初级学生的教学中，例句中尽量不要包含四级以上词汇；在对中级学生的教学中，例句中的词汇也不能过于简单容易，最好用四级至六级词汇；在对高级学生的教学中，最好用六级及六级以上词汇。

具体到结果补语，在例句的形式方面，教师宜同时采用短语和句子两种形式，这有助于初学者更好地理解与掌握结果补语的用法。

除此之外，在选取结果补语的教学例句时，应注意以下三点：（1）例句中结果补语的语义与所学内容一致；（2）给出的具体例句能让学生避免将结果补语与可能补语等其他补语相混淆；（3）注意结果补语与"把"字句、"被"字句等特殊句式相结合的例句。

一、例句中结果补语的语义与所学内容一致

不少结果补语具有两种及以上的语义，虚化义结果补语更是如此。在给出例句时，要注意区分这些不同的语义，确保例句中结果补语的语义与所学内容一致。例如：

（1）a. 请你关上门。

　　　b. 外面都黑了，拉上窗帘吧。

　　　c. 他关上电视就睡觉了。

（2）a. 玛丽来到中国以后，爱上了中国菜。

　　　b. 最近马丁喜欢上了看功夫片。

　　　c. 他迷上了一个中国姑娘。

（3）a. 一个小时后，我们爬上了山顶。

　　　b. 飞机飞上了蓝天。

　　　c. 他把一个大木箱搬上了车。

例（1）～（3）中的"V 上"语义各不相同，分别为接触义（由开到合的状态）、情感附着义、空间位移义（详见本书问题 46）。在举例时，教师要仔细分辨其中的语义，不要混淆。比如：在初级阶段讲解结果补语，进行举例时，不要出现例（2）的虚化义结果补语，也不要出现例（3）的空间位移义结果补语。

二、给出的具体例句能让学生避免将结果补语与可能补语等其他补语相混淆

在实际语言使用中，学习者容易混淆结果补语与可能补语、情态补语，教师在进行结果补语教学时，应注意举例，让学习者体会其中的差别。

以结果补语与可能补语为例，由于二者在结构上十分相似，在很多情况下学生很容易产生混淆，在学生已经学过可能补语和结果补语的前提下，教师应适当

引导，给出具体例句，让学生通过对比二者在结构和语义上的不同对两种补语加以理解和辨别。例如：

（4）a. 我听懂了。

　　　b. 我听得懂。

　　　c. 他没找到手机。

　　　d. 他找不到手机了。

对于例（4a）和例（4b），教师可先引导学生观察两个句子在结构上的不同，然后引导学生理解两个句子在语义表达上的不同。在引导过程中，学生可能对结构的不同更为清楚，但在语义上可能会感到困惑，教师可用简单的汉语问学生"你听懂了吗"，学生回答"我听懂了"。然后教师可说一句复杂的话，问学生"你听得懂吗"，有的学生可能回答"我听得懂"，有的学生可能回答"我听不懂"，这时候教师可进一步帮助学生归纳总结结果补语与可能补语在结构和语义上的不同。

对于例（4c）和例（4d），例句中分别是结果补语和可能补语的否定形式，教师还是按照先结构再语义的顺序引导学生理解两个句子的不同，要让学生明白结果补语是表示动作或状态变化后产生的结果，因此否定词一般用"没（有）"，而且语义上否定的是整个结果补语。而可能补语表示的是判断结果产生的可能性，是事情没有发生时或事情结束之前的判断，可能补语否定式是将否定词"不"放在动词和结果补语之间，表示否定可能性。在对比分析结束后，教师应注意引导学生归纳总结，对于学习扎实的学生，教师也可拓展更多例句。

三、注意结果补语与"把"字句、"被"字句等特殊句式相结合的例句

由于结果补语与"把"字句紧密相连，在很多汉语二语教材中，结果补语常与"把"字句同时出现，比如"他把杯子打碎了""我把灯关上了"等。有些汉语课本甚至刚学完结果补语就结合"把"字句进行教学，这样的编排虽然有争议，比如"把"字句过于复杂，将它与结果补语放在同一篇课文中讲解，加大了理解的难度，没有考虑到学生的接受能力，但是这也说明"把"字句与结果补语是紧紧相连的，

所以学好结果补语也是为学好"把"字句打下基础。"被"字句也是如此。

教材中不少虚化义结果补语的教学是编排在"把"字句、"被"字句的教学之后的。这时，举例时应该注意展示这些结果补语能否用于"把"字句、"被"字句，能的话，如何使用。比如：讲解"吸引住"这类"V住"结果补语结构时，要注意使用"把"字句、"被"字句例句：

（5）a. 美丽的风景吸引住了游客们。

　　　b. 美丽的风景把游客们吸引住了。

　　　c. 游客们被美丽的风景吸引住了。

（6）a. 马丁迷上了太极拳。

　　　b. 太极拳把马丁迷住了。

　　　c. 马丁被太极拳迷住了。

例（5）、例（6）展示了"V住"在基本句式、"把"字句和"被"字句中的用法，不仅有助于学生对语义角色、语义关系和句子结构的理解，还能使学生注意到"迷上"和"迷住"的区别。

综上所述，教师在选取教学例句时应优先选择常用度高、抽象程度不高的例句，采取直观的方法进行讲解，并确保例句中的词汇水平与学习者水平一致。具体到结果补语的教学例句，教师应注意例句中结果补语的语义与所学内容的一致；对于结果补语与其他补语容易发生混淆的情况，选用合适的例句进行讲解；在已经学过"把"字句、"被"字句等特殊句式的情况下，应注意结果补语与这些特殊句式的结合，以避免学生出现"把"字句、"被"字句等与结果补语搭配不当、句式杂糅等偏误。

57. 如何设计结果补语的练习？

结果补语的练习应兼顾形式和意义、理解和产出，既要通过丰富的练习形式加深学习者对结果补语结构特点的理解，同时也应该提供适量的应用性练习，使学习者有机会在实际交际场景中运用结果补语。结合学习者汉语水平来看，在初级阶段要侧重对语法结构的准确性操练，在中高级阶段要侧重结果补语的实际运用练习。

从教材中的练习设计看，结果补语的练习题型比较丰富，见表 57-1（洪炜、黄天妮，2020）。

表 57-1   两部教材中结果补语的练习题型设计

	题型	《发展汉语》	《精读教程》
机械性练习	句型替换	+	+
	朗读	−	+
理解性练习	根据课文内容填空	+	−
	选词填空	+	+
	阅读短文回答问题 / 复述	+	−
	连词成句	−	+
	判断正误	−	+
	位置辨析	−	+
	句子排序	−	+
	将句子补充完整	−	+
应用性练习	根据实际情况回答问题	+	−

注："+"表示有该题型，"−"表示没有该题型。

由表 57-1 可知，两部教材均有意识地采取各种方式对结果补语进行操练。从实际课堂教学操作看，结果补语的练习可以采取以下方法：（1）听指令做动作；（2）看图说句子；（3）填空；（4）替换（问答）练习；（5）完成会话；（6）改错；（7）连词成句；（8）看图说话与成段表达。

一、听指令做动作

听指令做动作是结果补语教学中最为直观，也是最常见的操练方法之一。使用适当的动作，不仅可以让学生更为直观地理解结果补语，而且在做中学更能加深学生的印象。

案例一：

一个同学发出指令，其他同学听到指令后做相应动作。同学们轮流发出指令，指定其他同学做动作。比较适合教室内的是"开、关、拉"类动作表演，以及"看、听"等感官动作表演。

二、看图说句子

教师依次给出不同的图片，让学生练习使用结果补语进行表达。

案例二：V + 对 / 错

教师依次给出学生的作业图片（有的同学都做对了，有的做错了一部分）、学生写错了的汉字图片、考试试卷的图片等。

练习"做对""做错""写对""写错""V + 对 / 错 + 几道题 / 几个字"等目标句式，并使用"V 得好 / 不好"这一情态补语进行评价。

图片操练可活跃课堂氛围，增加课堂的趣味性，调动学生的积极性，教师可以从网络上寻找更多资源，提供更多图片进行操练，实现寓教于乐的目标。

三、填空

填空题包括选词填空、用结果补语填空、用动结式填空等形式。分别如下例：

（1）选词填空：看、看见

A：你___田芳了没有？

B：___了，她在球场看比赛。

A：哪个球场？

B：棒球场，你___，她在那儿，___了吗？

A：___了，田芳，田芳！

（2）用结果补语填空

a. 这瓶花我们放___什么地方？

b. 明天去旅游，你准备___东西了吗？

（3）用动结式填空

A：这个包真漂亮！

B：是漂亮，可是太贵了。

A：贵是贵了点儿，可是这么漂亮的包，如果今天不买，也许明天就_____了。

这类题型主要考查学生基础是否扎实。在练习时可以是简单的机械训练，如例（1）；也可以增加练习难度，要求学习者掌握动词和结果补语形式及意义上的关系，让学习者理解结果补语的不同语义，如例（2）；还可以让学生运用动词和结果补语的整体搭配来使句子完整，如例（3）。

四、替换（问答）练习

用给出的词或词组替换画线部分。例如：

（4）A：她写对你的名字了没有？

B：没有，她写错了。

> 1. 做对这道题　　做错了
>
> 2. 看完那本书　　没看完
>
> 3. 听懂老师的话　　没听懂
>
> 4. 打开空调　　没打开

这种练习形式在教材中非常常见。它比较简单，属于在汉语学习初级阶段的机械性操练，能够帮助学生打好基础，适合巩固刚刚学过的语法项目。

五、完成会话

以对话的方式创造学生日常生活中常见的情境，使学生更容易体会到结果补语的使用环境。例如：

（5）A：你看见田芳了没有？

B：_____，她在操场跑步呢。

（6）A：那里的景色怎么样？

B：非常美！_____（V住）

这种题型对初级水平学习者来说，稍有难度，可以给出部分句子，降低难度，如例（5）；对于初级（下）和中高级水平的学习者，此题型的难度有所降低，可仅在句子后给出提示，如例（6）。

六、改错

改错题中可以涉及结果补语使用中的各种偏误类型，是练习和考试中常见的题型。例如：

（7）a. *这张唱片我一听完就<u>给你还</u>。（还给你）

　　b. *我<u>没看黑板上的字清楚</u>。（没看清楚黑板上的字）

　　c. *房间里的灯<u>没打开了</u>。（没打开）

这一题型能够在一定程度上帮助学生注意到运用结果补语时的常见错误，但是有时改错练习涉及的知识点并不是单一的，题目难度比较大。另外，一些错误的形式容易给刚刚接触结果补语的学习者留下错误的印象，误导学习者。因此，改错练习最好适时适量、有针对性地进行，比如在讲解作业错题、复习小结时使用。

七、连词成句

连词成句练习是把一组词按照一定的顺序组合成一个正确的句子的一种操练方法。例如：

（8）a. 那件　穿　漂亮　上　一定　很　大衣（那件大衣穿上一定很漂亮）

　　b. 手机　小偷儿　走　了　被　坐车　偷　的时候（坐车的时候，手机被小偷儿偷走了）

连词成句有助于提高学生对于语序、语义和句子逻辑关系的敏感度。这一题型学习者普遍感觉比较难，可以把一些词先组合在一起，再让学生排序，以降低难度，如例（8b）中"的时候"先组合在一起。

八、看图说话与成段表达

给学生适当的图片或者提示词，让学生进行成段表达。

案例三：根据下图，写一段50字左右的话，要求使用3个以上"V住"结构。

中级水平的汉语学习者的答案举例（学生原始回答，未修改）：

奶奶和孙女要过马路，但是汽车都停不<u>住</u>，汽车围<u>住</u>了他们，所以奶奶握<u>住</u>了孙女的手然后开始过马路，过马路时孙子被车吸引<u>住</u>了，他说：这辆汽车的颜色很好看。奶奶说是的，但是我们要抓紧时间过马路。他们过马路时，汽车都停<u>住</u>了，让他们方便过马路。（埃及学生）

案例四：写一段话，内容自拟，要求使用3个以上"V住"结构。

初级（下）水平的汉语学习者的答案举例（学生原始回答，未修改）：

昨天我开车的时候，我看到了一只黑的猫。所以我停<u>住</u>了。因为它怕我，所以它也站<u>住</u>了。我很想抱<u>住</u>它，但是它走了。（蒙古学生）

在做填空、替换、完成句子、改错等单句性的结果补语练习时，学习者的错误可能并不多，但在进行成段表达练习时，学习者就可能暴露出许多理解掌握上和语言综合应用中的问题，比如案例三中学习者成段表达中的第一个句子"汽车都停不住"不对，在教师提出疑问后，学生修改成了"汽车都在移动"。根据这一语义，可以判断学习者想要表达的应该是"汽车都没停"，混淆了结果补语和可能补语、单个动词和结果补语。在进行结果补语教学时，成段表达练习是检验学习者对结果补语的掌握程度及学习者语言综合应用水平的非常有效的方式。

58. 结果补语教学中常见的课堂活动有哪些?

本问题中"课堂活动"特指完成语法讲解和基本练习后的游戏类、应用类或竞技类课堂活动。

一、传话活动

适合年龄较小的学生。老师可以悄悄告诉学生 A："老师的手机关上了。"学生 A 传话给学生 B，学生 B 传话给学生 C，以此类推，最后一个学生说出："老师的手机关上了。"老师问全班学生："他说对了吗？"学生答："说对了。"老师让学生看自己的手机，问："老师的手机关上了吗？"学生答："没关上。"老师可告诉学生："老师的手机没关上，手机的声音关上了！"

这个课堂活动操练了结果补语的肯定形式"V＋上＋了"、否定形式"没＋V＋上"及疑问句式"V＋上＋了＋吗"，不仅活跃了课堂气氛，而且让学生的记忆更加深刻。如果学生人数足够多，活动可以以竞赛的形式分组开展，每个小组传递不同的句子，看哪个小组传递得又快又准确。

对于成人教学，可以增加难度。比如：请一个学生用自己的母语说一句话，然后传话，活动后教师问大家"他说对了吗？""你听懂了吗？""你学会了吗？""你记住了吗？"等问题。

二、词卡重组活动

根据结果补语的语义设计教学活动，比如"我吃饱了"这一句子具有致使性含义："我吃了"致使"我饱了"。根据这一特点制作结构词卡，通过对句子的拆分、整合加深学生对这一结构的理解和记忆。具体操作方法是：把一些常见结果补语结构，比如"我吃饱了""我读懂了""我跑累了"等分别拆分成"我吃了、我饱了""我读了、我懂了""我跑了、我累了"等，做成 n 套词卡，打乱顺序，分发给 A、B、C、D 几组（根据班级学生人数而定），让学生分别重组句子，贴到某一固定区域，在最短时间内找到正确搭配并组句成功的小组获胜。

重组活动结束以后，教师一定要强调汉语里这样的两个分句虽然可以成立，但是如果想要表示动作发生，并且产生结果，则一定要使用结果补语结构。

在对结果补语例句的拆分、整合中，学生不仅能理解这一结构的组合方式，而且对结果补语的应用范围的掌握程度也会有所加深。

三、课文分角色表演

这一活动无论是在成人汉语课堂还是在儿童汉语课堂教学中都十分受欢迎，如果选择适当的语料，加强结果补语的输入并加以分析总结，那么学生对于结果补语的理解就会更加充分且深刻。如案例一。

案例一：过马路骑车撞人的角色扮演（《当代中文》第二册中的第八课）

警察：怎么回事？

行人：他撞了我。

警察：你骑车的时候没看到她要过马路吗？

里奇：我穿着雨衣，没看清楚。

行人：他骑得很快，右手还拿着东西。

警察：你过马路的时候，没看见他骑自行车过来吗？

行人：我打着雨伞，没看清楚。

警察：结果呢？

里奇、行人：我们都摔倒了。

里奇：我的自行车摔坏了。

行人：我的眼镜摔破了。

警察：摔伤了没有？

行人：不知道。背上有点疼。

警察：这样吧，（对里奇）你陪她去医院检查一下身体。（对行人）检查完以后，你陪他去修自行车。

可以看到，课文中使用了大量的结果补语，比如"看到、看清楚、看见、摔倒、摔坏、摔破、摔伤、检查完"等，有的结果补语还不止一次地出现。而且结果补语的肯定形式、否定形式、疑问形式课文都有涉及，这是一篇非常典型的以学习和练习结果补语为主的文章。文章内容具有实用性和交际性，十分适合学生在课堂上分角色朗读与表演。

在角色扮演之前，教师要先请学生找到这些结果补语结构并给学生加以讲解，使学生尽可能地不出现错误。在活动过程中，教师作为监控者和引导者，要对学生出现的错误进行适当纠正。在活动结束后，学生已经通过反复练习强化了对结果补语结构的认知，教师可在此基础上进行适当的应用性拓展练习。

四、自创交际情景表演

教师为学生提供生生互动的场景和基本情节，让学生运用所学语法点组织话语和发展情节，分组进行表演。比如学习"V错"（刘平，2012）这个结果补语结构时，教师提供场景：汽车站、书店、教室。教师提供情节：

（1）请问这是××路公共汽车吗？

（2）你有一个哥哥，是吗？

（3）拿了别人的书。

（4）走错了房间。

（5）打错了电话。

案例二： 自创交际情景进行表演

A：请问，这是33路车吗？

B：不是，这是88路。

A：啊，我坐错车了。车号看错了！

五、拓展类情景剧表演

设计一些情景剧来加强学生对这一结构使用环境的认识，例如教师可以在课堂上设置这样一个场景（袁福静，2008）：学生甲是姐姐，学生乙是妹妹，这一天姐姐要出差，于是在离开家之前向妹妹交代了需要做的家务——洗衣服、擦地板、收拾屋子、做饭，并且要求妹妹把这些家务都圆满地完成。在这一预设情景之下，教师可以要求学生用含有形容词做结果补语的动结式的句子来完成姐姐或者妹妹的部分。

案例三： 情景剧表演

甲：我今天要出差了，你一定要做完洗衣服、擦地板、收拾屋子、做饭这些家务，知道吗？

乙：知道，我会<u>洗干净</u>衣服。

甲：对，要<u>洗干净</u>衣服，还要<u>擦干净</u>地板。

乙：我知道，还要<u>收拾整齐</u>屋子。

甲：最后还要<u>做好</u>饭。

乙：我记住了，要<u>洗干净</u>衣服、<u>擦干净</u>地板、<u>收拾整齐</u>屋子，还要<u>做好</u>饭。

六、造句比赛

看图片、动画等后，进行造句比赛。比哪一组用指定的结果补语造的句最多。教师可提供词语，比如"错"这个结果补语，教师提供：钥匙、书、电话号码、课本、钱包等。

七、翻译比赛

教师可以制作动画，将学过的带有结果补语的语块编进动画中，向学生展示，然后让学生说出其母语中相应的表达；或者展示学生母语中的结果补语，让学生说出汉语中相应的结果补语。活动可以以抢答或者分组游戏的形式进行，可以作为复习活动或者课堂拓展活动。（刘婷婷，2013）

此活动适合学生母语背景单一的海外汉语课堂。此外，带有竞争性的比赛活动适合在中学生中使用。

59. 如何设计结果补语的慕课教学？

慕课，即"MOOC"，指大规模在线开放课程，是一种任何人都能免费注册学习的在线教育模式。自慕课教育模式于2012年在世界范围内进行应用和推广以来，在汉语国际教育界，慕课开发受到重视。短短几年时间，仅在中国大学慕课平台（https://www.icourse163.org）上，与汉语国际教育相关的课程就达到接近80门，内容涉及古代汉语、商务汉语、中医汉语、汉外对比、汉语国际教育教学理论等方方面面，最多的是旨在培养汉语学习者听、说、读、写能力的汉语语音、词汇、语法、口语等方面的基础语言课程[①]。

　　慕课具有碎片化学习的特点（赵扬，2018），即学习者利用碎片化时间灵活学习。与之相呼应，慕课的教学内容注重的不是系统性与复杂性，而是针对性和简短性，利用十分钟左右的时间集中讲清楚一个问题是常见做法。因此，进行慕课教学设计，要把握住慕课短小集中、片段式教学的特点，同时注意趣味性、交际性、针对性。

　　综观当前面向汉语学习者的基础语言类慕课课程，以下教学设计理念和方法可供借鉴：（1）教学环节简短统一，节奏明快；（2）小情景剧导入，设计贯穿始终的人物和主要活动场景；（3）教学内容集情景化与故事性于一身；（4）注重任务与活动的交际互动性，即时插入提问，不间断关注学习者。下面以北京语言大学在线学习平台（www.blcumooc.fy.chaoxing.com）上的两门慕课课程——《汉语语法速成（入门级）》和《速成汉语语法课堂》[②]中的"结果补语"和"'被'先生练功夫，被打伤了"为例进行说明。

一、教学环节简短统一，节奏明快

　　慕课以短见长，教学时间短，在短时间里呈现丰富的内容，因此教学节奏快。在快节奏的教学中，为了使学习者快速进入学习状态，同一门慕课课程中的每次教学应基本保持统一的教学环节和教学时间。以上文所说的两门慕课为例，其中的教学环节与时间安排见表59-1。

表 59-1　两门慕课的教学环节与时间安排

慕课	结果补语 《汉语语法速成（入门级）》	"被"先生练功夫，被打伤了 《速成汉语语法课堂》
总时长	8分钟	15分钟

① 此数据于2022年8月20日在中国大学MOOC平台上（https://www.icourse163.org）进行统计。
② 主讲教师郑家平、李燕、陈闻等，《汉语语法速成（入门级）》慕课，北京语言大学在线学习平台，2015年；主讲教师种一凡、蔡建永、蔡楠等，《速成汉语语法课堂》慕课，北京语言大学在线学习平台，2015—2020年。

情景导入	30秒	1分钟
视频呈现 情节与场景	4分钟（6个游戏关卡）	6分钟（10个故事场景）
讲解与归纳	3分30秒 对参与者在游戏中的表现进行提问， 分析例句，推导语法规则	8分钟 对故事情节进行提问， 分析例句，推导语法规则

以上教学环节与时间安排是由慕课的教学视频统计而来，教学视频是慕课最重要的组成部分，除此之外，为教学视频配备语言点文字讲解、自测题等内容也是常见做法。

二、小情景剧导入

情景教学法是常见的教学方法。为了加深学习者对语法项目所在语境的理解，增加教学的趣味性和吸引力，许多语言类慕课以小情景剧的方式进行导入，如案例一和案例二。

案例一：情景剧导入（结果补语）

教师：大家好，今天我们一起学习汉语语法，我是李老师。这是我的两位学生：纳斯和里昂。里昂呢？

纳斯：他在那边喝咖啡。

教师（对远处喊）：里昂，咖啡你喝完了吗？（目标句式出现）

里昂（跑来）：对不起！喝完了，喝完了。（目标句式重复出现）

案例二：情景剧导入（"被"先生练功夫，被打伤了）

教师：今天学习什么语法呢？先看一个Ben先生的小故事吧。

视频呈现：《"被"先生的一天》

人物："被"先生

国籍：西班牙

职业：学生

地点：学校（介绍人物背景）

场景 1：停车处

锁自行车，快迟到了。（交代事件背景）

场景 2：坐电梯

<u>被挤出来了</u>。（目标句式出现）

案例一中，好学生"纳斯"（女生）和差学生"里昂"（男生）首次出场，便给大家留下鲜明生动的印象；案例二中，制作者对其中的主要人物"被"先生（Mr. Ben）的身份背景及故事场景进行了专门介绍。这些人物都是贯穿整个课堂的关键人物，都有自己的性格特点，他们的故事也引人入胜。

不少慕课课程会设计贯穿始终的若干个人物形象，并赋予他们不同的身份背景与鲜明的性格特点，为教学中穿插人物和故事情节提供方便。

三、教学内容集情景化与故事性于一身

慕课的教学通常是随着讲述一个完整故事而推进的，在不同的场景中，引出更多例句，逐步呈现教学内容。

案例三：寻宝游戏（结果补语）

两位同学纳斯和里昂一起玩寻宝游戏。游戏共六关，完成六个任务。

任务 1：我们要找什么？请回答。

里昂：手机？

系统回答：对不起，<u>你答错了</u>。

纳斯：我们要找礼物。

系统回答：（音乐响）<u>答对了</u>！

任务 2：<u>请记住</u>这些东西。（呈现物品图形）<u>你记住了吗</u>？

里昂：<u>我没记住</u>。

纳斯：<u>我都记住了</u>。

任务 3：猜猜你们要找的礼物是什么呢？请写汉字。

纳斯：衣服！<u>我写完了</u>。

里昂：手机！<u>我没写完</u>。

任务4：你看，前面有两条路，一条路上有一个红房子，一条路上有一个黄房子。礼物在红房子里，黄房子里没有礼物。<u>你听懂了吗？</u>

纳斯：<u>我听懂了</u>。

里昂：对不起，<u>我没听懂</u>。

任务5：钥匙在左边的窗户上，<u>你看见了吗？</u>

纳斯：<u>我看见了</u>。

里昂：<u>我没看见</u>。

你的礼物就在房间里，去找一找吧。

任务6（终点）：红房子里找东西。<u>找到了吗？</u>

纳斯：<u>我找到了！</u>

里昂：<u>我没找到</u>。

案例四： "被"先生的一天（"被"字句中的结果补语）

"'被'先生的一天"视频由10个场景组成。其中场景1为事件背景介绍，场景2引出目标句式。场景3～10引出更多"被"字句。

场景3：教室　　考试作弊，<u>被老师发现了</u>。

场景4：停车处　　<u>自行车被偷了吗？</u>

场景5：路上　　<u>被漂亮女生迷住了</u>。

场景6：食堂　　<u>被辣着了</u>。

场景7：足球场　　<u>被足球砸了</u>。<u>又被砸了一下</u>。<u>被砸了好几次！</u>

场景8：体育馆　　练功夫，<u>被打伤了</u>。

　　　　　　　　<u>钱包被偷走了？</u>

场景9：孔子像前祈祷，突然意识到是自己的名字带来种种倒霉事件。"Ben""笨""被""背"！

场景10：第二天一早，听见喜鹊叫了，<u>自行车和钱包被送回来了！</u>

如案例三和案例四所示，这两个慕课教学分别是在游戏和故事中推进的。游戏参与者的表现、故事人物的遭遇为学习相关句式提供了不同的场景，丰富的例句因此而自然引入，给学习者留下深刻印象。

四、注重任务与活动的交际互动性

虽然在进行慕课学习时，教师和学习者并不处于同一时空，但慕课设计中必须重视与学习者的互动，不间断地插入即时提问，给学习者参与课堂的机会。通常有以下做法：

1. 以所学语法项目为目标句，就视频中的场景或者情节进行提问，在留短暂时间给学习者之后公布正确答案，如案例三中游戏做完之后，提问："纳斯找到礼物了吗？"

2. 以视频中的场景或者情节为背景，询问学习者是否有同样的经历，或者对某一现象的看法，引导学习者思考。如案例三中游戏任务3"猜猜你们要找的礼物是什么呢？请写汉字"完成之后，与学习者互动："你希望收到的礼物是什么呢？也请你写一写。"

3. 设计相关问题，选择正确答案后，才能继续观看学习视频。如案例四中，使用对话框对场景7提问："被先生被足球砸了几次？"，并提供多个选项，学习者点击正确答案之后，视频才会继续播放。

总之，跟传统课堂教学一样，慕课内容具有科学性，教学具有艺术性。把握住慕课教学的特点，考虑到教学过程中的各种因素，发挥教师的创新力，激发学习者的兴趣，便能设计出教学效果出色的慕课。

60. 如何设计结果补语的线上直播课教学？

语言教学的根本目标之一是培养学生的跨文化交际能力（崔永华，2020），互动（interaction）作为培养学生交际能力的必经途径，非常重要，而缺少互动性是线上教学的一大隐忧（Parker，2020；崔希亮，2020）。线上教学设计应利用线上教学的特点和优势，集中解决互动问题，使教学在互动中进行，进而增加线上课堂的参与性、趣味性与吸引力。

首先，与传统课堂相比，线上直播教学具有以下特点（孟艳华，2021），教师可挖掘、利用其中的相关因素进行教学设计。

1. 地域性。参加线上直播课的学生分布在各个国家，能在同一时段上课表明其所处时区相近，因此地理位置也相近，这使得学生之间具有某种地缘文化相似性。比如选择北京时间上午 10 点上课的很多是东南亚学生，来自泰国、印度尼西亚、柬埔寨、缅甸、老挝等国家，这些国家地理位置相近，气候、饮食、节日等方面都有相似性。

2. 文化可视性。线上直播课要求学生和老师打开摄像头，师生所在的现实空间具有可视性。在南半球国家的学生身着单衣时，北半球国家的学生俨然穿上了厚实冬装。季节与气温在直播课堂中具有了可见可感的直观表现。利用直播课堂中人、物形象的可视性，设计小组互动的话题与形式，比如体育活动、艺术品、美食、民族服装等，可以收到出乎意料的教学效果。

3. 教学环境的多样性。直播课堂中师生所处的环境不同，分别置身于不同的物理空间，没有了教室的限制，学习的物理环境及其中的物品具有多样性：随手可得的身边物品、随处可见的本国特色、开阔美丽或氛围温馨的户外场所等。教师可以利用师生所处的多样环境，设计互动活动。

4. 资源查找与共享的即时性。线上直播课堂本身就在虚拟环境之中，它与丰富的网络资源和现代技术工具只有"一指之遥"，敲动键盘就可以找到图片、网站等资源，并且可以即时共享。比如在小组报告时，有学生能在 5 分钟的时间内做出配有图片和文字的 PPT，边展示边描述，这些具象化、可视化的图片及提示生词和关键词的文字等资源能在一定程度上扫除语言上的障碍，使得师生、生生交流畅通，并能在更高层面上进行内容互动，在内容互动中学习语言。

其次，从教学媒介看，线上直播教学利用的教学媒介一般包括三类：直播会议室、远程学习平台和其他网络资源。线上直播课可以结合这三类教学媒介的特点，发掘其中的可利用因素，进行教学设计。

1. 利用直播会议室进行线上教学设计。线上直播教学利用腾讯会议、zoom 会议室等进行直播，除了具有上文所述的线上教学的特点之外，这些会议室本身也提供了一些有用的功能，比如分组功能，可以进行小组活动，教师考虑好分组方式、活动次数、活动形式、教师角色等，就可以进行小组活动。

在进行结果补语的线上教学设计时，可以利用上述这些因素，设计结果补语导入与讲解的情景、例句、课堂活动等，分别如下面的案例一、二、三所示。

案例一："穿/戴+上"导入（利用线上直播的季节可视性特点）

教学环境：北京冬天，老师穿着毛衣，戴着围巾，旁边放着热水。热带、亚热带国家的学生，穿着T恤，开着空调。

教师：美丽，今天你们那里天气怎么样？冷不冷？气温多少度？

美丽：不冷，很热，现在气温30度左右。你看，我们这里今天晴天。

教师：天气真不错！你还穿着T恤衫呢！老师这里零下6度，已经<u>穿上毛衣了</u>。上课前我出去了，你们看，我是怎么穿戴的？（展示图片）

学生A：老师<u>穿上了毛衣</u>，<u>穿上了大衣</u>。

学生B：*还<u>穿上了帽子</u>，<u>穿上了手套</u>。

学生C：*老师<u>穿上了围巾</u>。这条围巾很漂亮！

案例二：例句与场景设计举例（利用线上直播背景环境的多样性）

（1）A：我<u>听见</u>小猫在叫，还有别的同学<u>听见</u>了吗？

　　　B：老师，我也<u>听见</u>了，我还<u>听见</u>了鸟叫。

（2）请同学课间休息时去找找家里的东西，有没有是从中国来的（中国制造），上课时展示。

　　A：我<u>找到</u>了一个！这个是中国来的。（展示榨汁机）

　　B：我<u>找到</u>了一件衣服！（展示衣服）

　　C：我<u>没找到</u>什么东西。

（3）用"V（不）懂"介绍一位家人（需要出场）和他/她的语言。

　　A：这是我的小猫（展示），它每天跟我在一起，能<u>听懂</u>我们说汉语。

　　B：这是我妈妈（妈妈说"你好"和"再见"）。她说的你<u>听懂</u>了吗？

　　C：这是我姐姐（姐姐说一句母语），有谁<u>听懂</u>她说什么了吗？

案例三：打扫布置房间（利用直播会议室分组功能、PPT在线编辑与实时共享功能）

任务名称：打扫并布置房间。

分组方式：用会议室自带功能或者小游戏把学生随机分成3～4组，每组4人。

教具准备：打扫、布置之前的房间图片1张，干净的空房间、干净桌子、整齐的椅子、空垃圾桶、摆好的饮料、洗好的水杯、洗干净的水果、插上花的花瓶等物品图片。

任务要求：老师发放图片，各小组商量如何布置房间（可自主增添图片）；用PPT把打扫布置好的房间展示出来；小组成员合作，用"V＋结果补语"对如何打扫、布置房间进行汇报。

任务时间：准备时间为6分钟，汇报时间为2分钟/组。

任务后评价：各小组展示后，全体同学评选出最美房间。

2.利用远程教学平台进行线上教学设计。远程教学平台，也称远程学习平台，是支撑远程教与学双边活动的软硬件综合系统。学习者能够利用平台上的各种学习资源，自主、方便、灵活地参与教学活动。当前常用的有学习通平台、雨课堂平台等。

远程教学平台除了为学习者提供包括生词、课文、语法讲解、练习题、作业在内的文字资源、PPT资源、视频资源等学习资源之外，还具有实时互动功能。以学习通为例，在学习通上可以实现的互动功能有：分组任务、话题讨论、随堂活动、投票、问卷、选人等。

教师在"分组任务"中发布任务，学生会收到自己所在的小组、小组任务、任务具体要求等信息，完成后可以上传到平台共享。适合进行课外拓展练习。

"话题讨论"由教师发布话题，学习者随时、自由回复。适合设计热身问题及导入新话题、新语法项目。如案例四（学生原始回答未修改）。

"随堂活动"适合实时互动。教师可以把针对结果补语的练习，比如选择正确答案、填写"动词＋结果补语"、完成句子、成段表达等均设计进"随堂活动"的填空题、选择题、简答题等题型中，依照教学进程在课堂上随时发布，学生即时完成练习任务，教师即时查看学生的回答并进行有针对性的讲解。教师的问题和学生的回答都可以采用文字、语音、图片、视频等多模态媒介，教师可利用这些因素进行教学设计。如案例五（学生原始回答未修改）。

案例四：你有没有坐错车或者坐过站（忘了下车）的经历？（话题讨论—热身活动）

教师：你有没有<u>坐错车</u>或者<u>坐过站</u>（忘了下车）的经历？

学生留言1：有一次我忘了下车，我要去北京交通大学看朋友在公共汽车里面的时候我玩手机游戏的！到北京交通大学北门完了下车，我下一个站下车所以我走了十分钟左右到，很麻烦！

学生留言2：大学的时候，我要去一个面试，不过我把城市不太了解了，还有天已经黑了公共汽车上看不到外边，所以我过站和错过面试。

学生留言3：我有一次，在车上忙着看书，忘了下车。我记得，找对面的车太麻烦了。

学生留言4：当然有，我常常不很仔细，所以能坐错车。有一次坐车的时候我打盹了，所以忘了下车。但是我下个站下车，走路不远。

学生留言5：我从来没有坐错车。但是我忘了下车。因为我从学校回来，我很累，所以我在车里睡着了，忘了下车。

学生留言6：在日本，东京有两个机场。我坐的车是去错的机场，但是我真怕机场，所以我每一次去机场我会早最少四个小时。最后我去到我应去的机场。

学生留言7：我去年的圣诞住了在英国。我回老家的时候坐了公共汽车。这辆公共汽车又忙又热，所以我睡觉一下。我醒的时候我的老家很远。

学生留言8：我每次坐公共交通注意路线，所以很难得在这样的情况……有两次我下火车在错站，可是没有另外的情况。

学生留言9：我一日纠缠路线号码，所以迷路了，我需要叫一辆出租车回家。

学生留言10：上学的时候、有一个早上我忘了下车，因为我太困了、我在下一站下了车然后要走路回学校。

案例五："V住"结构成段表达（随堂练习）

教师：上传一张图片，进行介绍，至少使用三个包含"V住"结构的句子。

学生1：海滩迷住了我。我常常站住看海水，因为看海水让我很高兴。晚上时候，有些对夫妻

互相握住走沿着海滩。

　　学生2：几年前每天妈妈抱住了我的弟弟。现在

他已经很大了，不想拥抱。我认为妈妈想时间能停住。

每个父母迷住了他们的孩子。

　　学生3：我接住新中餐馆的广告单。我站住了看

这张单。我迷住了中国菜。

　　从上述两个案例可知，利用远程教学平台可以设

计出各种互动型教学活动，学习者可以进行文字输出、

图片输出等，这些方式不同于传统课堂中学习者单模态语音输出为主的输出

方式。

　　3. 利用其他网络资源进行游戏设计。游戏类活动在教学活动中非常受学习者

欢迎，而线上游戏类活动与线上教学几乎可以无缝衔接。把结果补语练习中的常

见题型，如选择正确答案、填写"动词＋结果补语"、完成句子、改错、连词成句、

成段表达等，设计成以个人或者小组为单位的线上、线下竞赛类的游戏，不仅能

使学习者高效完成学习任务，还能增加教学的吸引力和趣味性。

　　很多网站提供游戏类活动的设计功能，教学中常用的网站及其特点列举

如下：

　　（1）www.Quizizz.com，可以做练习题，可以选题型。

　　（2）https://wordwall.net，有很多游戏形式，可以按照年龄、内容选择。

　　（3）https://www.baamboozle.com，可以分组竞争或者个人竞争，有趣的地

方是每道题的分数不一样，由系统随机安排。

　　（4）https://kahoot.com，有抢答游戏，有竞争力，可以在手机上下载软件

使用。

　　（5）https://quizlet.com，可以做词卡，有很多功能。比如：线上游戏、自学、

测验等，是一个很适合语言教学游戏类活动设计的网站。

　　线上教学可以利用直播平台、远程学习平台和其他网络资源等线上媒介的特

点与优势，设计各种教学活动、游戏竞赛与其他人际互动，在完成教学任务的同

时，增加教学趣味性。它不仅可以实现语音互动，也能实现文字互动、图片互动、

视频互动；不仅能实现师生互动，也能实现生生互动以及学生与教学内容的互动。这些都有助于建设具有交际互动性、教学效果良好、充满趣味性与挑战性的线上课堂。

附录一 《现代汉语词典》（第7版）收录的动结式复合词

B

拔除　拔高　把牢　罢黜　罢免

摆动　败坏　拜倒

扳倒　扳平　办结　扮靓

保全　保准

爆红　爆冷　爆裂　爆满　爆破

崩溃　崩裂　崩塌　崩坍

逼平　避免

贬黜　贬低　辨明　辩白

标定　飙高　飙红　表白　表明

摈斥　摈除　摈弃

屏除　屏弃　屏退　摒除　摒绝　摒弃

剥离　剥落　剥蚀　驳倒　驳回　博得　簸动

C

参透

策反

插入　查明　查实

拆除　拆穿　拆毁　拆解　拆零　拆散

铲除　阐明

敞开　敞露

抄获　抄没　吵扰

扯平　坼裂

沉没

呈露　呈现　澄清

吃透　吃准　持平

冲淡　冲破　充满　充溢

瞅见

传达

戳穿

凑合　凑近　凑拢

促成　促进　促退

蹿红

催熟　摧残　摧毁

挫伤　挫损　挫折

D

达成　达到　打倒　打动　打垮　打破　打扰　打通　打响　打消　打

皱　打住

带动

荡除　荡平

捣毁　捣乱　倒塌　道破

得到

抵消

颠倒　颠覆　点爆　点穿　点明　点破　点燃

玷辱　玷污

凋落　凋萎　凋谢

跌落　跌破

订立　订正

丢掉　丢弃　丢失

懂得

抖动

端正　断绝　断裂

F

放宽　放松

封闭

缝合

G

改良　改善　改正

赶上　感到　感动　感化　干掉

告白　告破

割裂　革出　革除　隔断　隔绝　隔离

更正　梗死

攻破

勾通

固定　固化　顾全

关闭　关紧　贯彻　贯穿　贯串　贯通

归并　归拢　归纳　归齐　归总　规定　规整　规正

H

夯实

坏死

荒废　荒疏

毁坏　毁灭　毁伤　会合　会齐

惑乱

J

击败　击毙　击毁　击溃　击破　激化　激活　激怒　集合　集聚　集
中　记得

加紧　加快　加强　加上　加深　加重

减低　减缓　减慢　减轻　减弱　减少　减缩　减退　剪除　剪灭　见得
僵死　降低

搅浑　搅乱　搅扰　剿除　剿灭　缴获　校正

揭穿　揭发　揭露　揭破　揭示　揭晓　截断　截获　截止　截至　竭
尽　解除　解散　戒除　浸透　禁绝

纠合　纠正

聚合　聚拢　聚齐

决断　决绝　决裂　绝倒　掘进　崛起

K

看扁　看穿　看淡　看好　看见　看紧　看开　看破　看轻　看上　看
透　看中　看重

靠近

夸大　垮塌　跨越

匡复　匡正

亏短　亏空　亏折　亏损　窥见　匮竭　溃败　溃乱　溃灭　溃散
扩大　扩散　扩展　扩张　廓清　廓张

L

拉倒　拉动　拉平

捞着

累及

离间　离开　离散　离析
连贯　连通
撩动　缭乱　了断　了结　料定　料及

临到

领会

流失

垄断

沦落　沦没　沦丧　沦亡　沦陷　论及
落败　落成　落得　落空

M

麻醉

埋没　买断

迷失　糜烂　弭除

瞄准

灭绝　灭失　灭亡

泯灭　泯没

磨灭　磨蚀　磨损　抹黑　抹杀

N

纳入

拟定

P

攀附　攀高　攀升　盘活　判定　判明
抛弃　抛却　跑偏
配平
漂动　飘动　飘红
撇开　撇弃　瞥见
破坏　破获　破解　破灭　破碎　破损
扑空　扑灭

Q

牵动　遣返　遣散

抢断　抢通

敲定

切合　切近

擒获

清零

驱除　驱动　驱散　屈从　祛除　取得　取消

R

攘除

扰动　扰乱

认得　认定

融合　融汇　融会　融通

S

删除

商定

舍得　舍弃　涉及　赦免　摄取

申明　伸延　伸展　伸张　审定　审结

声明　省却

失掉　失落　失去　失散　识破

收获　收拢　收清

疏解　疏浚　疏通　输出　输入

刷新

衰变　衰减　衰竭　衰落　衰退　衰亡　衰歇

说穿　说服　说合　说和　说开　说明　说破

松动　送达

搜获

算得

损坏　损毁　损伤

缩短　缩小　锁定

T

踏空

抬高　抬升

烫伤

逃反　逃散　套牢

提高　提及　提起　提前　提升

挑明

贴近

听见　听取　停止　停滞

通彻　通达　通过

突破

推定　推动　推翻　推见　推及　推脱　推卸

脱离　脱落　拓宽

W

完成

X

吸纳　吸取　吸收　熄灭　洗白　洗雪

显现　陷落　陷入

想开　想见

选定

消减　消灭　消散　消失　消逝　消退　消亡　消融　削除　削平　削弱

Y

压倒　压低　压服

遗失

引爆　引动

赢得

淤塞　淤滞　遇见　愈合
陨落　陨灭

Z

遭逢　遭遇　凿空
增高　增强
绽放　绽露
制伏　制服　制止　治服
抓紧
转正
走红　走偏　走强　走俏　走热　走软　走弱　走失
阻绝　阻止　阻滞

附录二　常见动词与形容词搭配 [①]

双音节动词

A

安插：好、满、妥当

安排：好、清楚、妥当、周到

安置：好、妥当、周到、周密

B

摆弄：错、坏、好、熟

辩论：清楚

表达：清楚、明白

补充：足、完整

补助：多、光

布置：好、舒适、妥当

C

测量：准、好、准确

陈述：清楚、完整

筹备：好、齐

处分：对、错、重、恰当

处理：好、干净

传达：错、准确、清楚

D

打扮：丑、漂亮

打听：好、准、清楚、明白

调查：清楚、彻底

兑换：错、多、好

F

发挥：好、错、正常、失常

翻译：对、好、快、准确

防守：好、严密、坚固、薄弱

分配：光、好、公平、均匀

辅导：错、好

G

估计：错、对、准、好、正确

观察：全、清楚

广播：错、晚、好、清楚

规定：好、清楚

H

核对：清楚

回答：对、好、错

活动：松

L

朗读：错、好

理解：透、准、对、清楚

领取：多、少

J

集合：好

计算：对、好

记录：好、清楚

交代：好、全、清楚、彻底

校对：准、好

解释：好、透、清楚、明白

K

考虑：好、清楚、周全、周到、充分、周密

L

理解：对、透、准、清楚

了解：清楚

M

描写：正确、清楚

模仿：烂、好、正确、自然

N

念叨：多、烦、累

P

盘问：清楚

判断：准、正确、错误、准确

培养：大、好

批改：错、对、烦、好

品尝：多、光

Q

乞求：错

清洗：干净、好

S

商量：妥、好

审查：好、清楚

拾掇：好、干净、利索

收拾：好、干净、整齐

树立：错、对、多、好

思考：好、清楚

搜集：全、齐、好

算计：好、透、清楚

T

讨论：好、清楚

X

消灭：光、净

孝敬：对

修理：整齐

Y

研究：透、好、清楚

预备：齐、好

Z

糟蹋：光、坏、净

掌握：稳、牢、好

争论：清楚、明白

整理：好、干净

准备：充足、充分、周全、周到

单音节动词

A

挨：好、紧、足

安：齐、满、正、好、对、错

熬：稀、稠、干、好、坏

B

拔：净、成、紫、破、好、光、凉、坏、干净

掰：坏、破、碎、好

摆：平、齐、正

搬：光、好、清、空

办：早、晚、齐、全、好

拌：匀、多、好

绑：好、紧、结实

包：紧、成、好、多、少、错、严实、结实

剥：多、少、坏、光、好

抱：紧

背：好、熟

闭：紧

编：坏、错、好、成、齐、全

变：坏、白、胖、好、全、傻、笨、精、美、臭、粗、细、老实、迟钝、机灵

标：对、错、好、清楚

补：平、好、足、坏

C

擦：净、干、亮、好、细、碎

猜：对、错、破、好、透、准

裁：大、肥、坏、好、光

采：净

踩：碎、平、坏、破、好、结实

藏：好、严

测：准、好、成、清楚、准确

插：正、歪、稳、好、早、坏

查：清楚、明白

差：多、远

拆：坏、成、好、光

馋：坏

缠：紧、松、好

铲：满、平、干净

唱：好、对、准

抄：好、错、对、光、整齐、清楚、干净

吵：烦、腻

炒：坏、好、熟、辣、咸

扯：坏、好、清楚、破

撤：干净、空、远

乘：错

盛：满、好、干净

吃：饱、多、好、光、胖、烦、腻、坏、干净

冲：破、好、细、稀

抽：坏、光、乱、空、齐、穷、小、瘦、短、紫、红、老实

愁：坏

出：烦、透、齐

除：对、错

锄：好、干净

穿：透、破、坏

传：坏、脏、好、远

串：好

吹：错、好、歪、破

凑：齐

催：坏

存：坏、烂、好、满

搓：坏、破、好、干净

D

搭：好、成、多、高、稳、坏、正、满、错、干净、整齐、结实

打：光、坏、破、成、好、牢、齐、全、稀、匀、干、紧、松、直、歪、斜、扁、乱、偏、狠、结实

逮：光、净

带：全、多、坏、好、烦

戴：正、歪、坏、脏、反

掸：干净

当：好、坏、烦

挡：严、严实

捣：破、碎、烂、好、成

到：齐

倒：光、空、好、满、干净

登：满、全、错

蹬：坏、好、稳、空、脏

递：错

滴：多、干

点：对、偏、好、成、错、齐、亮、清楚

垫：高、平、好

钓：光

调：晚

掉：光、净、正

跌：坏

叠：齐、平、错、好、整齐

叮：红、破

盯：紧

钉：紧

顶：稳、破、好、坏、结实

订：好、错、满

钉：正、坏、弯、结实、整齐

定：错、准、好

丢：光

动：坏、早、晚

冻：硬、烂、红、紫、木、僵

读：快、准、好、错

堵：严、好

端：稳、平

堆：齐、高、满、好

对：准、正、严、好、稀、足、仔细、清楚

蹲：好、麻

夺：光、全

剁：细、碎、好

E

饿：坏、瘦

F

发：错、晚、好、大、清楚

罚：重、对、错

翻：好、烂、坏、对

防：对、晚

放：光、肥、多、大、宽、咸、干净

飞：远、高、光

费：多

分：光、匀、均、净、好

缝：坏、好、整齐

扶：稳、好、正、直

G

改：错、对、好、坏

盖：严、紧、正、好、结实

赶：快、好

干：坏

搞：好、清楚、明白、糊涂、复杂

搁：平、满、坏、稳、好

割：齐、好、干净

跟：紧

耕：匀、细、深、好

雇：好

刮：光、好、匀、乱、干净

挂：稳、歪、正、坏、破、满

拐：大

怪：对、错

关：早、晚、紧、严、坏、好

管：错、坏

逛：全

跪：破

滚：坏、好、歪、错

裹：紧、严、好、结实

H

喊：好、齐

喝：光、好、干净、烦、腻

合：好

哄：好

糊：平、齐、好

花：空、干净

划：好、歪、破、清楚、准确

化：光、净、好

画：齐、满、坏、好、清楚、准确

还：齐、清

换：错、对、少、好、烦

混：坏、早、糟、好

和：粘、硬、匀、好、稀

J

挤：满、紧、坏、净、好、干净

记：混、准、牢、好、全、错、整齐、清楚

寄：全

加：对、好、错

夹：紧、好

煎：黄、熟、透、坏

捡：干净

减：慢、少、轻

剪：碎、破、好、整齐

讲：多、对、清楚、明白

浇：湿、透、慢、坏、好

教：好、清楚、明白

嚼：细、烂、碎、好

搅：匀、碎、好

叫：齐、早、好、对、错

接：长、好、稳、满

揭：坏、破、深、透、干净

借：好、错

紧：好

举：高、齐、好

锯：斜、歪、坏、齐、好

卷：坏、破、好

掘：深、浅、坏、好

K

开：大、好、全、光、清楚

砍：直、光、准、破、坏、好、旧、花、错、清楚、明白

看：烦、腻

扛：稳、好

考：好、坏

烤：熟、干、好

靠：紧、稳

磕：破、烂、坏

啃：干净

抠：坏、破、烂、明白、清楚

扣：紧、牢、严、光、全、结实

哭：坏、哑、红、湿

捆：紧、结实

L

拉：直、快、紧、光、多、长、深、浅、坏、破、干净

落：远、多、光、干净

拦：好、结实

捞：光、净、好、足、富

理：齐、平、直、好、整齐

立：直、稳、好

练：错、熟、好

炼：成、好、纯

量：准、好

晾：干、好

淋：脏、湿、坏、透、干净

流：干、干净

搂：光、净、紧

漏：光

M

抹：坏、破、好、干净

埋：严、好、结实

买：光、好、贵、贱

迈：稳

卖：光、干净、贵、贱

瞒：坏

描：坏、好、清楚

摸：准、脏、坏、清、透、清楚、明白

磨：坏、光、烂、破、平、尖、圆、亮、烦、细、好、正

抹：匀、净、乱、平、光、干净

N

拿：稳、好、坏、干净

挠：红、破

闹：清楚、明白

捻：亮、好

碾：平、细、碎、坏

撵：光、净

念：准、错、对、清楚

捏：坏、紧

拧：干、破、好、红、紫、紧、松

扭：歪

弄：坏、破、好、干净、清楚、乱

挪：光、好

P

爬：快、远、高

拍：快、红、好、坏、错、清楚

排：齐、顺、直、乱、好、成、坏、快、光、净、干、整齐

派：好

抛：光

跑：快、好、光、净

泡：大、臭、好、坏、成、糟

陪：烦

赔：光

配：匀、齐、全、好、合适

喷：匀、湿、好

捧：稳、好

碰：碎、破、烂

批：准、好、深、透

披：正、好

劈：直、碎、坏、烂、好、干净

漂：远

拼：齐、好

评：准

泼：匀、湿、净

扑：空、匀

铺：平、好、整齐

Q

沏：浓、淡、好

骑：好

起：早、晚

气：坏

砌：歪、直、正、齐、高、矮、好、成

掐：紫、光、坏

抢：光、坏、好、干净

敲：坏、扁、碎、好、成

撬：弯、坏

切：齐、碎、好

去：多、少、早、晚

R

染：黑、红、绿、黄、蓝、紫、白、坏、好

嚷：坏、烦

绕：松、紧、乱、好

认：全、清、错

扔：高、远、净

揉：碎、破、好

S

撒：光、净、满、匀、好

洒：光、匀、湿

撒：满、匀、光

塞：严、满、好、结实

扫：光、净、好

杀：光、净、绝、好

筛：净、好

晒：黑、黄、坏、干、热、透、好、焦

删：净

扇：凉

赏：多、光

上：足、满、好、紧、歪、匀、结实

烧：坏、干、红、透、好、成、熟

射：准、透、中

伸：直、平

升：高

生：好、旺

拾：净

使：好、坏

试：好

收：净、好、齐、光

梳：光、直、齐、顺、好

输：光、净

数：清、好、清楚

刷：匀、光、亮、白、好、干净

摔：坏、碎、破、干净

拴：紧、好、结实

涮：净、熟、干净

睡：好、晚、熟、糊涂、安稳

顺：直、好

说：清、全、准、透、清楚、简单、复杂

撕：碎、坏、烂、破、好

死：光、干净

送：光、净

算：对、好、清楚、明白

锁：严、紧、快、齐、结实

T

踏：平

抬：平、高、直、稳、好

摊：平、满、好、薄、熟、匀

谈：透、妥、好、清楚

弹：准、光、坏、好

探：准、清楚

躺：直、正、平

烫：红、破、平、热、好

掏：净、光、坏、深、好

逃：光、远

淘：净、好、干、干净

套：光、好、对、坏

疼：坏

腾：空、干净

剔：好、干净

踢：空、好

提：高

剃：光、好、成、干净

添：满、足

填：平、满、好、清楚

舔：光、干净

挑：准、光、好、成、远、干净

调：稀、匀、清楚、合适

挑：高、正、坏、错、好、破

跳：高、远

贴：满、正、好、结实、干净

听：准、清楚、明白

停：满、稳

捅：破、坏、红

偷：光、净

投：准、远、好、中、错

涂：匀、坏、好、黑、花、净、脏

吐：光、净

推：稳、光、细、匀、好、齐、干净

退：净、成、好、光

褪：净、光、好

脱：光

拖：远、坏

托：稳

驮：光

W

挖：深、空、好

忘：光、干净

围：坏、脏、破、好

喂：足、大、肥、好

问：清楚、仔细

握：紧、牢、好

捂：严、紧、坏、臭、烂、熟、好、结实

X

吸：光、净

洗：净、白、好、干净

下：大、多、透、准

吓：坏

想：好、清、清楚、周到、明白

笑：坏

写：正、直、坏、对、清楚、明白、工整、熟练

卸：成、坏

修：好、齐

绣：好

选：对、好、准、干净

学：全、透、好、聪明

训：错、对、好、成

Y

压：紧、扁、烂、平、坏、弯、好、对、错

轧：平、坏、碎、好

淹：坏、烂

腌：咸、透、好

演：坏、好

养：壮、肥、好、胖、烦

摇：匀

咬：碎、破、烂

要：全、齐

印：错、好、清楚

赢：足

用：破、烂、坏、好

游：远、快

运：光

Z

扎：紧、齐、好、透

砸：破、碎、光、烂、直、扁、坏、青、红

栽：直、好

宰：光、好

凿：通、透、大、好

造：好

铡：匀、细、齐、好

炸：脆、焦、熟、酥、透、好

摘：光、净

沾：满

站：直、稳、正、好

蘸：足、满

长：多、快、直、满、高、大、胖、好、丑、歪、斜

招：满、齐、好

着：透、旺

找：好、对、清楚

照：亮、远、准、好、清楚

蒸：热、软、熟、烂

织：长、成、齐、平、好

指：准、正、错

治：干净

种：满、直、好

煮：熟、烂、透、好、硬

住：长、满、成、好

抓：准、光、紧、好、坏、烂、破、净

转：快、稳

赚：多

装：满、好、正、整齐、结实

撞：肿、坏、碎

追：清楚

捉：光、干净

走：对、稳、好、准、快、慢、急、晚

租：晚、贵、好

钻：通、直、正、透、好、清楚

坐：直、稳、久、好、热

做：快、熟、结实、合适

参考文献

词典类

吕叔湘（1999）《现代汉语八百词》（增订本），北京：商务印书馆。

孟琮、郑怀德、孟庆海等（1987）《动词用法词典》，上海：上海辞书出版社。

商务印书馆辞书研究中心（2000）《应用汉语词典》，北京：商务印书馆。

王彦坤（2005）《现代汉语三音词词典》（增订本），北京：语文出版社。

王砚农、焦群、庞颙（1987）《汉语动词–结果补语搭配词典》，北京：北京语言学院出版社。

郑怀德、孟庆海（1991）《形容词用法词典》，长沙：湖南出版社。

中国社会科学院语言研究所词典编辑室（2016）《现代汉语词典》（第7版），北京：商务印书馆。

大纲标准类

国家对外汉语教学领导小组办公室汉语水平考试部（1996）《汉语水平等级标准与语法等级大纲》，北京：高等教育出版社。

教育部中外语言交流合作中心（2021）《国际中文教育中文水平等级标准》，北京：北京语言大学出版社。

孔子学院总部/国家汉办（2014）《国际汉语教学通用课程大纲》，北京：北京语言大学出版社。

汉语教材、慕课类

北京大学对外汉语教学中心（1987）《初级汉语教程》。

姜丽萍（2014）《HSK标准教程》，北京：北京语言大学出版社。

李晓琪、戴桂芳、郭振华（1995）《新汉语教程：情景·功能·结构 II》，北京：北京大学出版社。

刘珣（2010）《新实用汉语课本》（第2版），北京：北京语言大学出版社。

邱军（2008）《成功之路·顺利篇》，北京：北京语言大学出版社。

吴中伟（2003）《当代中文（第2册）》，北京：华语教学出版社。

徐桂梅等（2011）《发展汉语·初级综合 I》（第2版），北京：北京语言大学出版社。

杨寄洲（2007）《汉语教程（第2册·上）》（第2版），北京：北京语言大学出版社。

周小兵（2013）《初级汉语精读教程 I》，北京：北京大学出版社。

周小兵（2015）《初级汉语精读教程 II》，北京：北京大学出版社。

主讲教师种一凡、蔡建永、蔡楠等（2015—2020）《速成汉语语法课堂》慕课，北京语言大学
　　在线学习平台。

主讲教师郑家平、李燕、陈闻等（2015）《汉语语法速成（入门级）》慕课，北京语言大学在
　　线学习平台。

其他专著和论文类

曹晋（2014）"V 住"的语法化，《淮北师范大学学报》（哲学社会科学版）第 1 期。

常娜（2016）"V 上"结构的语义体系及认知机制，《汉语学习》第 5 期。

常娜（2018a）动趋式"V 上"的语义与位移事件表达，《汉语学习》第 5 期。

常娜（2018b）虚化动结式"V 上"中"上"的语义及实现条件，《语言科学》第 3 期。

常娜（2019）实义动结式"V 上"的意象图式及语义连接，《华文教学与研究》第 3 期。

陈昌来（2002）论成事及其相关动词，《汉语学习》第 3 期。

陈凡凡（2017）"住在 NL"与"住 NL"使用条件再考察，《云南师范大学学报》（对外汉语教
　　学与研究版）第 3 期。

陈洪磊（2009）"V 掉"的句法语义分析及"掉"的虚化探索，上海师范大学硕士学位论文。

陈巧云（2000）动词做结果补语情况探析，《新乡师范高等专科学校学报》第 3 期。

崔希亮（1995）"把"字句的若干句法语义问题，《世界汉语教学》第 3 期。

崔希亮（2020）全球突发公共卫生事件背景下的汉语教学，《世界汉语教学》第 3 期。

崔应贤（2013）"V 到 N"中"到"的重新分析归属问题，《河南师范大学学报》（哲学社会科
　　学版）第 4 期。

崔永华（2020）对外汉语教学的目标是培养汉语跨文化交际能力，《语言教学与研究》第 4 期。

邓亮、姜灿中（2016）"V 破"动结式的层级特征及构式属性，《外国语文》第 5 期。

丁萍（2009）动结式"V 好"与"V 完"的比较研究，上海师范大学硕士学位论文。

杜轶（2012）"V 到"格式的语义关系演变，《对外汉语研究》。

范丽芳（2008）"V/A 住"及相关问题研究，上海师范大学硕士学位论文。

范立珂（2012）"V 走"和"V 去"的替换条件及其认知理据，《外语研究》第 2 期。

范晓（1985）略论 V-R，载中国语文杂志社编《语法研究和探索》（第三辑），北京：北京大
　　学出版社。

冯丽娟（2017）汉语动结式事件结构加工的实验研究——以"哭湿"和"推倒"类为例，《语
　　言教学与研究》第 1 期。

符淮青（1993）"看"和"看见"等词义的同异和制约，《汉语学习》第 5 期。

甘智林（2004）"V＋一下₂"格式的语法意义，《湖南文理学院学报》（社会科学版）第 5 期。

高顺全（2002）动词虚化与对外汉语教学，《语言教学与研究》第 2 期。

关玲（2003）普通话"V 完"式初探，《中国语文》第 3 期。

郭佳佳（2017）欧美留学生结果补语习得研究，上海交通大学硕士学位论文。

郭晓麟（2010）《图解汉语语法难点学习手册》，北京：北京大学出版社。

郝琳（2019）基于汉外对比的对外汉语动结式教学，《广西民族大学学报》（哲学社会科学版）第 5 期。

何美芳、鹿士义、逯芝璇（2018）基于概念距离的汉语动结式类型学特征，《国际汉语教学研究》第 1 期。

何美芳、鹿士义、张亚旭（2019）不同语言类型的二语学习者汉语动结式加工的眼动研究，《世界汉语教学》第 2 期。

洪炜、黄天妮（2020）两部初级汉语综合教材结果补语编写的对比分析及启示，《国际汉语教学研究》第 3 期。

胡建锋、郭文国（2001）说"V ＋ 成"式动补结构，《绍兴文理学院学报》（哲学社会科学版）第 4 期。

胡清国、张雪（2017）留学生汉语结果补语准确输出的制约因素，《海外华文教育》第 5 期。

黄伯荣、廖序东（2017）《现代汉语》（增订六版），北京：高等教育出版社。

黄晓红（2001）"多 ＋ V"和"V ＋ 多"，《语言教学与研究》第 3 期。

姜有顺（2020）高级汉语二语学习者对谓语是动结式的"把"字句题元关系的习得，《世界汉语教学》第 2 期。

蒋湘平（2012）对"V 一下₂"格式的语用考察，《汉语学习》第 4 期。

竟成（1993）补语的分类及其教学，《世界汉语教学》第 2 期。

李大忠（1996）《外国人学汉语语法偏误分析》，北京：北京语言学院出版社。

李虹、齐沪扬（2009）汉语"V 满"结构的情状类型与句式选择，《西北农林科技大学学报》（社会科学版）第 2 期。

李锦姬（1996）两种可能式的语用分析，《南京师大学报》（社会科学版）第 3 期。

李思旭、于辉荣（2012）从共时语法化看"V 上"和"V 下"不对称的实质，《语言教学与研究》第 2 期。

李显赫（2019）从施成角色看"V 成N"结构，《语言教学与研究》第 1 期。

李小荣（1994）对述结式带宾语功能的考察，《汉语学习》第 5 期。

梁雨（2006）几类补语指向主语动结式的句法形式，《华中科技大学学报》（社会科学版）第 4 期。

刘虹（2012）汉语动结式和动趋式之辨，《解放军外国语学院学报》第 5 期。

刘平（2012）韩国学生初级汉语语法的交际化教学设计——以结果补语教学为例，辽宁大学硕士学位论文。

刘婷婷（2013）对泰汉语结果补语教学研究，湖南师范大学硕士学位论文。

刘炎（2007）"V 掉"的语义类型与"掉"的虚化，《中国语文》第 2 期。

刘月华（1982）状语与补语的比较，《语言教学与研究》第 1 期。

刘月华、潘文娱、故韡（2001）《实用现代汉语语法》（增订本），北京：商务印书馆。

卢福波（2000）《对外汉语常用词语对比例释》，北京：北京语言文化大学出版社。

鲁健骥（1994）外国人学汉语的语法偏误分析，《语言教学与研究》第 1 期。

陆丙甫（1993）《核心推导语法》，上海：上海教育出版社。

陆俭明（1990）"VA了"述补结构语义分析，《汉语学习》第1期。

马庆株（1988）自主动词和非自主动词，《中国语言学报》第3期。

马婷婷（2017a）结果补语对形容词的选择限制，《语言研究》第1期。

马婷婷（2017b）语义双向选择视阈下结果补语的语义指向对象，《汉语学习》第6期。

马婷婷、陈波（2014）结果补语"到"使用的语义条件分析，《临沂大学学报》第3期。

马真（2015）《简明实用汉语语法教程》（第二版），北京：北京大学出版社。

马真、陆俭明（1997a）形容词作结果补语情况考察（一），《汉语学习》第1期。

马真、陆俭明（1997b）形容词作结果补语情况考察（二），《汉语学习》第4期。

孟国（2011）《对外汉语十个语法难点的偏误研究》，北京：北京大学出版社。

孟艳华（2012）结果动词与补语共现的认知选择机制，《语言教学与研究》第6期。

孟艳华（2016）《事件建构与现代汉语结果宾语句研究》，北京：北京语言大学出版社。

孟艳华（2021）线上口语直播课小组互动教学探析，《汉语国际教育学报》第1期。

朴奎容（2000）谈"V掉"中"掉"的意义，《汉语学习》第5期。

奇唯美（2013）汉语三音节词的词汇化发展趋势——怎么看"V不住"形式，《华北电力大学
　　学报》（社会科学版）第4期。

全裕慧（1999）"使动"义的"动词＋结果补语"结构的教与学，《汉语学习》第5期。

任鹰（2000）"吃食堂"与语法转喻，《中国社会科学院研究生院学报》第3期。

邵敬敏（1988）说"V成"结构的性质，《汉语学习》第1期。

邵敬敏（1990）"V成"句式语义分析，《逻辑与语言学习》第5期。

沈灿淑（2003）"V到X"中"到"的解析——表结果的功能类成分的确认，上海师范大学硕
　　士学位论文。

沈家煊（1995）"有界"与"无界"，《中国语文》第5期。

沈家煊（2004）动结式"追累"的语法和语义，《语言科学》第6期。

施春宏（2008）《汉语动结式的句法语义研究》，北京：北京语言大学出版社。

施春宏（2018）《形式和意义互动的句式系统研究——互动构式语法探索》，北京：商务印书馆。

石慧敏（2010）动结式"V破"的句法语义特性及其演变过程，《上海师范大学学报》（哲学
　　社会科学版）第4期。

石慧敏（2013）汉语动结式的整合度高低及其层级分布，《汉语学习》第6期。

税昌锡、胡云晚（2020）"完结"与"起始"——"了"到底表示什么时体义？，《语言科学》
　　第2期。

宋文辉（2007）《现代汉语动结式的认知研究》，北京：北京大学出版社。

宋玉柱（1982）动态存在句，《汉语学习》第6期。

宋玉柱（1989）完成体动态存在句，《汉语学习》第6期。

佟慧君（1986）《外国人学汉语病句分析》，北京：北京语言学院出版社。

涂丹英（2017）"上"和"下"的不对称性和对外汉语教学，湖南师范大学硕士学位论文。

王辰玲（2017）事实与虚构：动结式复合动词内部结构语义的认知理据，《西安外国语大学学报》第 1 期。

王红旗（1996）动结式述补结构的语义是什么，《汉语学习》第 1 期。

王连盛、吴春相（2019）现代汉语"V + 掉"构式群的显现——从语法构式到修辞构式的扩展，《励耘语言学刊》第 2 期。

王琪琪（2017）实现义结果补语习得与教学研究——以"好""到""见""着（zháo）"为例，辽宁大学硕士学位论文。

王晓红（2009）"V 住"及其相关问题考察，上海师范大学硕士学位论文。

魏立湘（1983）可能补语与结果补语，《徐州师范学院学报》第 4 期。

文旭、姜灿中（2018）基于语料库"V 破"动结式的历时构式语法研究，《解放军外国语学院学报》第 2 期。

吴为善（2010）自致使义动结构式"NP + VR"考察，《汉语学习》第 6 期。

吴永荣（2014）跟"V 胜""V 败"类词语相关的不对称现象研究，上海师范大学硕士学位论文。

吴中伟（2016）CSL 教学语法体系献疑，《国际汉语教学研究》第 4 期。

夏宗平（2016）现代汉语中几种补语之间的相互转化研究，苏州大学硕士学位论文。

萧红（2011）动词补语"见""到"的现实差异及其历史发展，《泰山学院学报》第 1 期。

萧素珍（2014）印尼学习者汉语结果补语习得研究，福建师范大学硕士学位论文。

肖奚强（2009）《外国学生汉语句式学习难度及分级排序研究》，北京：高等教育出版社。

肖奚强、颜明、乔俊等（2015）《外国留学生汉语偏误案例分析》，北京：世界图书出版公司。

辛永芬（2003）论能够做结果补语的动词，《河南大学学报》（社会科学版）第 1 期。

辛永芬（2006）"多 + V"和"V + 多"语序的认知解释，《汉语学习》第 5 期。

熊仲儒（2014）《论元结构与汉语构式》，芜湖：安徽师范大学出版社。

徐丹（2005）谈"破"——汉语某些动词的类型转变，《中国语文》第 4 期。

徐晶凝（2019）集中式语法教学中的几个问题，《海外华文教育》第 6 期。

玄玥（2010）"见"不是虚化结果补语：谈词义演变与语法化的区别，《世界汉语教学》第 1 期。

玄玥（2011）现代汉语动结式补语是一种内部情态体——"完结短语"假设对动结式结构的解释，《华文教学与研究》第 1 期。

玄玥（2017）动词"完结"范畴考察与类型学分析，《世界汉语教学》第 1 期。

薛凤生（1987）试论"把"字句的语义特性，《语言教学与研究》第 1 期。

严辰松（2019）论汉语带"宾语"自致使动结式，《解放军外国语学院学报》第 1 期。

杨德峰（2008）《日本人学汉语常见语法错误释疑》，北京：商务印书馆。

于珊珊（2017）对外汉语教学中的动结式"V 完"与"V 好"对比研究，山东师范大学硕士学位论文。

袁博平（2010）汉语二语习得研究与对外汉语教学的结合——以教授汉语结果补语为例，《第十届国际汉语教学研讨会论文选》，沈阳：万卷出版公司。

袁福静（2008）形容词做结果补语的黏着动补结构的研究及其词汇—语法教学模式的思考，内蒙古师范大学硕士学位论文。

曾传禄（2013）"V＋去"和"V＋走"，《世界汉语教学》第1期。

张旺熹（1991）"把字结构"的语义及其语用分析，《语言教学与研究》第3期。

张旺熹（1999）《汉语特殊句法的语义研究》，北京：北京语言文化大学出版社。

赵金铭（1998）论对外汉语教材评估，《语言教学与研究》第3期。

赵金铭（2016）汉语动结式二字词组及其教学处理，《世界汉语教学》第2期。

赵贤德（2007）常规性"V成"结构中"V"的入句考察，《江汉大学学报》（人文科学版）第4期。

赵扬（2018）主编寄语，《国际汉语教育（中英文）》第4期。

周聪（2012）对外汉语结果补语教学研究——以印尼学生为例，湖南师范大学硕士学位论文。

周磊磊（1999）"V掉"的语法意义及其他，《六安师专学报》第1期。

周小兵、朱其智、邓小宁等（2007）《外国人学汉语语法偏误研究》，北京：北京语言大学出版社。

朱旻文（2017）基于构式的第二语言学习者汉语动结式习得研究，《语言教学与研究》第4期。

朱希芳（2014）动结式"用光、用完、用尽"对比研究，《现代语文》（语言研究版）第2期。

朱永平（2009）汉语结果补语习得的调查和分析，《世界汉语教学学会通讯》第3期。

朱永平（2014）汉语结果补语习得研究以及相应的教学方法，《华语文教学研究》第1期。

宗守云（2010）补语"透"语义的泛化和虚化，《汉语学习》第6期。

Parker, A. (2020). Interaction in distance education: The critical conversation. *AACE Review (Formerly AACE Journal)*, 13-17.

后　记

2018 年春夏之交，在北京语言大学举办的一次汉语国际教育学术会议期间，我从齐沪扬教授那里领来了《结果补语》一书的写作任务。

虽然我一直对现代汉语中结果表达和结果补语深感兴趣，但真要集中思考与结果补语相关的方方面面的语言本体与语言教学问题，并将它们组织成为一本面向国际中文教学的结果补语专书，写作任务还是非常艰巨的。从体会写作目的要求到与各位老师推敲写作大纲，再到完成初稿、修改稿和定稿，回首惊觉四年时间已过。在本书四年多的准备过程中，有将近三年的时间是在线上教学中度过的。因此，在最后定稿之时，考虑再三还是在书稿的最后增加了关于慕课教学和线上教学设计的两个问题。

在本书的写作过程中，北京语言大学 2014 级研究生鲁志杰，2017 级研究生朱晓雯、黎诗诗，2018 级研究生赖粤、于婷婷、赵仁博和 2020 级研究生程思妍、吕利承担了部分资料收集整理等辅助性工作；2018 级俄罗斯研究生罗佳琪提供了俄语相关语料；2020 级泰国研究生杨秋琴详细介绍了线上游戏活动的网站及其特点。在此对他们的帮助一并深表感谢！

谨以此文、此书纪念这段时光及时光中留下的岁月印记。

2022 年 8 月 21 日